山西大学建校 120 周年学术文库

中国农村金融减贫与发展问题研究

武丽娟 著

山西出版传媒集团　山西人民出版社

图书在版编目（CIP）数据

中国农村金融减贫与发展问题研究 / 武丽娟
著.—太原：山西人民出版社，2023.2
ISBN 978-7-203-12268-5

Ⅰ．①中… Ⅱ．①武… Ⅲ．①农村金融-经济
发展 - 作用 - 扶贫 - 研究 - 中国 Ⅳ．①F832.35

中国版本图书馆CIP数据核字（2022）第246556号

中国农村金融减贫与发展问题研究

著　　者：武丽娟
责任编辑：周小龙
复　　审：吕绘元
终　　审：梁晋华

出　版　者：山西出版传媒集团·山西人民出版社
地　　址：太原市建设南路21号
邮　　编：030012
发行营销：0351-4922220　4955996　4956039　4922127（传真）
天猫官网：http://sxrmcbs.tmall.com　电话：0351-4922159
E-mail：sxskcb@163.com　发行部
　　　　　sxskcb@126.com　总编室
网　　址：www.sxskcb.com

经　销　者：山西出版传媒集团·山西人民出版社
承　印　者：天津中印联印务有限公司

开　　本：710mm×1000mm　1/16
印　　张：18.25
字　　数：300千字
版　　次：2023年2月　第1版
印　　次：2023年2月　第1次印刷
书　　号：ISBN 978-7-203-12268-5
定　　价：69.00元

目 录

第一篇　引论

第一章　导论……………………………………………………2

（一）乡村振兴中农村金融问题的重要性 ………………　2

（二）研究意义 ……………………………………………　4

（三）研究内容 ……………………………………………　5

（四）研究方法 ……………………………………………　9

（五）主要创新 ……………………………………………　10

第二章　文献综述…………………………………………… 12

（一）农村金融减贫效应研究 ……………………………　12

（二）农村金融机构可持续发展问题研究 ………………　15

（三）农村金融机构双重目标冲突问题的研究 …………　19

（四）农村金融机构"目标偏离"问题的研究 …………　24

（五）微型金融机构双重目标冲突的治理 ………………　27

（六）政府角色及政策效应问题研究 ……………………　29

（七）文献述评 ……………………………………………　30

第三章　基本理论 ………………………………………… 32

（一）农村金融基本理论概述 …………………………… 32

（二）我国农村金融机构双重目标兼容性分析 …………… 37

（三）我国农村金融机构实现双重目标兼容的理论依据 … 40

（四）我国农村金融机构兼容双重目标的理论阐释 ……… 45

（五）本章小结 …………………………………………… 48

第二篇　农村金融减贫增收问题

第四章　支农贷款减贫效应研究 ………………………… 52

（一）引言 ………………………………………………… 52

（二）理论分析 …………………………………………… 53

（三）研究方法与数据说明 ……………………………… 55

（四）实证过程及结果分析 ……………………………… 60

（五）主要结论 …………………………………………… 65

第五章　普惠金融、贫困减缓与农村经济增长 ………… 67

（一）问题提出及文献回顾 ……………………………… 67

（二）理论分析 …………………………………………… 71

（三）研究方法与数据说明 ……………………………… 76

（四）实证检验 …………………………………………… 82

（五）本章小结 …………………………………………… 91

第六章 支农贷款影响农户收入增长路径研究……………………… 93

（一）引言 …………………………………………… 93

（二）文献述评 ……………………………………… 94

（三）理论分析 ……………………………………… 97

（四）研究方法与数据说明 ………………………… 98

（五）实证过程及结果分析 ………………………… 100

（六）稳健性检验 …………………………………… 107

（七）研究结论 ……………………………………… 108

第七章 资产抵押贷款与财政扶贫拨款的增收效应对比分析……… 110

（一）引言 …………………………………………… 110

（二）文献述评 ……………………………………… 111

（三）数据、变量与方法 …………………………… 114

（四）金融资本在农户间的分层分布情况 ………… 117

（五）农户金融资本回报率的分层分布 …………… 119

（六）金融资本分布及回报率的区域性差异 ……… 123

（七）结语 …………………………………………… 126

第三篇　中国农村金融机构可持续发展问题

第八章　农村金融机构双重目标兼顾问题评价分析………………… 130

（一）机构视角 ……………………………………………… 130

（二）农户视角——以西部地区为例 ……………………… 137

（三）我国农村金融机构双重目标兼顾不均衡的原因分析 ………… 141

（四）我国农村金融机构双重目标兼顾不均衡的机理分析 ………… 144

（五）本章小结 ……………………………………………… 157

第九章　农村金融机构经营效率研究……………………………… 159

（一）我国农村金融机构经济目标实现能力的数理分析 ………… 159

（二）我国农村金融机构利润效率与成本效率的实证分析 ………… 164

（三）我国农村金融促进农村经济增长的实证分析 …………… 177

（四）本章小结 ……………………………………………… 185

第十章　国外农村金融机构可持续发展模式与借鉴………………… 188

（一）国外农村金融机构可持续发展模式 ………………… 188

（二）国外政府促进农村金融机构实现双重目标兼顾的政策 ……… 196

（三）启发与借鉴 …………………………………………… 199

（四）本章小结 ……………………………………………… 203

第四篇 农地金融问题研究

第十一章 农地经营权抵押贷款的收入撬动效应分析 …………………… 207

（一）政策背景与理论假说 ………………………………………… 207

（二）数据、变量与识别策略 ……………………………………… 214

（三）基础回归结果与稳健性检验 ………………………………… 219

（四）影响机制检验 ………………………………………………… 225

（五）异质性检验 …………………………………………………… 228

（六）结语 …………………………………………………………… 232

第十二章 三权分置改革可以促进县域普惠金融发展吗？ …………… 235

（一）制度背景与文献述评 ………………………………………… 235

（二）数据说明与研究方法 ………………………………………… 238

（三）回归结果与稳健性检验 ……………………………………… 241

（四）异质性检验 …………………………………………………… 244

（五）结论与启示 …………………………………………………… 245

第五篇 开启新篇章

第十三章 中国农村金融创新发展之路 ……………………………… 248

（一）合理定位政府角色 …………………………………………… 248

（二）增加农村地区金融供给 ……………………………………… 252

（三）创造农村地区金融需求 ……………………………………… 255

（四）重视增量改革，培育新兴市场力量 ………………………… 257

（五）创新发展农地金融 …………………………………………… 258

参考文献…………………………………………………………………261

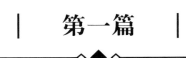

第一篇

引论

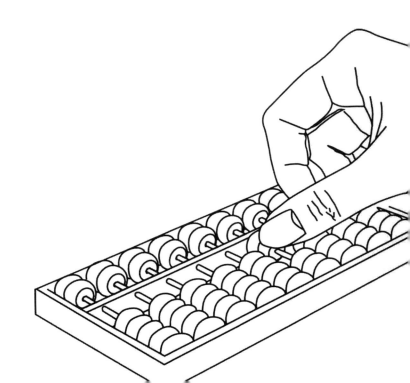

第一章　导论

（一）乡村振兴中农村金融问题的重要性

农为邦本，本固邦宁。"十三五"时期，我国现代农业建设取得重大进展，脱贫攻坚战取得全面胜利，乡村振兴实现良好开局。同时，也要看到，全面建设社会主义现代化国家，实现中华民族伟大复兴，最艰巨最繁重的任务依然在农村，最广泛最深厚的基础依然在农村。立足新发展阶段，一项重要任务就是抓紧抓实"三农"工作，特别是要切实做好巩固拓展脱贫攻坚成果同乡村振兴有效衔接，让脱贫基础更加稳固、成效更可持续，进而加快农业农村现代化步伐，全面推进乡村振兴。其中，如何充分发挥金融助力乡村振兴的作用，是一个重要课题。

农村金融对于破解"三农"问题具有至关重要的作用。金融是现代经济的核心。金融活，经济活；金融稳，经济稳。在我国大部分农村地区，资本短缺是农民致贫的重要原因。多年来，我国政府为了提高农民收入并消除农村贫困，除了运用财政政策之外，日益重视金融手段，通过持续的农村金融领域改革来强化金融在农民增收中作用的发挥。

全面推进乡村振兴同样离不开金融的有力支撑。《中共中央国务院关于全面推进乡村振兴加快农业农村现代化的意见》提出"支持以市场化方式设立乡村振兴基金，撬动金融资本、社会力量参与，重点支持乡村产业发展"，并将其作为"强化农业农村优先发展投入保障"的重要内容；《中华人民共和国国民经济和社会发展第十四个五年规划和 2035 年远景目标纲要》提出，"在西部地区脱贫县中集中支持一批乡村振兴重点帮扶县，从财政、金融、土地、人才、基础设施、公共服务等方面给予集中支持，增强其巩固脱贫成果及内生发展能力。"

实际上，改革开放 40 多年来，中国政府一直致力于通过持续的金融改革来增加农村地区金融供给。如农村信用社 1996 年的行社脱钩、2000 年的改革试点工作、2004 年后的产权改革工作，2006 年起施行的新型农村金融机构改革试点工作，2007 年确定的农业银行面向"三农"的改革原则，以及近年来农地经营权抵押贷款的试点工作等，都旨在从制度层面上建立多层次、可持续的农村金融市场体系，以满足农村经济需求。虽然经过了一系列改革，但现有的农村金融体制仍基本维持了改革初期的结构：一是农村金融依然是政府支持农村经济发展的主要融资工具；二是农村金融机构大多"身兼二任"，一方面要以服务"三农"为己任，承担政策性功能，另一方面要兼顾利润最大化的经营原则，实现可持续发展。

我国农村金融机构在现实运营中还出现了与改革初衷相背离的现象，在服务过程中产生了金融抑制、精英俘获、信贷约束等问题。表现为：第一，国有农村金融机构纷纷撤离。随着近年来中国金融体制改革的步伐加快，国有商业银行的股份制改造逐步完成，代表投资者利益的经营方必然要按照效益原则做出理性选择，有代表性的事件是四大国有商业银行大规模撤离农村。据统计，1997 年以来，国有银行已经撤并了 3.1 万余家县及县以下的营业机构。第二，现有农村金融体制设计形成了非农化引导。在"自主经营、自负盈亏"的运营模式下，农村金融机构在经营过程中有很强的商业化倾向，发放"三农"贷款只是出于制度制约，即使发放"三农"贷款，也倾向于放贷给相对大型的乡镇企业和相对富裕的农户，发生目标偏离，导致许多需要贷款但相对贫困的农户无法获得金融支持。此外，在农村金融中占垄断地位的农村信用社进行了股份制改革，其服务"三农"的特质更为模糊，逐渐导致了农村金融供给不足。第三，农村地区资金运用率较低，存款外流严重。以中国邮政储蓄为例，过去，中国邮政储蓄机构"只存不贷"，在县域内吸收的资金几乎全部流出农村。2011 年初，国家批准了中国邮政储蓄银行的股份制改革方案，明确将其建设成为立足"三农"的现代商业银行。截至 2012 年底，中国邮政储蓄银行吸收县域存款 2.65 万亿元，占总存款余额的 65.53%，同期在县域累计发放贷款余额 0.46 亿元，仅占其在县域吸收存款总额的 17%。事实上，不仅仅是中国邮政储蓄银行，其他农村金融机构同样没有将其全部资金用于农村，堪比"吸存机器"。

农村金融在解决"三农"问题、实现乡村振兴中的作用至关重要，对农村金融的减贫效果进行全面评估，发现其薄弱环节和问题所在，并对农村金融机构的可持续发展问题进行研究，以期更好发挥农村金融在服务乡村振兴中的核心作用和战略性地位，这正是本书研究的现实背景与价值所在。

（二）研究意义

中国经济在过去的 40 年里取得了举世瞩目的成绩，然而，不可否认的是，其在发展过程中始终存在一块明显的短板——农村居民收入长期处于低水平状态，增长相对滞后（陈斌开等，2010）。数据显示，截至 2018 年，中国依然有 5.64 亿的农村人口，平均而言，农村居民人均可支配收入只有 14617.03 元，仅仅是同期城镇居民人均可支配收入的 0.37 倍。如果我们再深入考察农民内部的收入结构，不难发现，相当一部分农村居民依然在贫困线的边缘挣扎。受限于诸多因素，中国依然是世界上贫困农村居民最多的国家之一，2018 年，中国依然有 14 个国家连片特困区，832 个国家扶贫开发工作重点县，1660 万农村贫困人口。毫无疑问，如何让如此庞大的人群的收入取得显著的增长，从而摆脱贫困、走向富裕，不仅关系到亿万农民的切身福利，而且关系到中国经济未来能否实现高质量发展、实现中华民族伟大复兴的中国梦，这是所有人关心的一大难题。

尽管阻挡落后地区的农民走出贫困的因素有很多，但是，从现实来看，缺少信贷途径被普遍认为是让农民陷入持续贫困的关键所在 (Collins, D, Morduch, J and Rutherford, S, et al.,2009)，资金匮乏和融资困难同样也是制约中国农村居民收入提高的桎梏 (曹璐，罗剑朝 ,2015)。可持续和精准的信贷服务对提高农村居民收入至关重要 (Luan, D X and Bauer, S,2016)，发展中国的农户家庭普惠金融能够显著提高农户家庭人均收入 (尹志超，彭嫦燕，里昂安吉拉 ,2019)。为使社会各阶层享有平等的金融服务权，尤其是满足弱势群体的融资需求，我国政府多次明确提出要大力发展农村普惠金融，这对于广大农村地区来讲尤为重要。普惠金融在农村的发展，就是期望通过对广大农村居民及农户金融服务的全覆盖，减缓农村地区贫困，加速农村经济发展，实现农村居民的全面小康。目前，我国农村金融的实施效果如何？是否在减缓贫困和促进经济增长方面达到了预期的目标？其效应在东、中、西部不同区域间是否存在差异？农村金融作用于农户收入增长的路径何在？对于农村金融减贫问题的研究，将有助于确定更有效率的农村金融政策，以巩固脱贫攻坚成果与助力乡村振兴。

此外，农村金融机构作为农村金融市场的主体，其有效支农不仅关系到"三农"问题的根本解决和中国金融体系的安全，还关系到中国整个社会、政治和经济的平稳协调发展，本书通过客观评估农村金融机构的可持续发展情况，寻求社会责任与可持续发展相兼容的实现途径，研究成果具有迫切而重要的现实指导意义：其一，对于政府部门来说，可以作为下一步深化农村金融改革中制定农村金融机构发展与运行框架，调整监管原则与方式的重要依据；其二，对于农村金融机构来说，可以为其经营方向、发展思路和改革目标提供参考；其三，为我国农村地区形成健全有效的农村金融体系提供思路，有利于我国"三农"发展中资金瓶颈问题的早日解决，形成农村金融与农村经济相互促进的良性循环。

（三）研究内容

全书分为五篇，共 13 章内容。

第一篇为引论，包含第一章至第三章。

第一章，导论。主要包括研究背景、研究意义、研究内容、研究方法、主要创新等内容。

第二章，文献综述。包括农村金融减贫效应研究、农村金融机构可持续发展问题研究、农村金融机构双重目标冲突问题的研究、农村金融机构"目标偏离"问题的研究、微型金融机构双重目标冲突的治理、政府角色及政策效应问题研究等方面。

第三章，基本理论。主要内容有农村金融基本理论概述、我国农村金融机构双重目标兼容性分析等。

第二篇为农村金融减贫增收问题，包含第四章至第七章。

第四章，支农贷款减贫效应研究。利用我国西部地区11省（市、区）4976户农户的微观调研数据，运用Logit模型和倾向得分匹配法（PSM），对支农贷款的减贫效应进行实证检验。结果显示，支农贷款对贫困农户的收入增加影响具有负向作用，对非贫困农户的收入增加影响具有正向作用。另外，农户教育背景、政治关系资本、家庭规模和贷款需求构成了农户能否获得贷款的重要影响因素。

第五章，普惠金融、贫困减缓与农村经济增长。利用全国27省份517个村庄的4023户农户微观调研数据，使用模糊断点回归方法，对农村普惠金融的贫困减缓效应和经济增长效应进行了实证检验。结果发现，在东部地区，普惠金融的发展降低了绝对贫困和相对贫困水平，促进了经济增长；在中部地区，普惠金融的发展有利于绝对贫困水平和相对贫困水平的下降，对于经济增长的促进效用不明显；在西部地区，普惠金融的发展有利于绝对贫困水平的下降，但增加了相对贫困并抑制了经济增长。基于此，本章提出在农村普惠金融的推广过程中，应注意其发展战略实施的区域差别化，以实现普惠金融积极效应的最大发挥。

第六章，支农贷款影响农户收入增长路径研究。通过分位数回归方法（QR）对支农贷款影响农户收入的机制与路径进行研究，并运用倾向得分匹配方法（PSM）对结果的稳健性进行了检验。研究发现：对于高收入农户，支农贷款通过增加其经营性收入而使总收入增加；对于中等收入农户，支农贷款虽然增加了其牧渔林业收入，但是更大程度减少了经营性收入，总收入表现为下降；对于低收入农户，支农贷款仅被用于生活性消费支出，总收入水平下降。这说明，即使面临相同的融资机会，农户的增收能力却各有不同。因此，要想缓解农户收入的内部不平等问题，还需要从实施精准性的金融扶持政策、提高农户生产率水平和持续拓宽农村融资渠道几个方面来考虑。

第七章，资产抵押贷款与财政扶贫拨款的增收效应对比分析。本部分基于 CHFS 调研数据，运用分位数回归方法，实证分析了金融资本在农户间的分层分布情况、农户金融资本回报率的分层分布、不同区域的金融资本分布与回报率差异，得出资产抵押贷款更有利于农户收入可持续增长的结论。

第三篇为中国农村金融机构可持续发展问题，包括第八章至第十章。

第八章，农村金融机构双重目标兼顾问题评价分析。在理论分析和实证分析的基础上，对我国农村金融机构双重目标兼顾状况展开评价研究。分为机构视角、农户视角、农村金融机构双重目标兼顾不均衡的原因分析、农村金融机构双重目标兼顾不均衡的机理分析四个方面，对我国农村金融机构双重目标兼顾不均衡的现实进行了原因解释和理论分析。

第九章，农村金融机构经营效率研究。首先是我国农村金融机构经济目标实现能力的分类分析。然后将农村金融机构的经济目标分解为利润效率和成本效率，运用随机前沿分析方法，以农村信用社为例对利润效率和成本效率进行测算并分析其影响因素。最后运用状态空间模型分析了农村金融机构对农村经济的促进作用。

第十章，国外农村金融机构可持续发展模式与借鉴。借鉴国外农村合作金融及微型金融在盈利性和可持续性方面得以成功兼顾的经验模式，结合我国国情和农村实际，提出实现我国农村金融机构双重目标兼顾的相关政策建议，具体将从合理定位政府角色、增加农村地区金融供给、创造农村地区金融需求和重视增量改革，培育新兴市场力量四个方面展开讨论。

第四篇为农地金融问题研究，包含第十一章至第十二章。

第十一章，农地经营权抵押贷款的收入撬动效应分析。中国经济发展中的一块鲜明短板是，农民收入增长的长期滞后。如何快速补齐这一短板，是中国经济面临的一大难题。缺少信贷途径被普遍认为是让农民陷入持续贫困的关键所在，而缺乏有效抵押品又是导致农户信贷难的根本原因。本章利用2005—2017 年全国 1831 个县域地区的面板数据，采用双重差分方法研究了农地抵押贷款试点政策是否撬动了农民的收入增长。研究表明：第一，从效果来看，该政策显著提高了农民收入，这一结论在进行多项稳健性检验后依然成立；第二，从趋势来看，该政策对农民收入的增加具有可持续的长期影响；第三，从机制来看，该政策的收入撬动效应不仅通过信贷渠道实现，还通过推动农村经济增长、提高农业生产率和促进劳动力非农转移等多个机制来实现。第四，从异质性来看，该政策的增收效应在经济基础条件好、农地抵押价值高以及制度质量好的地区发挥更好。农地权利的放松是撬动农民收入增长的关键一环，通过"唤醒沉睡的资本"，让农民的"死资产"转化为"活资本"，成为农民收入增长的关键抓手。而提高政策有效实施所依赖的经济环境和制度质量，有助于政策作用的发挥。这为未来相关政策的出台和调整提供了重要启示。

第十二章，三权分置改革可以促进县域普惠金融发展吗？利用 2005–2015 年全国 1992 个县域地区的面板数据，采用双重差分方法考察了农村土地三权分置改革影响县域普惠金融发展的政策效应。研究发现：三权分置改革可以显著促进县域普惠金融发展水平，这一影响效应随着实施年份的增加而不断强化。从异质性来看，经济欠发达地区的影响效应要弱于经济发达地区，提示我们应着重完善欠发达地区的农村土地产权融资配套机制。

第五篇为开启新篇章，包含第十六章，中国农村金融创新发展之路。主要内容有：一是合理定位政府角色，包括减少政府行政化外部干预，营造良好外部市场环境、区分政策性金融和商业性金融的作用范围、发挥农村金融在贫困减缓中的关键作用和完善农村金融风险防范和化解机制；二是增加农村地区金融供给，包括建立适度竞争的农村金融市场体系、发挥中国农业银行的龙头地位、建立健全小额信贷市场、继续发挥政策性金融的金融扶贫职能和培育发展农村合作性金融；三是创造农村地区金融需求，包括增加农户金融需求和发展适合农村需求的金融产品和服务；四是重视增量改革，培育新兴市场力量；五是创新发展农地金融，包括成立和推广土地银行、建立农地价值评估系统、深入开展农地保险业务、允许推行农地证券化等。

（四）研究方法

用到的研究方法归纳如下：

（1）调查研究法。设计调查问卷，选取典型区域，按照统计学分层抽样方法进行实地调研，获取本课题研究所需的一手数据。

（2）案例比较分析法。比较分析试点地区的实践经验、演化机理、治理结构、运行绩效、风险控制等因素，提炼不同区域背景中和不同经济发展水平下各试点地区的共性与差异性。

（3）理论分析法。构建理论分析框架，通过模型阐释了以下内容：农户进行贷款总是需要一定抵押品；农地经营权抵押贷款的执行通过事前收益、事后收益两种机制降低了对农户抵押品的要求，尤其受到弱势农户的拥护；完善的农地经营权抵押贷款制度有助于获贷农户增加经营收益。

（4）实证分析法。构建计量模型，实证分析农地经营权抵押贷款模式运行的微观传导机制、政策绩效、影响因素、异质性等。为避免变量间存在的内生性问题，研究中采用近似自然实验的倾向得分匹配方法 PSM，双重差分方法 DID、断点回归方法 RD、DEA-Malmquist 指数效率模型、随机前沿分析 SFA 方法等。

（5）规范分析法。在前期理论与实证研究基础上总结归纳，从组织结构、风险规避、目标兼容等角度提出政策建议。

（五）主要创新

一是理论创新。借鉴 Tirole（2006）提出的基本固定投资模型（Fixed-Investment Model）分析框架，构建了我国农村金融机构以及农户借贷行为的数理模型分析框架。并在同一分析框架与假设前提下，对以下问题进行了分析：1. 农村金融机构的最优放贷条件。发现农村金融机构在开展普惠金融过程中，即使是在零利润约束的前提下，农户必须拥有足够的资本和抵押品，才可以获得贷款。市场经济条件下农村金融机构虽然肩负着支农的政策性功能，但其在开展普惠金融的过程中"嫌贫爱富"的本质仍难以掩饰。2. 农村金融的减贫增收作用。农村金融机构在向农户发放贷款的过程中，无论体现为贷款利率的优惠，还是农户获得贷款条件的放松，或是其他金融服务便利性的提高，只要政府对农村金融机构从事农村金融业务存在一定的政策激励，农户总能从享受普惠金融中增加收益。

二是方法创新。在以往关于农村金融经济绩效的评价研究中，在方法的选择上，多采用了面板数据回归模型、时间序列回归模型等传统模型，从科学评价的角度看，这些方法难以克服金融发展与经济增长之间相互作用的内生性问题，难以识别出农村金融政策对于农村经济增长和农户收入变化产生的净效应。针对传统方法的不足，在评估农村金融的政策效应时，尝试使用可以克服内生性的最新发展的因果推断方法，如模糊断点回归方法（Fuzzy Regression Discontinuity，FRD）、倾向得分匹配方法（Propensity Score Matching，PSM）以及双重差分方法（Difference in Difference，DID）。

三是视角创新。农户融资困难一直是我国农村金融悬而未决的难题。长期以来，政府不断通过农信社改革、设立新型农村金融机构、引入民间金融等方式来增加农村金融供给，但没有有效解决问题。其中缺乏有效抵押品是导致农户贷款难问题的根本原因。为激活农村"沉睡"资本，继 2008 年在局部地区首次开展试点工作以来，我国于 2016 年在全国 30 个省份的 232 个县（市、区）展开试点工作。在此背景下，研究农地抵押贷款在试点地区的运营绩效，赋予农地经营权抵押贷款以理论基础和依据，探索成功的推广模式，尝试构建农地经营权抵押贷款的制度体系框架，对于我国农村地区普惠金融的发展和金融扶贫政策的落实将具有重要的理论与现实意义。此外，已有文献对于农地抵押贷款作用机制的认知往往停留在信贷途径方面，本研究则发现，除了信贷途径外，农地抵押贷款还可以通过推动农村经济增长、提高农业生产率和促进劳动力非农转移等多个机制来实现收入撬动效应，这大大丰富了人们对农地抵押贷款作用机制的认知。而且，研究还发现农地抵押贷款政策在经济基础条件好、农地抵押价值高、在制度质量好的地区发挥更好，这一结论是对现有文献的完善和补充。

第二章 文献综述

（一）农村金融减贫效应研究

已有文献对农村金融影响收入以及减贫问题进行了大量研究，并主要形成了以下几种观点。

一些学者认为金融发展可以通过促进经济增长来增加总收入水平，进而减缓贫困。例如 Greenwood 和 Jovanovic（1990）指出，金融发展通过融通资金来促进经济增长，而经济增长会通过改善金融结构来促进金融发展。Jeanneney 和 Kpodar（2005）利用发展中国家 1966—2000 年的面板数据验证了金融发展可以通过促进经济增长和麦金农管道效应两方面来帮助穷人脱贫。Khandker 和 Shahidur（2005）对孟加拉国的小额信贷项目进行跟踪调研，结果表明微型金融不仅能帮助穷人重新分配收入，促进国家经济增长，而且对项目参与者的贫困缓解有持续影响。Clark 等（2006）利用 83 个国家 1960—1995 年的面板数据进行实证分析，结论显示金融发展在促进经济增长的同时，也减少了贫富差距和收入不平等。唐青生等 (2010) 指出中国云南省的金融服务网点缺失是农村地区无法摆脱贫困的主要原因，指出通过金融扶持和优惠政策增加金融网点建设及金融服务供给，以改变经济落后的局面 (唐青生 , 陈爱华 , 袁天昂 ,2010)。谭险峰 (2010) 对比研究了国际和国内微型金融模式的反贫困绩效，指出国际上孟加拉国乡村银行的反贫困绩效尤为显著，国内的非政府组织模式、正规金融模式、民营组织模式等均能够不同程度的促进农民增收，减缓贫困。还有一些学者研究了小额信贷的减贫效应。如梁山 (2003) 对茂名市著名的信用镇 (村) 高州市进行了调查研究，该地区的农村信用社创新信贷方式，通过发放小额贷款信用证管理贷款，该地区多达 40% 的农户使用信用贷款，同时人均收入水平在全国范围位居前列，实现了农村金融与农村经济的相互促进的良性循环。胡金焱、张乐 (2004) 对小额信贷活动进行了理论分析，指出通过合理的制度建设可以解决小额信贷中的信息不对称、道德风险等问题，进而通过扩大小额信贷的覆盖面来改善农户福利水平。张立军和湛泳（2006）的实证分析表明，小额信贷具有显著的增加农民收入和降低贫困效应。段应碧 (2011) 提出须发展和培育不以盈利为目的的公益性小额信贷组织以破解农户贷款难题。

但也有一些学者提出农村金融发展或小额信贷不利于农户的贫困减缓。如 Galor 和 Zeira（1993）的分析指出，在不完美信贷市场上，初始财富分配对投资资本的分配起着决定性作用，穷人无缘获得信贷资本，富人会因较多的投资而使得产出增加以发展中国家为研究对象，指出在金融自由化的进程中，贫困人群由于受制于一些因素而难以获得金融服务，资金得不到有效使用从而导致贫困人群收入得不到提高。温涛等（2005）运用中国 1952—2003 年的数据进行实证分析，结果显示中国金融发展对农民增收具有显著的负效应，原因在于金融发展存在明显的结构性和功能性的失衡，特别是金融中介的低效率阻碍了金融发展对农民增收的促进作用 (温涛 , 冉光和 , 熊德平 ,2005)。陈银娥、师文明 (2010) 建立计量模型进行实证分析，结果表明我国农村正规金融发展对贫困减缓具有一定促进作用，金融波动不利于农村贫困的减少。李庆海等（2012）估计农户信贷配给对其家庭净收入的影响，研究发现信贷配给使农户家庭净收入减少了 18.5%(李庆海 , 李锐 , 汪三贵 ,2012)。

而一些最新的研究综合了上述两种观点，提出金融发展的减贫效应不是绝对的有利或不利，农户自身条件或外部环境因素的不同也会导致不同的结果。如 Rewilak（2013）的实证结果显示金融发展的减贫增收效应只在一些地区有效，而在其他地区无效，指出需要根据实际情况区别对待，不能采取"一刀切"地研究方法和发展策略。Beaman 等（2014）发现农业借贷的利息收取如果根据农户所经营农场的现金流来确定，而不是按月结息，则贷款可以促进农场的投资增长和农户收入的增加。Crepon 等（2014）利用 2006 年对摩洛哥农村地区的调研数据进行研究，发现自主创业的农户在获得小额信贷后，其资产投资和经营收益都有了显著增加，但没有正式工作的农户在获得信贷后反而引起了收入水平的下降。总体来看，小额信贷并没有对农户的收入水平和消费水平产生显著影响，作者进一步指出上述结论的得出是由借贷者自身因素所引致。另有学者发现在经济较为发达的区域，小额信贷对农户收入提高的影响才更为明显（Angelucci 等，2015；Banerjee 等，2015）。Attanasio 等（2015）发现小额信贷能够促进农户的食物消费和总消费，对当前收入增加和贫困减少没有产生显著影响，但有可能促进农户的长期收入水平。持类似观点的学者还有 Dupas 和 Robinson（2009），Attanasio 等（2011），Augsburg（2012）以及 Angelucci 等（2013），认为小额信贷虽然引起了自主经营农户的投资增加，但对于总收入和总消费的增加却没有产生显著影响。一个合理的解释是农户获得小额信贷投资的小微企业有着较低的资本边际生产率，基于上述假设，一些研究发现，总体来讲小额信贷对农户自主经营企业的利润和收入并没有产生影响，仅仅对一些自身经营收益很好的企业产生了影响（Angelucci 等，2015；Banerjee 等，2015）。另一解释是小额信贷通常资助的是一些盈利能力较差的企业（Mckenzie 和 Woodruff，2008）。此外，Karlan 和 Zinman（2013）的研究则表明农户对小额信贷具有较高的需求价格弹性，意味着即使利率降低，也不会带来利润的降低，但可以带来更大的社会影响。Augsburg 等（2014）以波斯尼亚和黑塞哥维那为例对小额信贷的影响进行研究，结果显示农户的消费和储蓄有所下降，原因是农户需要拿出一部分自有资金和相应的借贷资金相匹配，以达到投资目标，还发现 16—19 岁的农村劳动力在农户企业里的劳动时间显著变长。但并未发现小额信贷可以促进农户收入增加的证据。师荣蓉等（2013）通过门槛回归模型进行实证分析，结果表明金融发展与收入增长的关系取决于人均收入水平，具有明显的门槛特征 (师荣蓉 , 徐璋勇 , 赵彦嘉 ,2013)。王小华等（2014）的研究结论则显示，收入水平越低的农户越容易受到金融抑制，收入越难提高，陷入恶性循环；而收入水平越高的农户越容易得到金融支持，形成收入增长的良性循环 (王小华 , 温涛 , 王定祥 ,2014)。

(二) 农村金融机构可持续发展问题研究

1. 农村金融机构经营效率研究

国内外学术界对农村金融机构的经营效率进行了大量研究，具有代表性的学术成果有：

Giinter Lang 和 Peter Welzel(1996) 收集 1989—1992 年德国 757 家合作银行的面板数据，应用超越对数成本函数模型计算成本效率，发现虽然所有银行的成本效率均较低，但全要素生产率的增长却较快。Hirofumi Fukuyama 等 (1999) 采用 1992—1996 年间日本信用合作社的面板数据，运用包络分析方法 (DEA) 估计效率，发现日本信用合作社的经营效率增长较快且总体水平较高。M. Kabir Hassan (2001) 对格莱瑉乡村银行的成本效率进行了研究，发现对银行成本效率具有显著影响的因素是政府扶持和竞争程度，而规模和成立年限的影响不显著。Fengxia Dong 和 Allen Featherstone(2006) 使用 Bootstrapping 方法比较了中国各省份农村信用社在 1991—1995 年间的经营效率。Alexandra 和 Kostas (2010) 的研究发现同商业银行相比，微型金融机构的技术效率较差，其主要原因是产出的差异，并从所有制结构角度进一步阐释。Herms 等（2011）运用随机前沿模型分析微型金融机构的经营效率，结果发现经营效率与金融机构的覆盖面显著负相关，而且，微型金融机构的妇女客户越多，效率就越低。Roselia Servin 等 (2012) 利用 18 个拉丁美洲国家 315 家小额信贷机构的面板数据，运用随机前沿分析方法（SFA）比较了技术效率，发现机构的所有制形式对技术效率会产生根本性的影响 (Servin, R, Lensink, R and Van den Berg, M,2012)。David Wheelock 等 (2013) 采　用

Malmquist 生产率指数法对 1989—2006 年期间美国信用社的面板数据进行研究，发现信用社规模效率和成本效率逐年下降，而且规模较小的信用社面临技术转移 (Wheelock, D C and Wilson, P W,2013)。Quayes（2014）使用随机前沿分析方法对孟加拉国微型金融机构的成本效率进行了实证研究，发现微型金融机构的规模越大成本效率就越高，同时覆盖面却越低，而其经营规模与政府和其他基金机构的支持有关 (Quayes, S,2014)。Azad 等（2015）运用 DEA—Malmquist 指数方法，对 2008—2012 年间孟加拉国 15 家微型金融机构的面板数据进行效率测评，结果显示，该国微型金融机构的全要素生产率年均增长 93.5%，其中主要是来源于纯技术效率的进步，规模效率和技术效率的贡献分别是 2.2% 和 3.7%(Azad, M A K, Masum, A K M and Munisamy, S, et al.,2015)。Tahir 和 Tahrim（2015）运用柬埔寨 2008–2011 年间微型金融机构的面板数据，使用数据包络分析方法对其经营效率进行了实证研究，发现样本期间金融机构的总体效率保持在 92%，存在 8% 的投入浪费，其中规模效率对总体效率的影响最大 (Tahir, I and Tahrim, N,2015)。

褚保金等 (2007) 运用非期望产出 DEA 方法，研究苏北地区 1998—2003 年农村信用社的经营效率，发现在 2000 年改革后，农村信用社的经营效率显著提升，在影响农村信用社效率的诸多因素中，最主要的因素是内部管理水平 (褚保金, 张兰, 王娟,2007)。韩俊等（2008）运用全国 29 个省份的实地调研数据，对农村信用社的经营效率进行了综合评价 (韩俊, 罗丹, 程郁,2008)。覃道爱和李兴发（2009）运用 SBM—Undesirable 模型评价 2004—2007 年间我国农村信用社的改革绩效，发现纯技术效率改进明显，而部分农村信用社效率低下主要归因于较低的管理水平和能力 (覃道爱, 李兴发,2009)。王俊芹等（2010）运用 DEA 方法和 Probit 模型分析 2003 年农村信用社新一轮改革后经营效率的变化，发现对改革后经营效率的提升有显著正向影响的因素有经营管理水平、资产规模、员工文化素养等 (王俊芹, 宗义湘, 赵邦宏,2010)。潘泌园（2010）在介绍海峡两岸农村信用社体制安排基础上，以制度为切入点，对改制后的农村信用社经济效率进行比较分析，并做出客观评价 (潘沁园 ,2010)。席建成、茹少峰 (2011) 利用 2000—2008 年陕西省 8 个县 (区) 农村信用社的调研数据，采用骆驼评级法和因子分析法研究了农村信用社的改革绩效，指出改革还需要进一步深化 (席建成，茹少峰 ,2011)。谢志中等（2011）以 2003 年农村信用社的产权改革为背景，研究福建省农村信用社的经营效率变化趋势，发现多数农村信用社纯技术效率上升趋势明显，但规模效率有所下降 (谢志忠 , 刘海明 , 赵莹 , 等 ,2011)。师荣蓉和徐璋勇（2012）的实证研究发现农村信用社各区域成本效率的差距在逐渐缩小，且成本效率在大幅提升 (师荣蓉 , 徐璋勇 ,2012)。李敬和陈澍 (2012) 构建评价方法评价农村信用社的运行绩效，结果表明处于中偏差层次，影响运行绩效的因素主要有机构的运营方式及治理结构、农户信用体系建设、人力资本结构等 (李敬 , 陈澍 ,2012)。黄惠春等（2014）运用 SBM 方向性距离函数模型分析了江苏省农村信用社的经营效率，结果显示 2000 年以来的改革对其效率提升有推动作用，但提升效率的关键还在于内在因素 (黄惠春 , 曹青 , 李谷成 ,2014)。王文莉和赵芸（2014）利用陕西省农村信用社的调研数据，研究其内部治理结构对经营绩效的影响，结果表明农村信用社的股权结构和董事会职责与经营绩效显著相关 (王文莉 , 赵芸 ,2014)。胡竹枝等（2015）运用 DEA 模型测算了我国 803 家村镇银行的经营效率，结果显示 95% 的村镇银行不存在纯技术效率，92.65% 的村镇银行出于规模无效率，97.14% 的村镇银行不存在综合技术效率，指出我国村镇银行的经营无效率与其内部的不合理治理机制和指令性的扩张有关。张永刚和张茜（2015）运用数据包络分析方法研究了我国的农村金融体系效率，结果显示农村金融的效率具有明显的地区差异，山西省农村金融对农村经济的促进作用不再明显 (张永刚 , 张茜 ,2015)。

2. 农村金融机构支农效率研究

师荣蓉等（2013）通过门槛回归模型进行实证分析，结果表明金融发展与收入增长的关系取决于人均收入水平，具有明显的门槛特征 (师荣蓉 , 徐璋勇，赵彦嘉,2013)。王小华等（2014）的研究结论则显示，收入水平越低的农户越容易受到金融抑制，收入越难提高，陷入恶性循环；而收入水平越高的农户越容易得到金融支持，形成收入增长的良性循环 (王小华，温涛，王定祥,2014)。

3. 可持续发展问题研究

汪三贵 (2000) 指出，我国小额信贷可持续发展的内部障碍主要有组织机构、目标和观念等方面存在的问题，外部障碍主要有资金来源的控制、利率控制和金融机构准入控制等 (汪三贵,2000)。杜晓山和孙若梅 (2000) 认为，我国小额信贷可持续发展的关键是政府的合理扶持和监管 (杜晓山，孙若梅,2000)；杜晓山 (2003) 对德国等不同国家成功的小额信贷模式进行考察和研讨后，指出遵循市场规律、实现利率市场化、营造健全完善的市场化运营机制将有利于我国农村金融机构的可持续发展 (杜晓山,2003)；何广文 (2008)认为，我国小额信贷的成功要归结于三个层次，即从微观上设立立足于为穷人和微小企业服务的正式或非正式的信贷机构，中观上要完善农村金融制度体系建设，包括存款保险制度、征信制度、信息披露制度等等，宏观上要健全农村金融机构运转的法律保障体系，包括准入制度、监管制度等等 (何广文,2008)。熊德平和熊白 (2009) 认为，我国农村金融机构可持续发展的充要条件是要实现经营创新 (熊德平，熊白,2009)；陆磊 (2009) 认为，我国农村金融机构的财务可持续性要通过一站式和综合化经营实现 (陆磊,2009)；蔡伟 (2009) 从经营风险和制度环境两方面研究了制约小额贷款公司可持续发展的因素，指出应加强风险管理和业务创新、加大政策扶持、进一步明确其法律地位等政策建议 (蔡伟,2009)；高晓光（2015）根据新型农村金融机构村镇银行、资金互助社和小额贷款公司各自的优势和脆弱性，提出通过扩大资金来源、提高从业人员素质、加强监管、政策扶持等方面来实现可持续发展(高晓光,2015)。

（三）农村金融机构双重目标冲突问题的研究

1. 微型金融机构双重目标冲突的理论分析

国外学术界普遍认为微型金融机构主要有两大双重目标，一是扩大对穷人的覆盖面（O'Rourke，2006）(O'Rourke, A,2006)，二是实现财务可持续（Amin 等，2003）(Amin, S, Rai, A S and Topa, G,2003)，且微型金融机构必须同时兼顾这两大"相互冲突"的双重目标 (Ledgerwood, J,1998; Christen, R P, Rosenberg, R and Jayadeva, V,2004)，由此也引发了对微型金融机构能否做到有效兼顾的争论。在此问题上曾出现过制度主义与福利主义两种不同的观点。

其中制度主义者认为，机构可以同时实现双重目标，二者是共存关系，在获得财务可持续的前提下，自然可以更好的为穷人提供服务。例如，Otero 和 Rhyne(1994) 认为，在对微型金融机构的评估中，应摒弃传统的只是考察对受益者的影响，而更应关注金融服务的质量和机构自身的经营规模和经营效率，实现财务可持续同样重要 (Otero, M and Rhyne, E,1994)。Conning(1999)、Lapenu 和 Zeller(2002) 等认为双重目标是可以相互平衡的，如果解决好小额贷款的高成本问题，则微型金融机构就可以在盈利的同时覆盖穷人，降低每笔贷款成本可以通过小组贷款技术来实现，还可以通过利用规模经济对小额贷款进行交叉补贴和提高贷款利率的方式来实现 (Conning, J,1999; Lapenu, C and Zeller, M,2002)。Zeller 和 Meyer (2002) 提出，微型金融机构对穷人的影响和自身财务可持续间存在着平衡、协同和互融的潜在可能，制度创新是关键，并提出了微型金融三角的概念，即微型金融机构可以在扩大穷人广度和深度的覆盖面、长期财务可持续、提高客户生活水平三者之间实现平衡 (Zeller, M and Meyer, R L,2002)。Mayoux(2006) 则认为，微型金融机构的最终目标是能够从国际金融市场融资而不是依赖发展机构的资金，在竞争市场中能够完全自足且有盈利能力 (Mayoux, L C,2006)。Doligez 和 Lapenu(2006) 认为，小额信贷机构的商业化运作使得双重目标之间无所适从，冲突更加明显，如何实现财务可持续仍然是微型金融机构所面临的巨大挑战 (Doligez, F and Lapenu, C,2006)。Sen(2008) 强调，尽管实现财务可持续对于微型金融机构来讲十分重要，但服务农户、改善其生活也同样重要 (Sen, M,2008)。Mookherjee 和 Motta（2014）通过理论模型分析了微型金融机构产生的市场效应，指出当微型金融机构进入市场后，会提高当地市场的信贷利率，同时增加借款者的福利水平 (Mookherjee, D and Motta, A,2014)。

福利主义者则认为，机构覆盖穷人的目标更加重要，如果坚持商业化运作方式会使部分穷人无法获得贷款，而且，即使信贷资源向穷人渗透确实能帮助他们增加生产、平滑消费，穷人也会难以承受补偿全部成本的高信贷利率。Dichter(1996) 指出，微型金融组织采用追求财务可持续的制度主义方式将会使其精力和注意力偏向机构的盈利性，从而忽略其覆盖穷人的政治目标 (Dichter, T W,1996)。Johnson 和 Rogaly(1997) 的研究显示，微型金融机构的商业化运作会引致利率的攀升，从而加重穷人的还款负担，因此弊大于利 (Johnson, S and Rogaly, B,1997)。Olivares－Polanco(2005) 利用拉丁美洲的 28 家微型金融机构数据进行实证研究，结果显示，微型金融机构的商业化使得竞争程度加强，机构倾向发放更大规模的贷款，并且对穷人覆盖面的深度减少，模型最终证实了微型金融的覆盖深度和可持续性之间存在替代关系 (Olivares-Polanco, F,2005)。

综上，国际社会主流观点普遍认为微型金融机构应当具有双重目标，制度主义者提出的在财务可持续的前提下提高对穷人的覆盖面的观点占据主流，被许多重要机构遵循和采用。

2. 微型金融机构双重目标冲突的实证分析

一些学者的研究表明双重目标之间互相冲突。例如，Mosley 和 Hulme

(1998)、McIntosh 等 (2011) 发现，市场竞争的压力会使其更加注重商业化收益，从而减少对穷人的服务 (Mosley, P and Hulme, D,1998; McIntosh, C, Villaran, G and Wydick, B,2011)。Hartarska 和 Nadolnyak(2007) 证实，较少被监管的微型金融机构有着更好的可持续性，但适当的监管有助于提高其金融服务的覆盖面 (Hartarska, V and Nadolnyak, D,2007)。Perera(2010) 的研究显示，斯里兰卡国家的微型金融机构在服务穷人的过程中存在一系列问题，如对穷人的服务质量低下、覆盖面有限、贷款利率低、成本效率低、不良贷款高等等，虽然对可持续性的日益重视导致了穷人覆盖面的进一步减少，但是提高了其作为金融企业的竞争实力 (Perera, D,2010)。Hermes 等 (2011) 的研究发现，高效经营的微型金融机构有着较低比例的穷人和妇女客户，进一步证实财务可持续性与覆盖面之间存在替代关系 (Hermes, N, Lensink, R and Meesters, A,2011)。

但是，另一些学者的实证研究则发现二者可以相互兼容。例如，Christen 等 (1995) 指出，微型金融商业化能吸引更多的资金投入，商业化竞争有助于提高经营效率，进而使微型金融具备为穷人服务的实力和条件，因此，财务可持续性与覆盖面是可以兼容的 (Christen, R P,1995)。Kereta(2007) 的研究发现，埃塞俄比亚的微型金融业覆盖面在 2003 — 2007 年间上升了22.9%，同时经营效率也得到提高，否定了双重目标间的替代关系 (Kereta, B B,2007)。Annim(2012) 对加纳的研究表明，微型金融机构双重目标之间的关系受到其资金来源的影响，但并未找到覆盖面与财务可持续性二者之间相互冲突的证据 (Annim, S K,2012)。Islam（2014）利用孟加拉国 1987–2008 年间的乡村调研数据进行研究，发现微型金融机构的发展减少了农户对非正规渠道的借贷，并增加了农户对微型金融机构的依赖 (Islam, A, Nguyen, C and Smyth, R,2014)。Nawaz 和 Iqbal（2015）运用 18 个亚洲国家 173 家微型金融机构 5 年间的面板数据进行实证研究，结果显示样本国家的微型金融机构不仅在完成社会福利使命方面表现出色，而且在促进区域经济和金融发展方面发挥着重要的作用 (Nawaz, A and Iqbal, S,2015)。

还有一些学者的实证研究则得出了混合的结论。例如 Navajas 等（2000）、Park 和 Ren (2001)、Brau 和 Woller(2004)、Armendáriz 和 Morduch(2010) 等学者的研究发现，微型金融机构双重目标间的关系之所以不能明确，是因为受到多种其他因素的影响，如理论视角以及实证方法的不同、治理结构及信贷机制等制度体系的不同、对覆盖面与财务可持续性的界定不同等等 (Navajas, S, Schreiner, M and Meyer, R L, et al.,2000; Park, A and Ren, C,2001; Brau, J C and Woller, G M,2004; Armendáriz, B and Morduch, J,2010)。Mobin 等（2015）则指出，微型金融机构双重目标之间的关系取决于社会价值和区域因素 (Mobin, M A, Alhabshi, S O and Masih, M,2015)。

虽然学者们对微型金融机构双重目标间冲突的实证研究得出了不同的结论，但 Khawari(2004) 认为通过已有研究可以得出几下几点启发：首先，如果贷款利率能够覆盖贷款成本，则微型金融机构的财务目标和覆盖面目标均可以得到改善；其次，微型金融机构向中上阶层贷款可以获得更大盈利空间；最后，为扩大覆盖深度，可以根据穷人的特殊需求创新金融信贷产品，如通过小额应急贷款等方式 (Khawari, A,2004)。

3. 国内农村金融机构目标冲突问题研究

一些学者认为农村金融机构在市场经济中的追逐利润最大化行为与服务三农的社会目标相互冲突，在实际运行中很难协调。温铁军 (2004) 指出，农村信用社的商业化运作与服务三农的政治目标间的冲突导致了高不良贷款率 (温铁军 ,2004)。钟鸣 (2005) 从主观和客观两个方面分析农村信用社业务经营中的三性"盈利性、流动性、安全性"与支农目标间的矛盾，并将农村信用社支农效果不佳的原因归结为十大矛盾 (钟鸣 ,2005)。何广文 (2009) 的研究指出，农村信用社在运转中面临着社会效益与自身效益二者如何兼顾的难题 (何广文 ,2009)。张兵、曹阳（2010）以苏南地区的农村商业银行和农村信用社为研究对象，运用双重差分法对新一轮商业化改制的效果进行对比研究，结果表明商业化改制提高了其盈利能力和经营效率，在改制后更倾向于服务大型的乡镇企业，减弱了对中小型乡镇企业的金融支持 (张兵,曹阳,2010)。王文莉、罗新刚（2013）的研究指出，服务三农是农村信用社可持续发展的前提条件，但现实中在商业利益的驱使下，支农服务中出现了一系列问题，表现为商业化倾向明显、支农贷款发放不足、服务范围偏小、违背自愿互助原则等 (王文莉,罗新刚,2013)。

另一些学者认为双重目标间的冲突可以缓解和消除。李赛辉 (2008) 以国外成功的微型金融经营模式为论据，指出农村信用社服务三农的目标与可持续发展目标并不冲突，在改革中应将两大目标有机结合，还指出农村信用社的不良贷款和经营亏损问题并非源于服务三农，而是其内部产权不清、管理能力不足、政府过多干预等原因所致 (李赛辉,2008)。张波 (2009) 研究了农村合作金融面临的合作性目标、政策性目标、商业性目标和规模经济目标几个多元目标之间的冲突问题，指出须通过加强金融主体功能、优化金融生态环境、进一步深化改革等途径来化解冲突 (张波,2009)。李喜梅等 (2009) 通过构建博弈模型，发现在单次博弈中，新型农村金融机构存在机会主义行为，选择不履行社会责任，但在多方重复博弈中，考虑到长远利益，机构会积极履行社会责任，实现多方共赢的有利局面 (李喜梅,林素媚,陈银芳,2009)。冯庆水和孙丽娟 (2010) 以安徽农村信用社为例进行实证研究，发现农村金融机构的商业可持续和服务"三农"的双重改革目标在实践中可以兼顾 (冯庆水,孙丽娟,2010)。陆智强等（2011）针对新型农村金融机构在实际运行中存在的资金外流、服务对象非农化等问题，提出通过建立"激励——行为——目标"的新型治理机制，以引导新型农村金融机构"自实施"主动支农 (陆智强,熊德平,李红玉,2011)。孔哲礼、李兴中（2014）以新疆地区的农村金融机构为例进行实证分析，研究发现农村金融机构在服务三农与可持续发展的协调中，制定合理的利率水平是关键 (孔哲礼,李兴中,2014)。

（四）农村金融机构"目标偏离"问题的研究

许多微型金融组织始于非政府组织（NGOs），早期的研究中，发现这些组织在逐步转向规范的盈利性企业，同时传统的微型金融机构也在向商业化经营趋势转变，拉丁美洲以及世界各地的微型金融均在发生这种变化，在现实中表现为"目标偏离"问题，这一问题引起了许多学者的关注（Christen and Drake，2002）(Christen, R P and Drake, D,2002)。

1.微型金融机构"目标偏离"问题的理论分析

微型金融组织双重目标的冲突在现实中表现为"目标偏离"，即不那么贫困的客户"挤出了"更加贫困的客户（Yunus，1997）(Yunus, M and Bank, G,1997)。Schreiner 和 Woller(2003) 提出，"穷人太多，出资人太少，只有实现了可持续发展的微型金融机构才能长期内产生服务社会的强烈激励，并指出以下指标变化可以衡量是否发生目标偏离：农村贷款占比、小组贷款占比、农村妇女贷款占比等 (Schreiner, M and Woller, G,2003)。

一些文献对微型金融机构目标偏离的原因进行了分析。如 Gonzalez — Vega 等（1996) 指出，日趋激烈的市场化竞争迫使微型金融组织提高服务质量和调整贷款规模，如对单笔贷款数量、贷款利率和抵押品等做出调整，使得贷款逐步偏向大客户或大中型企业，而面向穷人的小组贷款又无法满足金融机构的上述调整要求，服务对象最终偏离初始目标 (Gonzalez-Vega, C, Meyer, R L and Navajas, S, et al.,1996)。Christen(2001) 对拉美地区微型金融机构的分析表明，竞争加剧和商业化可能是导致其目标偏离的主要原因，贷款额度大并不必然引起目标偏离，而是多种因素作用的结果 (Christen, R P and Cook, T,2001)。Copestake(2007) 指出，微型金融机构的目标偏离问题不可避免，原因是在商业化的转变中将使其过分关注盈利能力，而忽略降低贫困和其他发展目标 (Copestake, J,2007)。Armendáriz 和 Szafrz(2011) 建立的动态博弈模型发现，许多微型金融机构在扩张贷款规模的过程中发生了目标上移，这一现象并不是仅仅由最小化交易成本所引起的，同时向相对富裕的客户和贫困客户提供信贷服务并不必然导致目标偏离问题，而是由于贫富客户的交易成本不同以及不同地域的交易风险不同等原因所致 (Armendáriz, B and Szafarz, A,2011)。

对于微型金融机构目标偏离的衡量指标问题，其中一种被广泛接受作为测度贫困状况的标准方法为国际贫困线标准法 (Henry，2003)(Henry, C,2003)。此外，美国的摆脱贫困组织（FFH）基于食物安全设计了一套易于衡量的指标体系，该衡量方法不需要进行大规模的数据调研，通过被考察对象的报告即可获取数据。又如国际社区援助基金会针对微型金融机构的目标客户，于2002研发了一套衡量客户贫困程度的评价体系，不足之处是没有涉及微型金融机构在减缓贫困方面的考量。不同于以上衡量方法，Schreiner(2002) 构建了一个衡量贫困减缓的多维分析体系，测量了微型金融机构覆盖的范围、覆盖的长度、覆盖的广度、覆盖的深度、对客户的成本、对客户的价值六个方面的社会收益 (Schreiner, M,2002)。

2. 微型金融机构"目标偏离"问题的实证分析

Campion 和 White(1999) 对三家由非政府组织的小额信贷项目转型而来的正规微型金融机构进行了调查研究，发现转型后的微型金融机构贷款规模有所增加，原因可能是在追求利润的过程中面向中上阶层发放了更大数量的贷款，这意味着目标偏离 (Campion, A, White, V and Network, M,1999)。Littlefield 等 (2003) 通过国别研究发现，那些拥有较高效率的微型金融机构反而没有发生目标偏离 (Littlefield, E, Morduch, J and Hashemi, S,2003)。Cull 和 Morduch(2007) 对 49 个国家 124 家微型金融机构的面板数据进行分析研究，发现微型金融机构为了追求利润最大化而将服务目标从贫困客户转向更加富裕的客户，发生了目标偏离 (Cull, R and Morduch, J,2007)。Hishigsuren(2007) 对孟加拉的案例研究表明，目标偏离是微型金融机构目标上移后应对市场竞争的一个结果，并非管理者有意为之，同时效率提高却很明显 (Hishigsuren, G,2007)。Frank 和 Lynch(2008) 认为，所谓"目标偏离"，是指微型金融机构为了追求盈利而维持高利率或服务优质客户，以致偏离其减缓贫困和服务穷人的初始目标的过程，并进一步运用妇女世界银行下属的 25 家微型金融机构 2002 — 2006 的面板数据进行实证分析，发现微型金融机构的目标偏离与其商业化运行模式有关，如果在经营过程中追逐利润最大化，则会忽略其社会目标，将服务对象转向相对富裕的优质客户 (Frank, C, Lynch, E and Schneider-Moretto, L,2008)。Mersland 和 Stroem(2009) 运用 74 个国家的 379 家微型金融机构的面板数据进行实证分析，发现当平均成本上升、平均利润增加、成立时间更长或者偿付风险提高时，目标偏离更容易发生 (Mersland, R and Øystein Strøm, R,2009)。Anangwe 和 Lucy（2014）的研究指出，尽管肯尼亚的微型金融发展迅速，但由于农户缺乏抵押品和放贷风险高等原因，仅有大约 20% 的小额信贷需求被满足，在日趋激烈的市场竞争中发生了目标偏离 (Anangwe and M, L,2014)。Shu 等（2014）对非洲国家的微型金融市场目标兼顾情况进行了实证研究，发现微型金融机构更加注重盈利目标的实现，而不是为所在区域的穷人提供服务，盈利目标代替了覆盖面目标 (Shu, C A and Oney, B,2014)。

　　熊惠平 (2007) 的研究指出，中国农村金融机构在瞄准偏差的利益博弈中，渐渐远离真穷人而出现"瞄而不准"的现实，要实现"真扶贫"而"扶真贫"的目标任重道远 (熊惠平 ,2007)。刘西川等 (2007) 调查了内蒙古、河南省和山西省的小额信贷项目开展情况，发现大部分获得贷款的农户的收入水平属于中等偏上，贷款对象发生了目标上移，除机构追求自身可持续发展偏好向富裕农户放款外，贫困户对金融产品的需求不足也是原因之一 (刘西川，黄祖辉，程恩江 ,2007)。张世春 (2010) 通过对粤赣两省农村信用社的调查发现，其服务对象主要集中于农村中的中高收入阶层农户，贫困农户群体基本属于农村金融资源配置的盲区，在商业化的运作机制下，资本的逐利行为导致农村信用社没有服务贫困农户的积极性，可以通过成立政策性小额信贷银行来解决目标偏离问题 (张世春 ,2010)。李明贤和周孟亮 (2010) 以我国小额贷款公司为研究对象，指出小额贷款公司发展中会进行规模扩张，为了收回扩张过程中的成本投入，小额贷款公司倾向于调整贷款规模，面向富人发放大额贷款，发生目标偏离 (李明贤，周孟亮 ,2010)。吴晓灵和焦瑾璞 (2011) 在小额信贷蓝皮书中，科学评估了我国小额信贷的现状、存在的问题以及未来前景 (吴晓灵，崔瑾璞 ,2011)。葛永波等（2011）指出，新型农村金融机构的目标定位已经和政策初衷发生了背离，此外，新型农村金融机构多数设置在经济比较发达的县域且数量少，对农村的覆盖程度远远不够 (葛永波，周倬君，马云倩 ,2011)。米运生（2012）从法哲学——经济学的独特视角，指出我国现有的机构监管模式成本高而效率低，银监会推行的农村信用社股份制改革反导致其远离农村，提出功能型监管模式基于"经济自由"，可以有效改善农村金融低效等问题 (米运生，董杰，陈勋 ,2012)。

（五）微型金融机构双重目标冲突的治理

2000 年以来，学术界对关于微型金融机构双重目标间关系的讨论逐渐扩展为对双重目标冲突的治理问题，并形成共识，主张有效协调微型金融机构财务绩效与社会绩效间的平衡问题，可以通过社会绩效评估与管理工具实现。

然而，社会绩效难以通过确切的指标进行量化，其评估与管理也因此未受到学术界和相关部门的足够重视。直到 1999 年，世界银行扶贫协商小组（CGAP）首次提供了评估微型金融机构社会目标实现情况的测评方法 [1]——贫困评估工具（PAT）。随后，基于 CERISE [2] 和 CGAP 的协助以及 Argidius 基金的资助，Zeller 等 (2002) 设计了一套四维度共计 15 个指标的社会绩效

---

[1]　[世界银行扶贫协商小组（CGAP）的使命是给人们提供摆脱贫困所需的金融工具，给自我创业的穷人提供业务培训、"小额"贷款以及其他金融服务。CGAP、FINCA 和 Grameen Bank 一起被认为是全球最具影响力的微型金融机构。]

[2]　[CERISE(Comit é d' Echanges de R é flexion et d' Information sur les Syst è mes d' Epargne-cr é dit) 创立于 1998 年，是国际知名的微型金融知识网络交流机构。]

评估指标体系，完成了《社会绩效指数创新》报告，并对全球范围内的微型金融机构展开了实践应用 (Zeller, M and Meyer, R L,2002)。Sinha(2006) 认为，科学合理的社会绩效评估与管理需要对机构是否具有可行的方式实现其社会目标进行评估，促使机构主动承担起服务穷人的目标，社会绩效管理是将机构的使命转变成现实的一个制度化 (institutionalization) 过程 (Sinha, F,2006)。

为进一步实现透明化管理，增强微型金融机构的使命感，向公众披露其履职行为，有关社会绩效报告的研究也提上了议程。Sinha(2006) 指出，微型金融机构社会绩效报告的内容应包括：同时设定社会目标和财务目标以及其评价指标、跟踪监督指标的改进情况、将社会绩效信息融合到管理系统中以帮助决策、基于社会绩效信息优化机构的战略和运行 (Sinha, R,2006)。2006年，全球微型金融信息交换平台发布了社会绩效标准报告，主要框架分为：报告正文、贫困评估表、有效利润率计算器以及术语表等部分。2009 年，该平台在网站上公开披露了全球范围内收集的 212 家微型金融机构的社会绩效报告。

Angora 等 (2009) 运用全球 127 家微型金融机构的面板数据，对财务绩效与社会绩效间的关系从多个维度进行实证检验，发现两大目标间的关系并不唯一，结论如下：(1) 注重服务穷人和妇女等社会目标的微型金融机构在现实中承担着更高的经营成本，但是有着更低的违约率；(2) 注重产品创新，提供多样化产品服务的微型金融机构生产率更低，运营成本也更低；(3) 参与式机构倾向于更低的 OSS (operational self-sustainability)，以及更高的生产率水平和更低的运营成本 (Angora, W, Béédécarrats, F and Lapenu, C,2009)。Bhanot 和 Bapat（2015）构建了微型金融机构发展指数，该指数同时将机构发展所面临的的覆盖面目标和可持续性目标涵盖其中，不仅实现了双重目标的量化衡量，还可以用于分析影响机构可持续发展和覆盖面的主要因素，运用该指标测算出的印度微型金融机构的发展分数处于 0.26—0.80 之间，该指数提供了有效评估微型金融机构双重目标的量化工具 (Bhanot, D and Bapat, V,2015)。

（六）政府角色及政策效应问题研究

关于农村金融机构中政府干预及政策效应的研究，已经引起了国内学者的广泛关注。张雪春 (2006) 在对西部 54 个县的调查数据进行实证分析的基础上，指出政府虽在农村信用社的发展过程中有着无可替代的支持作用，但某些过度干预又使得农村信用社问题重重，难以持续发展 (张雪春 ,2006)。张晓山 (2003) 认为，农村金融机构承担着扶持农村经济、服务"三农"的重任，但现实中出现资金大量外流、不良贷款居高不下、经营严重亏损等问题，导致农民贷款难问题凸显 (张晓山 ,2003)。张乐柱 (2008) 提出，我国的正规农村金融机构之所以在解决农村地区金融需求方面不够理想，是因为在政府主导下的农村金融体制与农村经济联系不够密切，解决方法是要鼓励民间金融、合作金融等机构的发展，逐步建立多元化的以需求为导向的农村金融体系 (刘仁和，柳松，米运生，等 ,2008)。谢平、徐忠 (2006) 的调查研究显示，农村金融机构官办色彩浓厚，经营者得不到有效激励，不但没有履行服务"三农"的社会责任，反而成为亏损、贪污、在职高消费的载体 (谢平，徐忠 ,2006)。

即使是 2006 年后新设立的农村新型金融机构，其支农行为与盈利目标间也遇到了严重冲突。国家设立新型农村金融机构的初衷是为解决农村地区金融供给不足、填补农村金融服务盲区，为"三农"发展提供金融服务，但价格不能过高，而出资者要根据市场原则获取资本报酬，这就客观上使得新型农村金融机构不可能远离利益追求而以服务"三农"为目标 (张亦春，张金斌 ,2011)。再加上出于金融稳定需要而采取的特殊的产权配置形式及自担风险的风险承担机制，使得农村新型金融机构从建立之时就存在着目标定位与发展可持续性、风险控制之间的冲突 (王煜宇 ,2012)。

（七）文献述评

关于农村金融减贫与发展问题的研究，对农村金融机构所承担的双重目标（扩大对穷人的覆盖面目标和实现财务可持续目标）基本达成了共识，但对于双重目标的兼顾问题，却存在一定分歧，一些学者认为双重目标间可以相互兼容，而另一些学者认为二者相互冲突。还有学者对微型金融机构的目标偏离问题进行了深入讨论，包括目标偏离问题的理论分析、产生原因、衡量指标以及实证检验等方面。在双重目标冲突的治理方面，主张有效协调微型金融机构财务绩效与社会绩效间的平衡问题，可以通过社会绩效评估与管理工具实现，这一观点正在全球范围内产生影响力。还有一些文献单独关注微型金融机构的某一目标，如针对微型金融的减贫效应或微型金融机构的经营效率所进行的研究。诸多研究成果为本章的写作提供了可资借鉴的理论基础、研究方法和分析框架，具有巨大的参考和借鉴价值。但同时我们发现这些研究中很少有针对中国进行的研究，由于产生土壤、形成机制、内外部环境等因素的不同，我国农村金融机构的发展同其他新兴工业化国家相比存在很大的国情差异，因此对我国农村金融机构双重目标的分析应考虑我国的具体国情，不能照抄国外经验，只能加以借鉴和参考。

与国外文献相比，国内学术界对农村金融机构双重目标问题的系统性研究并不多见。尽管也有一些文献涉及农村金融机构服务三农的目标或可持续发展目标，但更多的是只侧重对某一目标的研究。通过对农村金融机构的金融减贫效应、支农效率、经营效率、可持续发展等领域的主要文献进行梳理发现，已有文献大多将视角集中在某一调研区域或是某一类型金融机构，沿着农村金融机构的经营行为、财务状况、信贷结构、风险行为、产权结构等某一方面展开实证研究，以考察金融机构的贷款意愿、支农效率以及体制改革绩效等等，相对而言，缺乏对我国农村金融机构所面临的双重目标的统一界定和系统分析。然而，我国农村金融机构长期面临着严峻的商业性与政策性的双重目标兼顾问题，一些机构为了追求利润出现了明显的"累大户"、"嫌贫爱富"等现象，偏离"三农"问题值得关注。

基于此，文章系统对我国农村金融减贫与发展问题进行了理论阐释与实证分析，一定程度上对现有研究有所补充和完善。

第三章　基本理论

（一）农村金融基本理论概述

本节按照理论出现的时间顺序，主要介绍三种曾占据主流地位的理论流派，分别是强调政府干预的农业信贷补贴理论，强调自由市场经济的农村金融市场理论和强调市场调节为主，政府干预为辅的不完全竞争市场理论。

1. 农业信贷补贴理论

20世纪80年代以前，农业信贷补贴理论是农村金融理论界占主流地位的传统学说。许多发展中国家根据该理论建立了自己的农村金融管理体制。该理论的核心思想是：假定农民由于生活贫困而没有储蓄能力，同时农业产业具有周期长、收益低，且易受到自然条件的影响而具有高风险性的特点，因此商业银行没有为农民提供金融服务的动机。农民在生产生活中有着广泛的资金需求，如不能通过正当途径获得融资，则会助长民间高利贷的盛行，农民由于要支付高额的利息而使得收入水平下降，更易陷入贫困。因此为解决农村地区的金融需求，可行的方法是由政府成立农村政策性金融机构，向农村注入政策性资金以满足农户的融资需求，借贷利率要低于商业银行贷款利率，一方面为促使民间高利贷消亡，另一方面为缩小农业和第二、三产业的差距。在一定程度上促进了农村经济的发展和农民收入水平的提高。

经过一段时间的实践后，事实证明农业信贷补贴理论存在一些缺陷，主要有：第一，由政府主导的农村政策性金融机构由于资金主要源于政府财政部门的支持，在农村吸储积极性不高，在经营过程中没有活力；第二，农村金融机构发放贷款的主要受益人并非穷人，而是农村地区相对富裕的阶层，原因是贷款利率低而配额少，导致寻租现象严重，富人获得低息贷款后投资于非农行业获益，另外向穷人放贷的成本高，金融机构自身倾向于放贷给高收入阶层；第三，农村金融机构没有有效监督贷款用途及回收的动机，这种情况下，借款者更易发生违约行为，导致极高的贷款拖欠率和巨额不良资产；第四，农村金融机构无可持续发展能力，表现为自身经营管理能力弱，呆坏账严重，主要依靠财政支持等，其实真正能够解决农村贫困问题的不是储蓄，也不是贷款，而是可持续发展的金融体系；第五，该理论的假设前提——农民没有储蓄能力有误，只要在适当的激励下，农户也是有储蓄动机的。

该理论曾对农村经济的发展有过一定推动作用，但由于和实际脱节严重，该理论指导下的发展中国家农村金融机构不可避免地陷入了困境，施行过程中代价高而收效微。其主流地位最终被农村金融市场理论取代。

2. 农村金融市场理论

由于农业信贷补贴理论存在一系列不足，20 世纪 80 年代以来，农村金融市场理论开始盛行，该理论是在批判农业信贷补贴理论并接纳了肖和麦金农的金融深化和金融抑制理论的基础上发展起来的。肖和麦金农的理论思想是：金融制度的落后会阻碍经济的发展，经济的停滞反过来又将制约金融制度的发展。为此，要解决金融抑制就必须进行金融深化改革，减少政府对金融的过多干预，利用市场调动人们储蓄与投资的积极性，促进金融和经济发展之间的良性循环。由于其主张通过市场机制来调节，反对政府干预，受到了许多市场经济国家的青睐。

农村金融市场理论推翻了农业信贷补贴理论的基本假设，不同于农业信贷补贴理论，其核心思想强调市场机制功能的发挥，主要内容有：第一，认为农户是有储蓄能力的，只要通过正确的激励机制和创造储蓄机会，农村金融机构是可以在农村地区吸收到大量储蓄存款的。许多发展中国家的经验也表明，农村金融机构通过动员储蓄吸收的存款是可以维持其正常经营的。农村金融机构作为在农村地区资金融通的中介，吸收储蓄是可持续发展的关键。第二，在农村地区实施低息贷款政策存在误区，低息政策一方面打击了农户的储蓄积极性，另一方面导致贫困阶层的农户很难获得贷款。正确的做法是应当推行利率市场化，市场化的利率水平有助于减少金融市场上的寻租行为，使真正需要资金的的农户获得贷款，同时也可增加金融机构的收入，覆盖经营成本。第三，减少农村金融机构资金来源的外部依存度。政府注入资金会打消农村金融机构自主经营的积极性，而且不利于对发放贷款进行有效监督，容易形成高的不良贷款率。政府农业补贴和农村专项贷款也是不必要的。第四，非正规金融机构施行的高利率具有一定合理性。高利率才能覆盖其在农村地区经营的高风险和高成本。农村金融体系应将正规金融机构和非正规金融机构有机结合。

农村金融市场理论强调利率的市场化和市场经济的调节作用，否定政府干预的作用，但是也有一定局限性。虽然利率市场化在一定程度上减少农村地区的贷款总需求，使得真正有需求的农户更易获得贷款，但由于农村地区放贷的高成本和可抵押物缺乏等问题，农村金融市场长期得不到金融机构的青睐，中小农户依然难以获得贷款。因此需要政府适当介入以缓解农村地区的金融市场失灵问题，通过制定合理的金融体制来管理信贷计划，解决中小农户的信贷需求问题。

3. 不完全竞争市场论

20世纪90年代以后，斯蒂格利茨的不完全市场竞争理论被引入农村金融市场，认为农村金融市场实际为不完全竞争市场，农村金融机构对放贷对象存在着严重的信息不对称，如果单纯依靠市场机制的调节作用，则很难培育出健全完善的农村金融市场。适当的政府干预是必要的，但是政府的功能应局限于间接调节，有效补充市场而不是取代市场。

政府在农村金融市场中的主要职能如下：第一，担当"守夜人"的角色，确保宏观经济稳定运行和低的通货膨胀率，为农村金融机构的运行创造良好的外部经济环境。第二，不宜过早实施利率市场化。过早的放开利率，反而不利于农村金融机构的健康运转。应将存贷款利率保持在一定的正数范围内，且要控制利率的快速增长。第三，对现有机构实施竞争保护措施，如设置准入门槛等。当农村金融机构的经营规模足够大时，才会达到规模经济，运营成本有所下降，因此通过设置行业进入壁垒，某种意义上对现有金融机构和潜在进入者都是一种保护；第四，鼓励农村金融机构将农业贷款与农村实体经济相结合，如可以和农产品、化肥等的实物买卖相结合，以降低贷款风险，提高贷款回收率。第五，为解决农村地区可抵押物不足问题，政府可以推动成立融资担保公司、互助储金会等机构，同时还可以缓解贷款过程中的信息不对称等问题。第六，鼓励借款人的组织化，许多成功经验已表明，小组贷款的形式通过小组成员之间的互相约束，更有助于解决贷款中的信息不对称问题和道德风险问题，降低合同违约率。第七，适当介入管理农村非正规金融机构，改善非正规金融市场的低效等问题。

不完全市场竞争理论将上述两种理论予以结合，强调市场运行为主，政府干预为辅。但是不完全竞争市场理论也有不完善之处，该理论将市场失灵之处交给政府干预来解决。根据局部知识理论，政府更善于运用全局的、众所周知的全局知识，对于分散的、局部的知识，政府干预往往达不到预期效果，容易出现以政府之短应对市场之长的局面。政府在介入时，更应做到适度干预，重点维护金融机构有效运行的制度环境。

目前不完全市场竞争理论在实践上和理论上均产生了深远影响，备受包括我国在内的各国政府和理论界的重视。

4. 三种农村金融理论在我国农村的实践

改革开放以来直到 21 世纪初期，我国的农村金融政策基本以农业信贷补贴理论为主要指导思想，政府对"三农"贷款予以补贴，农村金融机构收取的贷款利率也比较低。

改革开放后到 90 年代中期，我国的"三农"贷款项目利率基本要比普通工商业贷款低 0.5%—2%；90 年代中期，虽然央行不断上调存贷款利率，但是"三农"贷款利率的上调时间往往要滞后半年到一年时间；之后的很长一段时间，我国一直规定农村金融机构要向贫困农户发放低息贷款，再由政府对发放贷款的农村金融机构予以财政补贴，其中发放的扶贫贴息贷款利率要比工商业贷款利率低 3%。

实践证明，我国针对"三农"贷款长期施行的低利率高补贴政策收效并不理想。最主要的农村金融机构农村信用社在经营过程中出现了一系列问题，如呆账、坏账积累严重，不良贷款率居高不下，农村资金外流严重，低息贷款并非能真正发放给贫困农户等等。实践表明，我国的农村金融问题很难依靠长期的补贴政策得到根本性解决。逐渐的，主张自由经济的农村金融市场理论和不完全竞争理论得到重视。我国政府开始了利率市场化改革。目前允许农村金融机构的存贷款利率在一定范围内自由浮动，如果要完全放开存贷款利率管制，仍需一段时间。

同利率市场化改革相伴随的是政府取消了对农村金融机构的财政补贴，在农村信用社新一轮的改革中，已经实现了"自主经营、自负盈亏"。利率市场化有助于农村金融机构覆盖农村地区的高运营成本，取消政府补贴，采取自负盈亏的经营模式有助于调动农村金融机构的积极性，促使农村金融机构改善经营，加强对贷款回收的监督，减少不良贷款，增加经营收入，获得长期可持续发展能力。

在 2006 年的新型农村金融机构改革中，政府进一步放宽了准入条件，允许更多的民间资本进入农村金融业。在不完全市场竞争论的指导下，我国旨在通过不断放开农村金融市场，逐步形成多元竞争的有效的农村金融市场体系。

（二）我国农村金融机构双重目标兼容性分析

1. 概念界定

当前，我国农村金融机构主要有政策性银行中的农业发展银行，商业银行中的中国农业银行和中国邮政储蓄银行，农村合作金融机构中的农村信用社、农村商业银行和农村合作银行，以及新型农村金融机构中的村镇银行、贷款公司和农村资金互助社[①]。

农业发展银行、中国农业银行、中国邮政储蓄银行和农村信用社虽然经过了一系列改革，其产权归国家所有的性质一直未发生变化，对于 2006 年后兴起的新型农村金融机构而言，为控制经营风险，国家规定其发起人必须是现有大型商业银行，其实质为商业银行在农村地区的复制，村镇银行背后的大股东多为国有银行，因而政府对新型农村金融机构的经营以及领导者的任命等同样有着绝对控制权。因此，我国农村金融机构实质充当着国家银行的基层机构的角色，其设立、发展以及改革的源泉动力均来自政府。国家试图通过在农村地区设立政策性、商业性、合作性等金融机构来缓解农村融资难题，增加农村金融供给，并通过市场准入限制、信贷计划控制、利率水平管制、人事安排约束等一系列内外部干预来规范农村金融机构的经营。政府干预一方面是为了协助农村金融机构解决在农村地区经营中的市场失灵问题、信息不对称问题、金融风险问题等，另一方面是为了实现社会公平，发展普惠金融，缓解农村地区的金融排斥和金融抑制现象，帮助弱势群体获得贷款，提高收入，平滑消费。

综上，我国农村金融机构与生俱来便承担着服务"三农"，带动农村经

---

① ［一些学者将民间借贷、钱庄等机构也划分到农村金融机构里，本章考虑到上述机构只追逐利润最大化，而不承担任何社会责任，而且在农村金融市场中所占份额较小，所以文章提到的农村金融机构只包括正规农村金融机构。］

济发展的特殊使命，然而，其本身作为独立的企业法人，同时还要兼顾到自身的财务可持续和利润最大化，以获得可持续发展能力。在农村地区其服务的客户群体相对弱势，有分散性、收入低、素质低等特点，贷款利率也要低，导致其在农村地区经营收益低，同时又面临高成本和高风险。许多农村金融机构在经营中出现了服务对象偏离农村偏向城市的现象，面临如何在发展中兼顾政策性目标和财务可持续目标的问题。

关于农村金融机构面临的双重目标，文献中不同的提法有"政策性目标和商业性目标"、"社会责任和经济利益"、"财务可持续目标和三农信贷目标"、"社会效益和自身效益"、"覆盖面目标和财务可持续目标"等等，考虑到评价我国农村金融机构利润最大化的实现程度，要考虑的指标除了财务指标外，可能还会涉及一些非财务指标，综合考虑，文中将我国农村金融机构面临的双重目标界定为社会目标和经济目标，并尝试给出如下定义。

社会目标是指面向"三农"增加金融服务供给，有效缓解农村地区的信贷约束和金融抑制，扩大农户和农村小微企业的信贷可获得性，使面向"三农"的信贷服务能够最大限度满足农民致富、农业发展、农村建设的资金需求，最终通过资源的有效配置来减缓农村贫困，增加农户收入水平，促进农村经济发展。

经济目标是指农村金融机构作为金融企业，在防范风险、保持流动性的安全经营前提下，满足出资方的获利需求，在现实中表现为努力通过最少或是最合理的投入来获得最大的产出，即追逐利润最大化或成本最小化，最终增强实力，实现机构的可持续发展。

在市场经济中，农村金融机构的运行既要确保其服务"三农"的社会目标不动摇，又能满足其经济目标，二者之间是对立和统一的，需要通过恰当的激励机制或制度约束来实现有效平衡，最终形成农村金融机构协调发展、农村金融市场健康有序、"三农"融资难题得以解决的良好局面。

2. 双重目标之间的关系

农村金融机构的社会目标与经济目标是矛盾的，具有既对立又统一的辩证关系。

（1）统一性。农村金融机构的社会目标与经济目标之间具有统一性。我国农村金融机构立足于潜力巨大的农村市场，拥有大约占全国人口三分之二的农户资源，如果能够针对"三农"进行贷款业务创新，拓展贷款业务范围和业务种类，则可以在获取利润的同时做到为"三农"服务。我国广东省茂名市著名的信用镇（村）高州市的农村信用社是一个成功的案例。1996年，中央金融工作会议制定了农村信用社改革的时间表，农村信用社与农业银行正式脱离行政隶属关系，采取了自立门户、自主经营、独立核算的经营模式。自此，高州市农村信用社创新信贷方式，通过发放小额贷款信用证管理贷款，短短几年内使得该地区多达40%的农户成功申请到了信用贷款，农村信用社也因此获得了较高的盈利，高州市农村信用社的小额信贷利息收入占全市农村信用社利息收入的38.3%，同时高州市人均收入水平在全国范围位居前列，实现了农村金融与农村经济的相互促进的良性循环。综上，农村金融机构若能立足农村地区开展金融服务，一方面可以从金融业务中获利，另一方面可以从自身推动的农村经济发展中获益，因此社会目标与经济目标之间具有统一性。

（2）对立性。农村金融机构的社会目标与经济目标之间具有对立性。农业是弱质产业、农民是分散的个体和弱势群体、农村是欠发达地区，这使得为"三农"提供金融服务的价格不能过高。但现实中，农村金融机构在农村发放的支农贷款有额度小笔数多的特点，导致对分散的单笔贷款的信息采集成本和操作费用呈现出双高特征。加之多数农户无法提供有效的抵押和担保，使得农村金融机构为"三农"提供贷款的风险远大于工商业贷款和城镇地区贷款，这种风险的转移和固化必然会表现为高利率。根据国际经验，以小额贷款为主要业务的农村金融机构的贷款利率达到25%至40%时，才能使其维持盈亏平衡。显然，一方面农户不愿意承受如此高的贷款利率，另一方面受限于利率政策农村金融机构只能收取极低的"三农"贷款利率，如此，在商业化经营利益的驱使下，农村金融机构的贷款服务对象发生了偏离，表现为向盈利性较高的城镇地区和大型工商业倾斜。

（三）我国农村金融机构实现双重目标兼容的理论依据

1.农村金融机构业绩评价体系理论

该理论由世界银行专家 Yaron 于 1992 年提出，由于该评价体系提供了同时评估农村金融机构的覆盖面和可持续性方面的指标，并指出了覆盖面和可持续性方面的辨证关系，因此很快得到了学术界和实务界的认可。

该业绩评价体系分为两方面的评价指标，分别是农村金融机构的覆盖面指标和可持续性指标，所选指标体系可以量化目标的实现程度，因而评估结果更加透明化。Yaron 指出，覆盖面和可持续性之间存在辨证关系，覆盖面的提高并不必然带来可持续性的提高，但某种情况下，可持续的提高来自覆盖面的提高，此时，双重目标互相兼容。在同样的可持续性下，覆盖面更高的机构的业绩就更好。该体系中所选取的覆盖面指标主要包括服务质量、相对收入水平和市场渗透状况；可持续性指标主要有补贴依赖指数，该指数由政府补贴和农村金融机构小额贷款利息收入的比值得出，表示农村金融机构的可持续性受补贴因素的影响比较大，如果取消政府补贴，农村金融机构就需要提高相应百分比的贷款利率来达到相同的业绩水平。

2.微型金融理论

长期以来，商业化金融的服务对象仅仅是针对城市人群和城市工商业，而相对贫困的农村人口和农村小微企业却很难获得正规金融机构的融资，正是为穷人解决融资难题，服务穷人，提高穷人收入水平，产生了微型金融。

微型金融一词最早由世界银行在全球推广，其发起成立的"扶贫咨询委员会"（CGAP）是国际上最权威的微型金融研究和推广机构。自20世纪70年代诞生，它就在全球获得了迅速发展，成为许多发展中国家正规金融的有效补充。

微型金融旨在帮助难以提供抵押物的贫困人群和农村小微企业提供金融服务，弥补了商业银行的服务盲区，是专门针对穷人和小微企业而开展的金融服务体系。目标客户包括在农村从事牲畜饲养、农业耕种、农产品加工以及小商品贩卖的低收入人群，但不包括极度贫困的人群，认为极度贫困的人群应通过政府救助等途径来获得基本生活保障，相对富裕的人群可以通过商业银行获得融资，也不属于其服务对象的范畴。

微型金融自上个世纪产生以来，得到了蓬勃发展，曾一度以年均40%的速度在增长。吸引了许多国内外学者的关注和研究，由此产生了微型金融理论，微型金融的理论模式主要分为三种，分别是制度主义、福利主义和混合主义。

制度主义模式以公平公正为出发点，主张非歧视原则。强调规则的公平和过程的公平，如果注重结果的公平则是政府的责任而并非民间机构的职责。代表性的微型金融机构为印度尼西亚的人民银行乡村信贷部，该机构在经营过程中依据市场化原则，在向符合条件的穷人发放贷款的同时，还能够攫取利润以保证自身的财务可持续。该模式的不足之处是规则公平并不能消除社会个体之间的差异，很可能会使金融资源在不同个体之间的分配失衡而进一步加剧社会分化，同时其自身也有可能为获取更多经济利益而发生"使命漂移"的现象。

福利主义模式以孟加拉国的乡村银行为代表，该模式强调每个公民不应由个体间的差异而被排除在外，微型金融的存在是为了消除不同个体间的收入差距，消除贫困。该模式以小组贷款为主，不需要小组成员提供贷款抵押物，依靠成员间的互相监督防范道德风险的发生。除自身盈利外，还得到了政府的资金支持，微型金融机构收取的贷款利率并不高。该模式在消除贫困方面发挥了积极的作用，但是缺乏激励主体而导致创新不足。

混合主义则兼顾了制度主义和福利主义，认为每个公民都有享受金融服务的平等权利，微型金融应着力为难以获得商业贷款的社会群体提供服务，混合主义模式逐渐演变成了目前比较流行的普惠金融理论。

3. 普惠金融体系理论

普惠金融体系的概念来源于英文"Inclusive Financial System"，这是联合国系统在宣传 2005 小额信贷年时率先广泛运用的词汇。普惠金融体系旨在构建一个全方位的为不同阶层不同地区的社会所有群体提供有效的资金融通服务体系，尤其要为以往正规金融机构覆盖不到的穷人、农民、小微企业等提供有效、安全、便捷的金融服务。我国于 2013 年在党的十八届三中全会中，将"普惠金融体系"正式写入了党的决议。

针对穷人的金融服务最初起源于上个世纪 70 年代的小额信贷，到 90 年代蓬勃发展为微型金融体系，进入 21 世纪，在微型金融体系的基础上，一个更具有开放性、公平性、全面性的普惠金融体系开始形成。

普惠金融体系理论具有丰富的内涵，首先，客户覆盖面更广，服务对象上从低收入群体扩展为城市群体、弱势产业、中小企业、贫困地区等等；其次，业务范围更全面，除了拥有传统的存贷款业务外，还可以提供保险、基金、理财、养老等多项服务；再次，经营模式更加创新，采取"互联网+"的新型模式，线上线下有机结合，网络化特征明显；最后，经营理念更加明确，它不同于政策性银行，也不同于商业银行，而是将履行社会责任与商业经营有机结合。

农村地区的金融抑制现象更为严重，因此广大农村地区是开展普惠金融的主战场，国际上成功开展普惠金融体系的经验主要有：一是加强战略规划，建立中央总体规划机构，对农村地区的金融供求情况开展调研，根据诊断情况制定相应的政策措施，同时加强基层机构之间的有效写作，对基层机构的业务开展情况实施监测、评估和调整；二是完善相关法律法规，为普惠金融体系的开展创造公平公正的法律运行环境，同时通过立法扩大抵押品的范围，如土地抵押、动产抵押等；三是提供宽松的政策环境，加强有利于农村经济金融发展的基础设施建设，通过政策优势来吸引资金流入农村投资农业，通过政府引导来实现普惠金融体系在农村地区的可持续发展。

4.政府干预理论

西方经济学认为，由于存在市场失灵，完全依靠市场经济的运行是不能实现帕累托最优的，因此需要政府进行干预。基于福利经济学理论，传统的以凯恩斯为代表的西方经济学认为，市场运行机制不能解决外部性、垄断、收入分配、公共品等问题，政府应在上述四个方面加以干预。斯蒂格利茨则通过复杂的数学模型证明，福利经济学的一些基本假设与实际不符，并在此基础上拓宽了政府干预的范畴。他认为，首先，福利经济学中关于通过价格来掌握商品完全信息的假设不成立，市场中还存在着很多影响产出和利润的突发性的、一般性的事件，而这些信息并不能通过价格体现出来；其次，福利经济学的完备市场假设不成立，如果市场中存在不确定性和偶然性，组织完备市场需要耗费大量的成本，是及其不经济的；最后，福利经济学中的完全竞争市场假设与实际不符，现实中的市场更接近于不完全竞争市场。因此市场失灵不仅仅局限于外部性、公共产品等范围，而是以现实中普遍存在的不完全信息、不完全竞争、不完备市场为基础，是无处不在的，为弥补市场失灵，政府干预也应遍布各个经济领域和经济部门。

在农村金融市场中，由于农民收入低，农业投资周期长而风险高，农村地区基础配套设施不完善，要求商业银行主动在农村设立网点并不符合其追逐利润最大化的逻辑，再加上在农村地区经营的信息不对称、市场不完善等原因，需要政府进行适当干预，以弥补农村金融市场的失灵之处。依据一些国家和地区的经验，同时政府干预又是一把双刃剑，只有正确把握，进行适度干预，才能有效发挥干预作用。

农村金融中有关政府干预的理论观点有：

（1）实践表明，即使是改革开放后先富裕起来的农民，并不是将资金用于生产性用途，而是大量用于房屋的修缮以及其他炫耀性消费等。长期以来，中国农户追求的是安全性和生存性，仍是一种小农经济，中国的农村信贷市场也不是以生产性为主的信贷市场，中国的小农经济难以支撑商业银行的运行，农民的融资需求应主要依靠政策性银行来解决（张杰，2005）。

（2）由于农村地区有着广泛的资金需求，而从事农村金融具有极高的风险，因此在新型农村金融机构的设立中，政府持有审慎限制的态度，采取国家主导的由已有金融机构推动的外生金融模式为主，民间自发性的内生金融为辅的改革模式，一方面可以实现对农村金融机构的审慎监管，降低经营风险，另一方面可以防止民间金融自由发展引致的高利贷模式和高系统性风险。但并不意味着农村金融改革中要以国有金融为主导，相反，只有不断引进民间资本，才能从根本上改善农村金融，促进农村经济发展（洪正，2011）。

（3）信贷补贴曾是 20 世纪六七十年代许多发展中国家制定金融政策的重要依据，这些政策的实施虽在一定程度上促进了农村经济发展，但却忽视了金融机构自身的发展，导致其陷入过分依赖外部资金、不良贷款率偏高、储蓄动员不足、资金回收率低等困境（World Bank，1993）。

（4）低息贷款难以补偿金融机构的成本和风险，导致更多的农户完全被排除在金融体系之外，而且信贷补贴创造了过量的金融需求，而这些过量需求通常需要行政性配额才能进入市场，这些廉价信贷资源的分配受到了政治因素的影响或干预，多被金融机构的亲友、农村基层干部和富裕群体等社会关系广泛的人占据（Tsai，2004）。

（四）我国农村金融机构兼容双重目标的理论阐释

1. 我国农村金融机构应同时兼顾社会目标和经济目标

根据农业信贷补贴理论、农村金融市场理论以及不完全竞争市场理论，三种在不同时期产生的农村金融基础理论均是为了更好的解决农村信贷需求问题而提供理论支撑，不同的是，农业信贷补贴理论主张政府干预，通过政策性金融机构来解决农村地区信贷需求，农村金融市场理论主张市场机制调节，强调农村金融机构的自主经营，不完全竞争市场理论主张通过适当的政府干预来弥补市场失灵问题，政府担当"守夜人"的角色，为农村金融机构有效支农创造有利外部环境。三种理论虽对政府角色的定位有所不同，但均强调通过设立农村金融机构来解决农村地区的融资需求，可以得出，实现所承载的社会目标是农村金融机构与生俱来的使命和义务，是其存在和发展的意义所在。

微型金融理论和普惠金融体系理论进一步明确了微型金融机构及农村金融机构的服务对象，明确提出要为难以获得商业信贷的穷人、农民、小微企业、工商业主等中下阶层提供金融服务，弥补商业银行的市场盲区。农村金融机构业绩评价体系理论则指出只要通过有效的方式，农村金融机构可以在为目标客户提供丰富金融服务的同时实现自身的可持续发展。

在农业信贷补贴理论占据主流地位时期，农村金融机构主要是政策性金融机构，由政府注资和提供补贴，机构不需要考虑自身盈亏问题，但在实际经营中纷纷陷入了困境。此后农村金融市场理论占据主流，政府取消补贴并推行利率市场化，农村金融机构独立自主经营，但导致了服务对象的偏离。之后不完全竞争市场理论占据主导，提倡政府通过解决农村市场上的信息不对称和抵押品不足等问题，营造良好外部环境，以引导农村金融机构为"三农"提供信贷服务，同时实现自身的可持续发展。

　　综上，现有的以不完全竞争市场理论为指导的农村金融模式由理论发展和市场经验实践而来，是被证明的比较成熟的模式。

　　我国农村金融机构如中国农业银行、农村信用社以及新型农村金融机构等，是由政府自上而下的强制性制度变迁形成的，其在农村地区的产生和发展离不开政府政策的扶持，政府在农村地区设立农村金融机构的目的是为了满足"三农"信贷需求，支持农村地区的经济发展，这也是农村金融机构所承载的政策使命。同时受到了不完全竞争市场理论的深远影响，再加上市场机制的调节作用，我国的农村金融机构在改革中形成了自主经营、自负盈亏的经营模式。因此我国的农村金融机构在发展中要同时兼顾到社会目标和经济目标。

2. 我国农村金融机构社会目标和经济目标间的共生分析

　　我国农村金融机构产生于农村，在农村地区谋发展，主营业务立足于"三农"，所面临的双重目标社会目标和经济目标之间是一种共生关系。

　　从宏观上讲，一方面，我国农村人口占全国总人口的近三分之二，有着强劲的潜在需求，在农村开展金融服务占有独特的后发优势；另一方面，农村金融机构通过发挥资金融通的媒介作用来促进地方经济发展，完善的农村金融服务体系的支撑是解决"三农"问题的关键，而农村经济发展又可以带动农村金融机构的更好发展。综上，如果农村金融机构只顾眼前利益，主营业务脱离农村偏向城市地区，不仅会丧失自己的比较优势，而且即使短期内获得盈利，也只是不可持续的"小发展"。唯有立足"三农"，主营业务从支农出发，在实现社会目标的同时，带动农村经济的发展，而农村经济的发展又会反过来促进农村金融机构的发展壮大，这种意义上的发展才是真正的可持续的"大发展"。

　　从微观上讲，一般情况下，农户和中小企业往往倾向于选择地理条件便利的银行网点办理存贷款等金融业务，由于很少有商业银行在农村地区设立网点，因此扎根于农村地区的农村金融机构成为了当地农户和中小企业的首要选择，同时农村金融机构如农村信用社和邮政储蓄银行等机构也因此而获得了稳定的客户来源。对于农村金融机构来讲，由于长期为"三农"服务，可以以较低的成本积累当地的客户信息，减少信息不对称现象，可以逐步降低"三农"贷款业务中的监督成本和风险管理成本，因此，通过与农户和农村小微企业建立长期合作关系，农村金融机构更具有为"三农"服务的天然优势。综上，如果农村金融机构在农村地区有效支农，促进了"三农"发展，而农民增收后会在当地农村金融机构网点进行储蓄、理财等，这将有助于农村金融机构盈利能力的提高，最终形成社会目标与经济目标间的良性循环。

3. 我国农村金融机构支持"三农"发展的作用机制

（1）促进农村经济增长

引入哈罗德－多马模型，假设农村经济为两部门经济，按照收入法，有 $Y=C+S$，即总收入等于消费加储蓄，按照支出法，有 $Y=C+I$，即总收入等于消费加投资，得出 t 期的储蓄等于投资，用（3.1）式表示：

$$S_t=I_t \hspace{6cm} （3.1）$$

用 K 代表农村资本存量，δ 代表折旧率，则有：

$$K_t+1=（1-\delta）K_t+I_t \hspace{4cm} （3.2）$$

用 s 代表农村储蓄率，λ 代表农村产出－资本率，用代数式表示，有：

$$s=S_t/Y_t；\quad \lambda=Y_t/K_t \hspace{4cm} （3.3）$$

联立（3.1）、（3.2）和（3.3）式，并化简，得到：

$$（Y_t+1-Y_t）/Y_t=s\lambda-\delta \hspace{4cm} （3.4）$$

根据（3.4）式，可以得出农村经济增长率取决于农村储蓄率和农村产出－资本率。

根据上述哈罗德－多马模型的结论，农村储蓄率和产出－资本比率是农村经济增长的关键因素。而农村金融机构正是发挥其中不可或缺的关键的媒介作用，一方面吸收农户存款，将农民收入转化为储蓄，另一方面进行投资转化，进行农业产业投资。

（2）促进农业发展

其一，农村金融机构通过聚集农户的闲置资金，再将其转化为生产资本进行农业投资，提高了农村地区的资金使用率和农业生产率；其二，农村金融机构可以通过信贷资金投放的数量、方向等来调节、引导农业产业的发展，促进农村地区生产率高的产业或是朝阳产业优先发展；其三，农产品的生产、流通、交换等环节中，都需要农村金融机构发挥资金融通作用，以实现各个环节中生产要素的合理配置，最终提高农业生产效率。

（3）促进农民增收

其一，提供信贷支持，在农民的收入来源中，生产性收入是其最主要的收入来源，许多农民局限于有限的积蓄而无法扩大再生产，支农信贷为农户提供了扩大投资的可能性，进而可以提高生产性收入水平；其二，拓宽收入渠道，农村金融机构可以通过创新金融产品和金融服务，使农户可以通过储蓄、保险、理财、基金等多种金融工具获得投资收益，拓宽收入渠道，丰富收入来源；其三，发挥政策媒介作用，国家的农业产业政策、惠农政策、货币政策的贯彻落实需要载体，而农村金融机构正是落实政策的一个重要的媒介环节，通过对支农贷款的流向及额度的控制、利率的优惠幅度、财政拨款的发放等手段和方式，最终为国家从政策上支持农民增收提供了可行性。

（五）本章小结

第一，按照理论出现的时间顺序，介绍了三种先后占据主流地位的农村金融基本理论流派，分别是强调政府干预的农业信贷补贴理论、强调自由市场经济的农村金融市场理论和强调市场调节为主，政府干预为辅的不完全竞争市场理论。最后结合实际，分析上述三种理论在我国农村的实践。

第二，对我国农村金融机构的内涵及特征进行了界定和描述，然后将我国农村金融机构面临的双重目标界定为社会目标和经济目标，并尝试给出社会目标、经济目标和双重目标兼容的定义，分析双重目标之间的辨证关系。

　　第三，阐释我国农村金融机构双重目标兼容的理论依据，分别有农村金融机构业绩评价体系理论、微型金融理论、普惠金融体系理论和政府干预理论。农村金融机构业绩评价体系理论提出了衡量机构覆盖面和可持续性的评价指标体系；微型金融理论和普惠金融体系理论为我国农村金融机构立足"三农"、改善农村金融服务提供了明确的理论指导；政府干预理论提示要把握好政府干预度，才能使农村金融体制真正发挥作用。

　　第四，从我国农村金融机构应同时兼容社会目标和经济目标、我国农村金融机构社会目标和经济目标间的共生分析、我国农村金融机构支持"三农"发展的作用机制三个方面分析，理论上说明了我国农村金融机构应双重目标兼容，指出农村金融发展与农村经济发展互为因果，互相促进，农村金融机构唯有立足"三农"，才能不失根本，实现"三农"发展与自我壮大之间相互促进的良性循环。

第二篇

农村金融减贫增收问题

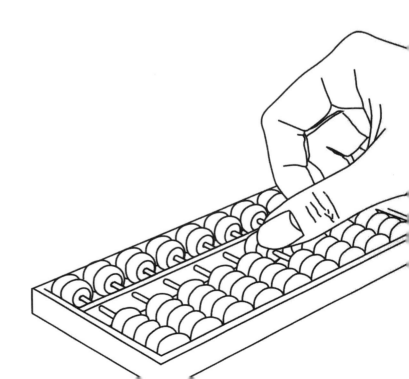

第四章　支农贷款减贫效应研究

（一）引言

改革开放以来，我国农村的反贫困斗争取得了巨大的胜利。按照中国国家扶贫标准线度量，我国农村贫困人口由1978年的2.5亿人（以农村居民家庭人均纯收入100元/年为标准）下降到了2013年的8249万人（以2300元/年为标准），30余年间全国农村有1.7亿多人口从食不果腹的绝对贫困状态中摆脱出来，是对人类社会发展的巨大贡献。然而，在这巨大成果的背后，伴随着农村经济增长和贫困减缓的一些非均衡性问题也不容我们忽视。一是农村贫困发生率仍然较高。根据《中国农村2011贫困监测报告》，我国农村贫困发生率2000年为10.2%（865元/年为标准），2010年下降到2.8%（1274元/年为标准），但2011年将扶贫标准线上调到与国际贫困线标准更为接近的2300元/年后，我国农村贫困人口数量出现大幅"反弹"，根据《2014年国民经济和社会发展统计公报》，我国2013年的贫困发生率为10.2%，说明真正贫困人口并未减少。二是城乡收入差距在拉大。从城乡人均收入变化情况看，城市居民人均收入和农村居民人均收入的差距呈逐步拉大趋势，已由1978年的209元增大到2013年的18059元，与城市相比，农村居民处于相对贫困状态。同时，农村恩格尔系数虽逐步下降，但仍要高于国际上30%的分界线。三是贫困人口多集中在西部地区。根据国家统计局贫困检测数据显示，2001—2009年西部地区贫困人口占全国贫困人口的比例从61%增加到66%。从贫困县的分布来看，在我国现有的592个国家级贫困县中，西部12省（市、自治区）就有375个县位居其中，占全国贫困县数量的 63.3%。因此，减贫脱贫依然是我国政府农村工作的重心之一，尤其是西部地区政府农村工作的重中之重。

近年来，为了减贫脱贫，政府除了运用财政政策之外，日益重视通过设立新的农村金融机构、增加三农贷款等金融手段，强化金融在减贫脱贫中作用的发挥。截至 2014 年年底，我国金融机构共计发放农村贷款 19.44 万亿元，农户贷款 5.36 万亿元，分别占各项贷款余额比重的 23.8% 和 6.6%，同 2007 年年末数据相比，7 年间农村贷款和农户贷款平均增速分别为 21.3% 和 21.9%，共已增长 285.8% 和 300%。商业性支农贷款是否有助于农户的贫困减缓呢？为研究支农贷款的减贫效应，本章以中国贫困相对较严重的西部农村地区为研究对象，利用西北大学中国西部经济发展研究中心的"社会主义新农村"大型农户调研数据库数据进行实证分析，试图发现支农贷款是否具有减贫效应以及其内在的作用机理，这对于我国如何通过制定合理的农村金融政策来帮助贫困农户脱贫及脱贫农户致富具有重要的理论与现实指导意义。

（二）理论分析

20 世纪 40 年代以来，许多发展经济学家如罗森斯坦—罗丹（Paul N. Rosenstein-Rodan）、缪尔达尔 (G.K. Myrdal)、纳克斯（R. Narkse）、纳尔逊（R.R. Nelson）、莱宾斯坦（H. Leibenstein）等都认为贫困是因为资本缺乏，并强调通过加速资本形成来减缓贫困。

美国经济学家纳克斯于 1953 年提出了著名的"贫困恶性循环理论"，指出资金短缺是形成贫困和产生恶性循环的关键因素。从供给方面看，资本形成陷入"低收入—低储蓄水平—低资本形成—低生产率—低产出—低收入"的恶性循环；从需求方面看，资本形成陷入"低收入—低购买力—投资引诱不足—低资本形成—低生产率—低收入"的恶性循环。供给和需求两个恶性循环链条均源于低收入水平，居于支配地位的是资本形成不足。在我国部分农村贫困地区，贫困既是农村资本形成率低下的原因，也是它的后果，而农村金融可以为农户的生产经营活动提供资金融通，因此便成为农户获得资本积累、迈出贫困恶性循环最为关键的一步。

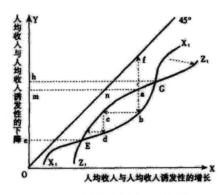

图 4-1 临界最小努力论模型

附注 1：来源于 CNKI 学术图片库

在此基础上，美国经济学家莱宾斯坦于 1957 年提出了"临界最小努力"理论。提出要打破贫困恶性循环，必须保证足够高的投资水平，即"临界最小努力"，使得 GDP 的增速超过人口的增速，最终带来人均收入的提高。同样，资本稀缺是经济落后和致贫的症结所在。

上图的横轴表示提高收入增长的力量，纵轴表示压低收入增长的力量。Xt 表示为提高收入的力量的增长曲线，Zt 为压低收入的力量的增长曲线。45° 线用来测定人均收入的诱发性增长或下降。其中 Xt 取决于 t−1 期的人均收入和投资，Zt 取决于 t−1 期的投资规模和人口增长。假设发展初期人均收入水平为 e 值，Xt 与 Zt 相交于均衡点 E 点，但此时的经济社会处于一种低水平均衡状态。如果人均收入由 e 值提高到了 m 值水平，此时提高收入的力量为 ma，但由于 Zt > Xt，即压低收入的力量更大，最终会使人均收入水平下降。在两组力量的作用下，若再提高人均收入会因反向力量过大而再次使人均收入下降，并且产生一条人均收入沿 abcd 线运动的轨迹，最终将收入拉回到 E 点的低水平均衡陷阱之中。而只有当经济到达新的均衡点 G 点后，就会跳出低水平均衡，进入更高水平的良性循环均衡状态。而良性循环均衡状态的实现则需人均收入水平要达到 h 值，其中的重要条件则是提高投资率。

资本是我国农村经济发展和减贫战略得以实施的关键，资本短缺是我国部分农村地区致贫的重要原因，而农村金融正是以中介的身份吸收农村闲散资金并向投资转化，提高农村资本积累率，最终通过三农贷款形式提高农民用于生产经营活动的原始资本。基于上述分析，如果获得贷款的农户处于高水平均衡状态，三农贷款是否是锦上添花，农户会因较高的资本积累而增加收入？如果获得贷款的农户处于低水平均衡状态，三农贷款是否仍有利于收入增加呢？还是会因为压低收入的力量更大而使农户陷入更大的贫困？在已有研究基础上，本章从以下三方面进行了努力补充和完善：首先，研究支农信贷对农户收入的影响，对微观数据的要求比较高，国内已有研究所采取的空间单元多是省份，对贫困的分析尺度偏向宏观，在微观层面针对农户数据的研究比较少，作者所在课题组选取西部各省有代表性的农村地区，通过入户访谈的方式获得农户一手资料。确保研究所用数据的真实性、有效性和代表性。其次，研究支农信贷对农户收入的影响，若采取传统 OLS 回归方法，则很难克服模型的内生性问题，本章采用了倾向得分匹配方法（propensity score matching），可以将农户贷款引起的收入变化同其它因素引起的收入变化有效分离，力求研究方法和研究结论的科学、严谨。最后，将样本农户按照国家贫困线标准分为贫困农户和脱贫农户，对比研究支农贷款针对不同农户群体的减贫增收效应，重视这种差别效应更利于合理评估支农贷款对农户收入的影响，并且有利于金融政策作用的有效发挥。

（三）研究方法与数据说明

1. 研究方法

估计支农贷款对农民收入的影响时，通常文献中使用的基本计量模型可以用下式表示：

$$y_i = \alpha + \beta credit_i + \gamma X_i + \mu_i E(\mu) = 0 \qquad (4.1)$$

这里是第 y_i 个农户的人均收入。$credit_i$ 则是测量第 i 个农户是否获得支农贷款的变量。如果农户获得支农贷款用 credit=1 表示，没有获得则用 credit=0 表示，X 是获得贷款影响因素的农户特征变量，μ 是扰动项。

如果直接对方程（4.1）进行估计，则容易产生内生性问题，一般获贷农户往往具有较强经济实力、较高能力以及较广泛的社会关系等，即获贷农户和未获贷农户存在异质性，略去下标，重写（4.1）式得到：

$$y = \begin{cases} \alpha + \gamma_0 X + \mu_0, & credit = \\ \alpha + \beta + \gamma_1 X + \mu_1, & credit \end{cases} \tag{4.2}$$

观察到的农户的收入则可以写成：

$$y = credit y_1 + (1 - credit) y_0 = [\beta + (\mu_1 - \mu_0) + (\gamma_1 - \gamma_0) X] credit + \mu_0 \tag{4.3}$$

假设考虑了可观测的变量后，获得贷款和没有获得贷款的农户的经济实力、社会关系等特征是类似的。此时有 $\mu_1 = \mu_0 = \mu$，进一步得到：

$$y = [\beta + (\gamma_1 - \gamma_0) X] credit + \mu = \beta^* credit + \mu \tag{4.4}$$

这里 $\beta^* = \beta + (\gamma_1 - \gamma_0) X.$

通过（4.4）式可知，在 $\beta^* \neq \beta$ 的情况下，基于最小二乘法的估计结果仍是有偏的。此外，如果估计方程设计有误，同样得不到无偏估计量。

解决上述问题的一个有效方法是自然实验，但真正的自然实验往往受限于各种因素而难以实施。本章采用 Rosenbaum 和 Rubin（1983）提出的倾向得分匹配（Propensity Score Matching, PSM）方法，该方法是一种近似自然实验的方法，可以有效克服样本选择偏误带来的误差和内生性问题。其基本思想在于，观察样本后，将获得贷款的个体划分为处理组（Treated），将未获得贷款的个体划分为对照组（Control），然后将两组样本按照匹配原则进行逐一匹配，使得两组样本特征尽可能相近，这样对照组可以模拟处理组的反事实状态（未获得贷款），进而比较个体在获得贷款和未获得贷款这两种对立情形下的收入差异。

首先运用 Logit 模型或 Probit 模型 [①] 对收入以外影响农户信贷的变量进

---

① ［本章采用 Logit 模型。Logit 模型和 Probit 模型的差异在于密度函数的设定不同。笔者也用 Probit 模型进行了估计，其估计结果与 Logit 模型的估计结果相差不大。］

行甄选，然后选取影响农户信贷的主要变量，利用模型计算出获贷的条件概率——倾向得分值（propensity score，简称 PS 值），使匹配标准由多维降为一维。

$$PS_i = P_r(D_i = 1|X_i) = E(D_i|X_i) \tag{4.5}$$

式 (4.5) 中，D_i =1 表示农户获得贷款，D_i =0 表示农户未获得贷款，X_i 表示处理组的可观察的农户特征（匹配变量）。

$$p(X_i) = P_r(D_i = 1|X_i) = \frac{\exp(\beta X_i)}{1+\exp(\beta X_i)} \tag{4.6}$$

(4.6) 式中，$\exp(\cdot)/[1+\exp(\cdot)]$ 表示逻辑分布的累积分布函数，X_i 是一系列可能影响农户获得贷款的农户特征变量构成的向量，β 为相应的参数向量。获得（6）式的参数估计值后，可以进一步得到每个农户可能获得贷款的概率值，这便是每户农户的 PS 值。此时需要进行共同支撑假设（Common Support Assumption）检验和平行假设（Balancing Assumption）检验[①]，通过检验后，对于第 i 家农户，倾向得分为 p(X_i)，其贷款的平均处理效应 ATT 为：

$$ATT = E[Y_{1i} - Y_{0i}|D_i = 1] = \{E[Y_{1i} - Y_{0i}|D_i = 1, p(X_i)]\}$$
$$= E\{E[Y_{1i}|D_i = 1, p(X_i)] - E[Y_{0i}|D_i = 0, p(X_i)]|D_i = 1\} \tag{4.7}$$

其中，Y_{1i} 和 Y_{0i} 分别表示第 i 个农户在获得贷款和未获得贷款两种情况下的收入水平。

获得平均处理效应 ATT 的匹配方法有最近邻匹配、半径匹配和核匹配三种。

最近邻匹配（neighbor matching）是以倾向得分值 PS 为基础，将控制组中 PS 值与处理组中 PS 值最为接近的样本作为处理组样本的匹配对象。设 T 与 C 分别为处理组与控制组农户构成的集合，Y_i^T 和 Y_j^C 为对应收入水平，从

---

① ［共同支撑假设检验使处理组与控制组样本特征变量尽可能处于同一区域，平行假设检验可以确保处理组与控制组间样本无差异，农户收入变化完全来自支农贷款。］

控制组中找出与处理组中——对应的相匹配的样本，用集合 C(i) 表示，相应的倾向得分值为 p_i。最近邻匹配法的规则可表示如下：

$$C(i)=\min_j \|p_i\text{-}p_j\| \tag{4.8}$$

半径匹配（radius matching）的匹配原则是首先设定半径常数 r，比较控制组样本与处理组样本的 PS 值，只要使二者之差的绝对值小于 r 的控制组样本就可作为匹配对象，公式表示如下：

$$|C_i = \{p_j|\|p_i\text{-}p_j\| < r\} \tag{4.9}$$

核匹配（kernel matching）的基本思想是，通过选取控制组中的若干样本特征以虚构与处理组样本最为接近的样本，从而完成匹配。

完成匹配后，可以进一步计算平均处理效应 ATT，对于处理组中的第 i 个观察值，即 $i \in T$，假设它有 N_i^C 个匹配对象，若 $j \in C(i)$，则设定权重为 $w_{ii} = 1/N_i^C$，否则设定权重 $w_{ij} = 0$。设处理组中一共有 N^T 个观测对象，则 ATT 估计式为（Becker and Ichino，2002）(Becker, S and Ichino, A,2002)：

$$\tau^M = \frac{1}{N^T}\sum_{i \in T} Y_i^T - \frac{1}{N^T}\sum_{j \in C} w_j Y_j^C \tag{4.10}$$

其中，M 表示匹配方法（最近邻匹配或半径匹配法），权重 $w_j = \sum_i w_{ij}$。若权重不发生变化，且处理组农户收入彼此独立，则 τ^M 的方差估计式为：

$$Var(\tau^M) = \frac{1}{N^T}Var(Y_i^T) + \frac{1}{(N^T)^2}\sum_{j \in C}(w_j)^2 Var Y_j^C \tag{4.11}$$

若采用核匹配，ATT 的估计式为：

$$\tau^K = \frac{1}{N^T}\sum_{i \in T}\left\{Y_i^T - \frac{\sum_{j \in C} Y_j^C G[(p_j - p_i)/h_n]}{\sum_{k \in C} G[(p_k - p_i)/h_n]}\right\} \tag{4.12}$$

其中 $G(\cdot)$ 为核函数（kernel function），h_n 为带宽参数（bandwidth parameter），由于无法得出上式中 τ^K 的标准误的具体表达式，文献中通常采用自抽样法（Bootstrap）来获得τ^K的标准误，本章亦采用这一方法，通过500次自抽样求取。

2.数据说明与统计描述

本章研究所用数据由西北大学中国西部经济发展研究中心调研而来，调研时间为2012年，调查对象为西部地区11个省（市、区）的农户，采用调查员入户访谈的形式完成问卷，经整理统计共收回有效调查问卷4976份，有效问卷及贫困户（人均年收入低于2011年国家扶贫标准2300元的农户）的省域分布情况见表4-1。

表4-1　有效农户调研问卷和贫困户的省域分布

省（市、区）	内蒙古	广西	重庆	四川	贵州	云南	甘肃	青海	宁夏	新疆	陕西	合计
问卷数（户）	393	216	266	234	286	440	357	309	182	306	1987	4976
占总户数比（%）	7.90	4.34	5.35	4.70	5.75	8.84	7.17	6.21	3.66	6.15	39.93	100
贫困户（户）	49	39	64	48	30	84	51	56	45	57	383	906
占总户数比（%）	0.98	0.78	1.29	0.96	0.60	1.69	1.02	1.13	0.90	1.15	7.70	18.21

在变量的选取上，本章结合经济理论和既有经验研究，尽量选取与农户能否获得信贷存在明显联系的变量。经过综合考虑后，选取如下三类变量：一是农户基本特征变量如性别、年龄、受教育程度和政治关系资本，这是因为农户的基本条件决定着家庭的经营行为和资源获取能力；二是农户家庭情况，具体包括家庭规模、家庭劳动力、家庭子女人数、家庭上学人数、家庭住房条件，家庭基本情况可以反映其还款能力；三是农户资金情况，具体有家庭借款、家庭贷款需求、有无金融机构贷款及人均年收入。为检验所选变量是否显著，本章将运用Logit模型进行回归判别，进一步剔除不显著变量。关于特征变量的详细描述见表4-2。

表 4-2　变量定义及描述性统计

变量名称	描述与衡量	均值	标准差	最小值	最大值
credit	农户是否获得金融机构贷款：1 表示获得；0 表示未获得	0.21	0.41	0	1
sex	农户性别：1 表示男性；0 表示女性	0.71	0.46	0	1
age	农户年龄	39.23	12.73	17	90
edu	农户受教育程度：0 表示小学及以下；1 表示初高中；2 表示大专及以上	0.9	0.61	0	2
poli	农户政治关系资本：2 表示家庭成员中既有党员又有村干部；1 表示有党员或村干部，0 表示既无党员也无村干部	0.27	0.54	0	2
scale	家庭总人口（人）	4.5	1.32	2	15
labor	家庭劳动力人数（人）	3.07	1.26	1	10
children	家庭子女数（人）	1.96	0.88	0	8
stu	家庭在校学生数（人）	1.29	0.85	0	6
house	家庭住房：0 表示土木房；1 表示砖瓦房；2 表示楼房	1.13	0.65	0	2
jk	农户通过亲戚朋友渠道获得借款数额的对数（0 表示无借款）	7.91	4.09	0	14.29
dkd	农户希望从金融机构获得贷款额度的对数（0 表示无需求）	8.38	4.34	0	20.72
income	家庭人均年收入（元）	8647.48	13942.97	24.8	200000

附注 1：表中变量 jk 和 dkd 是对原始数据取对数后的变量，原因是对数函数在其定义域内是单调增函数，取对数之后不会改变数据的性质和相关关系，但压缩了变量的尺度，使数据更加平稳，也消弱了模型的共线性、异方差性等。

（四）实证过程及结果分析

实证过程以及结果分析如下：

（1）指标筛选

本章使用 Logit 模型估计并选取影响农户获贷的主要因素，并将相应预测值作为农户获得贷款的倾向分数。Logit 多次回归结果见表 4-3。

表 4-3 Logit 模型回归结果

credit	(1)	(2)	(3)	(4)	(5)	(6)
sex	0.235	0.194	0.092	0.086	0.083	
	(1.49)	(1.24)	(0.69)	(0.64)	(0.62)	
age	-0.011	-0.001	-0.002	-0.003	-0.003	
	(-0.95)	(-0.24)	(-0.46)	(-0.70)	(-0.70)	
edu	0.230**		0.214***	0.173**	0.173**	0.172**
	(2.29)		(2.62)	(2.38)	(2.38)	(2.37)
poli	0.204	0.188	0.174	0.195*	0.192*	0.179*
	(1.60)	(1.49)	(1.61)	(1.82)	(1.78)	(1.68)
scale	-0.141**	-0.096	-0.053	-0.058	-0.069	-0.173**
	(-2.08)	(-1.50)	(-0.92)	(-1.18)	(-1.21)	(-2.38)
labor	0.035	0.049	0.001		0.020	
	(0.56)	(0.80)	(0.01)		(0.39)	
house	0.020	0.010		-0.131	-0.132	
	(0.19)	(0.10)		(-1.49)	(-1.51)	
children	0.004		0.046			
	(0.03)		(0.43)			
stu	-0.034	0.078	-0.081			
	(-0.35)	(0.93)	(-1.01)			
jk	0.019	0.019				
	(1.12)	(1.08)				
dkd	0.109***	0.107***	0.093***	0.094***	0.093***	0.092***
	(6.06)	(5.98)	(6.35)	(6.37)	(6.37)	(6.30)
age2	0.000					
	(0.85)					
_cons	-0.932*	-1.047***	-1.372***	-1.173***	-1.179***	-1.364***
	(-1.84)	(-2.73)	(-3.82)	(-3.59)	(-3.61)	(-5.53)
r2_p	0.049	0.044	0.030	0.031	0.031	0.029
N	941.000	941.000	1311.000	1311.000	1311.000	1311.000

附注 1：*、** 和 *** 分别表示在 10%、5% 和 1% 的水平上显著。

回归发现，所选变量并非都能对农户能否获得贷款产生显著影响，分析如下：（1）影响农户获得商业性支农贷款的显著变量有：农户教育背景 edu、政治关系资本 poli、家庭规模 scale 和贷款需求 dkd。农户教育背景具有显著正向影响，说明文化程度高的农户生产经营能力强，容易获得贷款。农户政治关系资本具有显著正向影响，原因可能是党员或者村干部往往有着广泛的人脉关系，更容易获得关系型融资，而且，其身份地位往往也是一种能力信号的传递，党员或村干部一般是当地能力强、思路活、品质好的能人，有着较高的收入，因此也具备金融机构的贷款条件。家庭规模具有显著负向影响。对于大多数农户而言，家庭人口多意味着"上有老下有小"，农户会因较重的家庭负担和较弱的还款能力而很难获得贷款。贷款需求具有显著正向影响，说明需求增加，支农信贷也会增加。（2）农户性别 sex、年龄 age、家庭子女数 children、家庭劳动力人数 labor、家庭中上学人数 stu、住房情况 house 和借款 jk 等不构成显著变量。可能的解释是农村金融机构发放支农贷款时考虑的主要因素除还款能力外，更多考虑的是是否是熟人等社会关系，而与农户本身的性别、年龄无关，家庭子女数、家庭劳动力人数、家庭中上学人数通过显著变量家庭规模变量来表现，农村住房不构成抵押品因而也不显著，农户借款也不会对商业性支农贷款形成显著影响。

综上，选取了农户教育背景、政治关系资本、家庭规模和贷款需求 4 个显著变量进行匹配，并选取农户人均年收入的变化来衡量减贫效果。

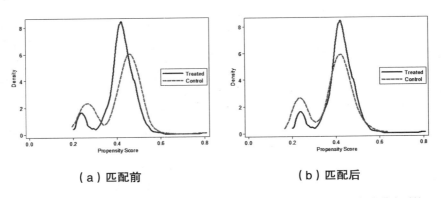

（a）匹配前　　　　　　　　（b）匹配后

图 4-2 最近邻匹配前后"处理组"和"控制组"倾向得分值（PS 值）概率分布对比

（2）样本匹配效果

本章以最近邻匹配法[①]为例进行说明，图 4-2 中（a）图呈现了匹配前处理组和对照组的 PS 值核密度函数对比，（b）图呈现了匹配后的核密度函数

---

① ［本章也通过半径匹配法和核匹配法进行了匹配，得到了类似的效果。限于篇幅，仅以最近邻匹配法来说明。］

对比。可以发现匹配前处理组和对照组的样本特征差异较大，如果直接进行估计则可能会得到有偏的统计推断，相比之下，匹配后两组样本特征更为接近，匹配效果较好。

（3）平行假设检验

为进一步检验匹配效果，验证匹配后的样本是否消除了个体特征差异，均值偏误是否有所降低，同样以最近邻匹配为例，进行了平行假设检验，结果见表4-4[1]。

表 4-4 平行假设检验结果

variable	sample	Mean		%bias	%reduct	t-test	
		Treated	Control	%bias	|bias|	t	p>|t|
edu	Unmatched	2.1079	1.9937	12.4		2.21	0.027
	Matched	2.1079	2.0462	6.7	46	1.09	0.275
poli	Unmatched	.30636	.26515	7.7		1.36	0.173
	Matched	.30636	.28516	3.9	48.6	0.64	0.521
scale	Unmatched	3.1946	3.1389	4.1		0.73	0.464
	Matched	3.1946	3.2023	-0.6	86.2	-0.09	0.927
dkd	Unmatched	9.3193	7.7656	37.7		6.43	0.000
	Matched	9.3193	9.4369	-2.9	92.4	-0.57	0.569

从表4-4可以看出，大多数变量在进行匹配后的均值偏差都小于5%，教育变量稍高为6.7%，但未超过10%，说明匹配后的样本已经具有高度相似性。匹配后的样本均未能通过t检验，说明处理组与控制组的差异已经不再显著，平行假设检验得到满足。

（4）商业性支农贷款减贫效应分析

本章运用最近邻匹配、半径匹配和核匹配三种方法计算了支农贷款的平均处理效应ATT。并以2011年的国家扶贫标准人均年收入2300元为标准，将样本农户划分为贫困农户和非贫困农户，分别计算了相应的支农贷款平均处理效应ATT。计算结果见表4-5，其中总体样本收入用income表示，贫困农户收入用poor表示，非贫困农户收入用rich表示。

---

① [半径匹配和核匹配同样满足平衡性假设检验，限于篇幅不再详述。]

表 4-5　支农贷款减贫效应

匹配方法	Variable	Sample	Treated	Controls	Difference	T-stat
最近邻匹配	income	unmatched	8212.58	6979.31	1233.27	1.80*
		ATT	8212.58	6626.79	1585.79	1.65*
	poor	unmatched	1249.24	1329.20	-79.96	-1.48
		ATT	1249.24	1390.76	-141.52	-1.66*
	rich	unmatched	10398.54	8762.57	1635.97	1.86*
		ATT	10398.54	8489.49	1909.04	2.17**
半径匹配	income	unmatched	8212.58	6979.31	1233.27	1.80*
		ATT	8212.58	6977.00	1235.58	1.43
	poor	unmatched	1249.24	1329.20	-79.96	-1.48
		ATT	1242.89	1363.60	-120.71	-1.85*
	rich	unmatched	10398.54	8762.57	1635.97	1.86*
		ATT	10398.54	8759.90	1638.64	1.69*
核匹配	income	unmatched	8212.58	6979.31	1233.27	1.80*
		ATT	8215.56	6870.99	1341.59	1.74*
	poor	unmatched	1249.24	1329.20	-79.96	-1.48
		ATT	1249.24	1336.70	-87.46	-1.59
	rich	unmatched	10398.54	8762.57	1635.97	4.56***
		ATT	10398.54	8489.42	1909.12	1.65*

附注 1：*、** 和 *** 分别表示在 10%、5% 和 1% 的水平上显著。

根据表 4-5，最近邻匹配、半径匹配和核匹配三种方法计算出的平均处理效应 ATT 的 T 统计值基本都可以通过 10% 的显著性检验，可以说明问题。三种方法的计算结果都得出了类似的结论，即支农贷款对所有样本农户的收入增加具有正向影响、对贫困农户的收入增加具有负向影响、对非贫困农户的收入增加具有正向影响。限于篇幅此处仅以最近邻匹配为例对该结果做以分析说明。

a. 支农贷款对所有样本农户的收入增加具有正向影响。

匹配前，样本农户平均收入水平分别为 8212.58 和 6979.31，差异为 1233.27。匹配后农户收入水平差异为 1585.79，比匹配前增大 352.52，说明样本农户在获得支农贷款后比贷款前的收入增加了 28.58%（352.52/1233.27）。

b. 支农贷款对贫困农户的收入增加具有负向影响。

匹配前，处理组平均收入较控制组低 79.96，而匹配后处理组平均收入要比控制组低 141.52，说明对于贫困农户而言，支农贷款并没有使其收入增加，反而引起其收入下降了 78.24%。

c. 支农贷款对非贫困农户的收入增加具有正向影响。

对于非贫困农户来说，匹配前，处理组平均收入比控制组高 1635.97，匹配后处理组平均收入比控制组高 1909.04，因此支农贷款使非贫困农户的收入增加了 16.69%。

（5）实证结果的解释

第一，对贫困农户的支农贷款不利于其提高收入水平，反而会使其收入水平进一步下降。其原因在于贫困农户用于生活性消费支出较大，而这些支出对于其具有刚性特征，如食物支出、子女教育支出、医疗支出、婚丧嫁娶支出等。对其发放的贷款更多的被用于弥补刚性生活性支出缺口，而没有用于扩大再生产，加之贷款要支付利息，这也冲抵了现有的收入水平。即使对其增加贷款，也仅使其刚性的消费支出水平提高，而依然难以逾越贫困陷阱的临界点。这就使得对贫困农户的支农贷款不仅不会增加其收入，反而会降低其收入水平。第二，对于非贫困农户，支农贷款对于其提高收入具有积极的正向作用。原因在于非贫困农户已经跨越了贫困的临界点，其支农贷款不再主要用于生活消费性支出，而是用于扩大再生产，支农贷款对其增加收入会起到锦上添花的作用。第三，对全体样本农户来说，支农贷款会有利于提高其收入。该结果出现的原因与我们样本的选择有关，因为我们调查的样本中贫困农户占比为 18.21%，非贫困农户占比为 81.79%。由于非贫困农户占比远大于贫困农户占比，因此其综合表现出来的就是支农贷款对其收入提高具有正向作用。

（五）主要结论

本章利用我国西部地区 11 省（市、区）4976 户农户的微观调研数据，在贫困减缓理论分析的基础上，运用 Logit 模型和倾向得分匹配法（PSM），实证分析了农户获得商业性支农贷款的主要影响因素以及支农贷款的减贫效应。结果显示，支农贷款对贫困农户收入增加产生了不利作用，对非贫困农户的收入增加具有提高作用。另外，农户教育背景、政治关系资本、家庭规模和贷款需求构成了农户能否获得贷款的重要影响因素。

第五章 普惠金融、贫困减缓与农村经济增长

（一）问题提出及文献回顾

为使社会各阶层享有平等的金融服务权，尤其是满足弱势群体的融资需求，我国政府多次明确提出要大力发展普惠金融，这对于广大农村地区来讲尤为重要。普惠金融在农村的发展，就是期望通过对广大农村居民及农户金融服务的全覆盖，减缓农村地区贫困，加速农村经济发展，实现农村居民的全面小康。目前，正值我国普惠金融实施十周年之际，我国农村地区普惠金融的实施效果如何？是否在减缓贫困和促进经济增长方面达到了预期的目标？其效应在东、中、西部不同区域间是否存在差异？对这些问题的回答，不仅有助于对普惠金融发展的客观认识，更有助于普惠金融的进一步推进。这即是本章研究的出发点。

普惠金融（inclusive finance）这一概念由联合国在 2005 年提出，是指"立足机会平等要求和商业可持续原则，以可负担的成本为有金融服务需求的社会各阶层和群体提供适当、有效的金融服务"。在《中共中央关于制定国民经济和社会发展第十三个五年规划的建议》中提出，普惠金融强调"为每一个人在有需求时都能以合适的价格享受到及时、有尊严、方便、高质量的各类型金融服务"[1]，这也是我国从国家层面对普惠金融内涵的全面表述。普惠金融发展的要义在于重视消除贫困、实现社会公平，因此其被视

---

[1] [详见《〈中共中央关于制定国民经济和社会发展第十三个五年规划的建议〉辅助读本》，人民出版社，2015。]

为一种可以实现包容性社会的重要机制，应以有效方式使金融服务惠及每一个人、每一个群体，尤其是一些难以获得商业性金融服务的弱势群体（王曙光，2014），包括低收入者、小微企业、老年人、残障人士、农户等，这部分群体具有收入低、个体多的特征，且非自愿的被金融机构所排斥，只有针对这部分弱势群体的金融服务才能称之为普惠金融（星焱，2016）。本章中所研究的农村普惠金融，即是考察普惠金融在农村地区的发展程度，重点考察农户是否获得了所需的金融服务，并由此缓解了贫困程度。

近年来，农村普惠金融发展与农户贫困减缓、收入增加、农村经济增长的关系一直是学术界研究的热点之一，其研究结论主要可归为以下四种观点：（1）贫困减缓效应。农村金融机构的惠农服务有助于农户采用现代化的农业生产技术，提高农业生产效率，而农业增长是快速减缓贫困的核心（Abate, G T, Rashid, S and Borzaga, C, et al.,2016）；Kablana 和 Chhikara 对跨国数据的分析后发现，普惠金融服务可得性与贫困率呈显著负相关关系（Kablana, A S K and Chhikara, K S,2013）；农村普惠金融通过提高农村金融的覆盖面和农户金融服务的可得性，可以有效消除贫困（郑中华，特日文，2014）；农村普惠金融的反贫困绩效已经得到了普遍认可（吕勇斌，赵培培，2014），且低收入农户获得贷款后，其食物消费等生活性现金消费支出显著增加，这也是一种绝对贫困程度的减缓（武丽娟、徐璋勇，2016）。（2）收入效应。当低收入者获得普惠金融服务时，如在银行开设金融账户并经常使用时，通常伴随着消费水平的增长和收入的提高（Kablana, A S K and Chhikara, K S,2013）；Dupas et al 在对肯尼亚女性客户的实证研究中，发现女性打工者获得普惠金融服务后，其个人投资和消费水平均得到了大约40%的大幅增长（Dupas, P and Robinson, J,2013）。国内已有的研究更多的将视角集中于农村金融发展对农户收入水平增长效应方面，但研究结论存在着一些分歧。一部分学者认为农村金融的发展可以显著促进农户收入水平的提高（田杰，陶建平，2012; 王婧磊，2012）；但也有部分学者的研究表明农村金融没有真正服务于农民，对农户收入的增长具有抑制作用（谭燕芝，2009; 余新平，熊皛白，熊德平,2010);还有学者研究了金融发展对不同收入水平农户收入增长的影响,发现金融发展不利于低收入水平农户收入的增加,且农户初始收入水平越高,越能够从金融发展中获益(师荣蓉,徐璋勇,赵彦嘉,2013;王小华,温涛,王定祥,2014)。伴随着研究的深入,部分学者对农村金融发展对农户内部收入差距的影响进行了诸多研究,一些学者运用 Hansen 面板门槛回归模型,发现农村金融发展与农户内部收入差距之间的关系并非简单线性,而是存在着显著的门槛效应,农村金融发展水平在初级阶段对降低农户收入差距的影响最为显著(孟兆娟,张乐柱,2014;张兵,刘丹,郑斌,2013)。然而对于农村金融规模与效率对农户内部收入差距的影响,却并没有得出一致的结论。部分学者研究得出农村金融效率提高会缩小农户内部收入差距,农村金融规模扩大会扩大农户内部收入差距(张敬石,郭沛,2011);而另外的部分学者的研究却表明农村金融效率提高会扩大农户内部收入差距,农村金融规模扩大会缩小农户内部收入差距(刘纯彬,桑铁柱,2010)。(3)经济增长效应。普惠金融的核心功能旨在优化资源配置,实现包容性增长,并以此促进经济发展。世界银行数据显示,普惠金融指标如正规金融账户的拥有率、使用频率、金融基础设施等的提高可以显著促进各国的经济增长水平(星焱,2016)。还有学者指出,汇兑服务作为普惠金融服务的一项内容,具有降低民众的资金约束、增加投融资活动、提高金融账户使用频率等作用,最终对经济增长产生了积极的正向促进作用(Giuliano, P and Ruiz-Arranz, M,2009; Anzoategui, D, Demirgüç-Kunt, A and Perí a, M S M,2014)。一些国内的研究也指出,健全的农村普惠金融发展对农村经济的增长具有显著的支持作用(赵洪丹,2011;丁志国,张洋,覃朝晖,2016)。然而缘于中国正规农村金融机构的无效率,通过利用西北大学中国西部经济研究中心的调研数据发现,在陕西省农户信贷的满足率低、借贷额度不足成为妨碍农村经济持续发展的一个重要问题(常建新、姚慧琴,2015)。李庆海等(2012)也指出,农村普惠金融在农民收入增长、农村消费和产业结构优化方面具有消极影响。(4)区域因素的影响。提升农村普惠金融,实现包容性增长,还应重点关注和消除区域不平衡。一些学者考虑到了我国农村普惠金融发展的区域差异，指出农村金融发展存在着强烈的区域不平衡和空间依赖性（吕勇斌，张琳，王正，2012），在农村金融较为发达的东部地区，金融发展对农户收入提高的促进效用更为明显，在金融发展滞后的中、西部地区，农村金融发展对农户的增收作用则有限（孙玉奎，周诺亚，李丕东，2014）。此外，我国东部地区的农村金融效率也要高于中部和西部地区（黎翠梅、曹建珍，2012）。

上述文献从多个方面综合评价了农村普惠金融的经济绩效，但研究结论并没有达成一致。在评价方法的选择上，上述研究主要采用了面板数据回归模型、分位数回归模型、时间序列回归模型等传统模型，从科学评价的角度看，这些方法难以克服金融发展与经济增长之间相互作用的内生性问题，难以准确识别出农村普惠金融对于农村经济增长和农户收入变化产生的净效应。针对传统评估方法的不足，学术界逐渐开始使用近似自然随机试验的断点回归方法，该方法可以在现实的约束条件下有效克服模型参数间的内生性问题，分析变量之间的因果关系，其实证结果也被证明最为接近自然随机试验的结果（余静文，王春超，2011）。基于此，本章试图利用最新发展的模糊断点回归方法（Fuzzy Regression Discontinuity，FRD）和大样本的农户调研数据，对农村地区普惠金融的贫困减缓效应和经济增长效应展开研究。

本章的贡献在于：一是将模糊断点回归方法应用于分析普惠金融对农户贫困减缓和农村经济增长之间的因果效应，评估方法相比现有方法更为科学；二是文中所用到的数据来源于西北大学中国西部经济发展研究中心2012 年对全国 27 个省市区、517 个村庄的 4023 户农户的调研，数据均为第一手的原始数据；三是分别识别了不同区域普惠金融对农村相对贫困与绝对贫困的减贫效应，以及对不同区域农村经济增长的促进效应。

本章的其余部分安排如下：第二部分是理论分析，通过数理模型说明了农村金融机构的最优放贷条件和普惠金融的减贫增收效应；第三部分是研究方法与数据说明，介绍了文中驱动变量估计方法与断点回归方法的总体思路，进行了指标变量的定义和说明；第四部分是实证分析，分别估计了不同区域范围内普惠金融对绝对贫困、相对贫困及经济增长的影响；第五部分是结论与政策启示。

（二）理论分析

本章借鉴 Tirole 提出的基本固定投资模型（Fixed-Investment Model）分析框架，根据我国农村金融机构以及农户借贷行为的现实情况加以修正，从理论上探讨农村金融机构的最优放贷条件和普惠金融的减贫增收效应。

假设农村金融机构与农户均追求效益最大化，由于农村金融机构承担着支农惠农的政策职能，因此只要真实收益率 $r \geqslant 0$，便会发放部分"三农"贷款。其次，在农村金融市场中，资金供给方主要为农村金融机构，资金需求方主要为农户。农户的自有投资资本为 A，计划进行一项所需资金 I 的生产项目投资，其中 A<I，并且农户会将自有资本 A 全部用于投资，因此农户若想启动生产项目，需要向农村金融机构获得 I－A 的贷款融资。农户获得金融机构贷款后，可以选择尽职和偷懒，选择尽职的农户会努力经营生产项目，项目成功的概率为 $p=p_H$，如果农户选择偷懒，项目成功的概率降为 $p=p_L$，且 $p_L < p_H$，此时农户会因享受了闲暇、放松甚至赖账而获得了项目的私人收益 B，其中 B>0。如果项目获得成功，农户获得项目收益 R_b，农村金融机构获得项目收益 R_1，R_b 和 R_1 构成了项目总收益 R，即 $R=R_1+R_b$。如果项目失败，农户损失全部抵押品 A_m，农村金融机构发生了亏损，收益为负。

1. 农村金融机构的最优放贷条件

根据基本假设，农村金融机构只要满足真实收益率 $r \geqslant 0$，便会发放支农贷款。因此农村金融机构选择发放支农贷款的最低约束条件为 r=0，因此农村金融机构放贷的零利润约束可以写为：

$$p_H R_1 = I - A \tag{5.1}$$

虽然农户有选择偷懒等道德风险行为的激励，获得了私人收益 B，但是将项目成功的概率由 p_H 下降到了 p_L。若存在有效的监督机制，使得下面激励约束条件得到满足时，农户将选择尽职：

$$p_HR_b \geq p_LR_b+B，或者(p_H-p_L)R_b \geq B \tag{5.2}$$

令$\Delta p=p_H-p_L$。由式（5.2）可推知在农户尽职状态下农村金融机构的收益可以表示为：

$$R_l \leq R-B/\Delta p \tag{5.3}$$

于是，农村金融机构预期的最高可保证收入为：

$$\Gamma=p_H(R-B/\Delta p) \tag{5.4}$$

结合式（5.1），农村金融机构发放贷款的必要条件为：

$$\Gamma=p_H(R-B/\Delta p) \geq I-A \tag{5.5}$$

当式（5.5）满足时，农村金融机构发放支农贷款的可保证收入超过了初始支出，实现了收支相抵。进一步，可得：

$$A \geq \overline{A}=p_HB/\Delta p-(p_HR-I) \tag{5.6}$$

式（5.6）为农村金融机构在农户尽职状态下发放支农贷款的条件，当农村金融机构事先预期到农户会发生偷懒或违约时，放贷行为便不会发生，因此，农户获得支农贷款的充分必要条件为：$A \geq \overline{A}$。为农村金融机构选择发放贷款的门槛条件，意味着农户必须拥有足够的资本，才能获得贷款。在$A<\overline{A}$的情况下，即使农户具有好的生产项目且会尽职经营，但仍然难以获得贷款。

在既有的约束条件下，考察农户的贷款最优选择条件。

$$\max p_HR_b+(1-p_H)(-A)$$
$$s.t. p_HR_b+(1-p_H)(-A) \geq p_LR_b+(1-p_L)(-A)+B$$
$$p_HR_L-c \geq p_LR_L$$
$$R=R_b+R_1$$
$$R_b \geq -A$$
$$p_HR_1=I-A$$

其中，式（5.7）为农户贷款的最优化条件；式（5.8）为农户的激励相容条件；式（5.9）代表农村金融机构的激励相容条件，其中，c为农村金融机构的监督成本；式（5.10）表示农户与农村金融机构之间的收益分配；式（5.11）为农户有限责任约束条件；式（5.1）为农村金融机构放贷的零利润约束条件。求解农户的贷款最优化问题，可以得出农户的贷款最低抵押品要求为：

（5.7）

（5.8）

$$A_m \geq \underline{A} = (p_H B / \Delta p - p_H R + I)(1 + p_H) \qquad （5.12）$$

（5.9）

（5.10）

（5.11）

（5.1）

上述分析结果表明，农村金融机构在开展普惠金融的过程中，即使是在零利润约束的前提下，农户必须拥有足够的资本和抵押品，才可以获得贷款，即满足 $A \geq \overline{A}$ 和 $A_m \geq \overline{A}$ 的现实约束条件。市场经济下农村金融机构虽然肩负着支农的政策性功能，但选择惠农贷款的发放对象时，仍以农户的现有资本作为主要的考量条件，在开展普惠金融过程中"嫌贫爱富"的本质仍难以掩饰。根据上述分析，下文中断点回归方法中关于驱动变量的估计，便以农户的现有资本水平为依据。当以家庭借贷能力指标表示的驱动变量超过某一跳点时，农户将可能获得农村金融机构发放的惠农贷款。

2. 农村普惠金融的减贫增收效用

普惠金融是对农户等弱势群体的利益倾斜，与完全的商业金融原则存在一定冲突。因此，为保持普惠政策的可持续，政策制定者需要向从事普惠金融业务的金融机构给予政策优惠与激励，以调动其积极性。因此在农村金融市场引入除机构、农户以外的第三方利益相关主体——政府，政府作为第三方监管机构，为了激励农村金融机构配合其实施普惠金融政策，需要对农村金融机构进行转移支付，地方政府承诺给农村金融机构的转移支付记为 T[①]。农村金融机构可以在惠农贷款与普通商业贷款之间做出选择，设发放惠农贷

---

① ［这种转移支付可以体现为对金融机构的直接补贴及税收优惠等价值转移，也可以体现为非经济价值形式，比如金融机构在申请开办新网点时审批的优先及门槛的降低，获取在当地从事某些金融业务的优先权，某些会计账户处理时的许可等。］

款的利率为 r_b，发放普通商业贷款的利率为 r，现实中满足 $r_b \leq r$。而农户为使自身收益最大化，会选择尽职经营。

（1）关于农村金融机构的最优化问题

①农村金融机构按照惠农贷款利率 r_b 向农户发放贷款的约束条件为（此时政府实施激励机制，向金融机构进行转移支付 T）：

$$p_H R_1 + T \geq I - A \qquad (5.13)$$

在零利润约束条件下，可以得出

$$R_1 = \frac{I - A - T}{p_H} \qquad (5.14)$$

②农村金融机构按照普通商业贷款利率 r 向农户发放贷款的约束条件为（此时不存在政府对金融机构的激励措施）：

$$p_H R_1 \geq I - A \qquad (5.15)$$

在零利润约束条件下，可以得出：

$$R_1 = \frac{I - A}{p_H} \qquad (5.16)$$

（2）关于农户的最优化问题

①农村金融机构按照利率 r_b 向农户发放惠农贷款时，农户的收益记为 π_b，可表述为：

$$\pi_b = P_H R_b + (1 - P_H)(-A) - (I - A)r_b \qquad (5.17)$$

其中约束条件为：

综合上述约束等式，可以推导出农户以惠农贷款利率 r_b 融资后的期望收益为：

$$\pi_b = P_H R - (1 - P_H)A - [2(I - A)r_b - T] \qquad (5.18)$$

②当金融机构按照普通商业贷款利率 r 向农户发放贷款时，农户的收益记为 π，可以表述为：

$$\pi = P_H R_b + (1 - P_H)(-A) - (I - A)r \qquad (5.19)$$

其中约束条件为：

综合上述约束等式，可以推导出农户以商业贷款利率 r 融资后的期望总收益为：

$$\pi = P_H R - (1 - P_H)A - 2(I - A)r \qquad （5.21）$$

$$R = R_b + R_1 \qquad （5.10）$$

$$R_1 = \frac{I-A-T}{P_H} \qquad （5.14）$$

$$P_H R_1 = (I - A)r_b + T \qquad （5.17）$$

由于本章在分析中假定了农户努力工作使得项目成功的概率保持不变，为p_H，同时还假定项目成功的总收益 R 不变，以及农户的自有资本 A 以及项目所需资金 I 不变，所以通过比较上式（5.18）和式（5.21），可以发现以下关系：

a. 当惠农政策贷款利率r_b比普通贷款利率 r 低时（这是惠普金融的典型特征，因为存在政府对从事普惠金融的金融机构的激励补贴措施），即当r_b<r 时，可以得出：

$$R = R_b + R_1 \qquad （5.10）$$

$$R_1 = \frac{I-A}{P_H} \qquad （5.16）$$

$$P_H R_1 = (I - A)r \qquad （5.20）$$

$$\pi_b > \pi$$

这表明农户获得普惠金融的收益大于获得普通贷款的收益。

b. 即使惠农贷款利率r_b和普通贷款利率相同（这可以表现为普惠金融下对农户贷款门槛的降低，或者其他金融服务便利性的提高），由于存在政府对农村金融机构正向的转移支付 T，此时有r_b =r 且 T>0，仍可以得出：

$$\pi_b > \pi$$

这表明农户获得普惠金融的收益仍然大于获得普通贷款的收益。

可见，普惠金融无论体现为贷款利率的优惠，还是农户获得贷款条件的放松，或是其他金融服务便利性的提高，只要政府对金融机构从事普惠金融业务存在一定的政策激励，农户总能从享受普惠金融中增加收益，这无疑是对农户减贫效应的直接体现。

（三）研究方法与数据说明

1.研究方法

本章采用了断点回归方法（RD）进行实证分析。作为一种新兴的"拟随机试验"方法，断点回归估计很好的避免了参数估计的内生性问题，是仅次于自然随机实验的一种因果关系估计方法 (Lee, D S,2008)。断点回归方法（RD）的基本思想是：结果变量会受到某个可观测的特征变量(驱动变量，forcing variable) 的影响，当驱动变量等于或大于某个临界值时，若结果变量受到处理，就说明结果变量与驱动变量间存在因果效应。由于达到贷款条件的农户并不一定会立即开始贷款，而只是增大了获贷的概率，即驱动变量在断点处未必是 0 到 1 的变化，因此采用模糊断点回归方法（Fuzzy RD）更为合理。根据前文理论分析，本章首先建立一个外生的基于家庭资本水平的驱动变量，该外生驱动变量将是决定家庭借贷结果的主要因素，然后建立模型检验惠农贷款对农村贫困减缓与经济增长的因果效应。

（1）驱动变量估计

农村金融机构发放惠农贷款时，对申请借贷的农户进行风险评估，然后向符合条件的农户发放贷款。与此同时有借贷能力的农户也可以自主决定是否借贷以及实际借贷数额。农户收入是决定家庭资本水平的主要因素，由于农户从亲戚朋友处获得的借款也构成了农户特定时点中现金存量的一部分，因此也考虑在内。由于并非所有达到农村金融机构贷款发放条件的农户均有贷款需求，是否参与贷款是农户的自愿选择行为，因此农户是否有贷款需求、贷款需求的数量也需要综合考虑在内。此外，文中还加入了一些控制变量，微观层面有农户的家庭人口规模、农户劳动力质量、农户对家庭收入的满意度，宏观层面有农户所在村庄的农业收入和工业收入。控制变量的加入有助于提高模型的现实拟合度。

　　基于上述分析，运用 Probit 模型来估计决定家庭贷款行为的驱动变量 (forcing variable) 和借贷概率。建立的 Probit 模型如下所示：

$$p_i = P_r(B_i = 1|Z_i, Z_v) = P_r(\alpha_0 + Z_i\alpha_1 + u_i > 0) \qquad （5.22）$$

　　式（5.22）中，P_i 为农户 i 的借贷概率；B_i =1 表示农户 i 为被实际观测到的借贷户；向量 Z_i 包括决定家庭在农村金融机构借贷能力的资本水平（家庭总收入和亲戚朋友处借款）、家庭决定借贷与否的影响因素（家庭是否有贷款需求和贷款需求数量）以及相关控制变量。其中，家庭总收入由经营性收入、工资性收入、财产性和转移性收入共同构成，其中经营性收入包括家庭种植业收入、养殖业收入、林业收入、家庭工业及服务业收入。基于式（5.22）的估计系数计算出农户的预期借贷概率 $\hat{p}_i$，将其作为农户借贷行为结果的外生驱动变量。鉴于 $\hat{p}_i$ 的估计建立在正向影响农户贷款能力的各项指标的基础上，故在下文分析中，以"农户借贷能力指标"来指代 $\hat{p}_i$。

　　本章假设，当家庭借贷能力指标超过某一跳点 a（0<a<1）时，农户会获得农村金融机构发放的惠农贷款。农户 i 成为处理组的选择行为变量 b_i 由下面方程表示：

$$b_i=1 （\hat{p}_i \geq a） \qquad （5.23）$$

　　式（5.23）中，b_i =1 表示家庭 i 属于处理组（即进行惠农贷款），b_i =0 则表示农户 i 属于控制组（即不进行惠农贷款）。农户实际进行借贷的概率随其借贷能力 $\hat{p}_i$ 的增强而上升。由于农村金融机构发放的惠农贷款是农户自愿参与的，当 $\hat{p}_i \geq$ a 时，农户不必立即开始借贷活动，有部分具有借贷能力的农户实际并不会发生借贷行为，因此当农户的借贷能力达到或越过临界点 a 后，其实际借贷概率会有所上升，但不会达到 100%。

　　（2）模糊断点回归

　　假设 τ 表示惠农贷款对农村贫困减缓或经济增长的因果效应，E（τ | $\hat{p}_i$）表示因果效应估计值，E（ε it| $\hat{p}_i$）表示在临界点附近决定农户是否借贷的不可观测因素，E（τ | $\hat{p}_i$）与 E（ε it| $\hat{p}_i$）在临界点 a 附近遵从局域连续性 (Imbens, G W and Lemieux, T,2007)。同时假设惠农贷款对农村贫困

减缓和经济增长的影响不随个体 i 的变化而变化，即满足个体同质性 (Hahn, J, Todd, P and Wilbert, V D K,2001)。这样在临界点局域范围内形成了服从随机分布的拟实验环境。使用 y 表示因变量，运用下式来计算惠农贷款对 y 的局域平均处理效应（LATE）：

$$E(\tau|\hat{p}_i = a) = \lim_{e \to 0_+} E\left[\tau|b_i(a+e) - b_i(a-e) = 1\right]$$

$$= \frac{\hat{\alpha}_{g+} - \hat{\alpha}_{g-}}{\hat{\alpha}_{b+} - \hat{\alpha}_{b-}} = \frac{\lim_{\hat{p} \to a_+} E(g_i|\hat{p}_i) - \lim_{\hat{p} \to a_-} E(g_i|\hat{p}_i)}{\lim_{\hat{p} \to a_+} E(b_i|\hat{p}_i) - \lim_{\hat{p} \to a_-} E(b_i|\hat{p}_i)} \qquad （5.24）$$

式（5.24）中，$\hat{\alpha}_{g+} = \lim_{\hat{p} \to a_+} E(g_i|\hat{p}_i)$、$\hat{\alpha}_{g-} = \lim_{\hat{p} \to a_-} E(g_i|\hat{p}_i)$ 分别为处理组、控制组农户在其借贷能力水平上形成的因变量 y 的条件期望；$\hat{\alpha}_{g+} - \hat{\alpha}_{g-}$ 表示在临界点局域内处理组与控制组 y 值的差异；$\hat{\alpha}_{b+} = \lim_{\hat{p} \to a_+} E(b_i|\hat{p}_i)$、$\hat{\alpha}_{b-} = \lim_{\hat{p} \to a_-} E(b_i|\hat{p}_i)$ 分别为处理组、控制组农户在其借贷能力水平上的借贷行为变量的条件期望；$\hat{\alpha}_{b+} - \hat{\alpha}_{b-}$ 表示在临界点局域内处理组与控制组农户实际借贷行为的差异。下面介绍式（5.24）的具体估计方法。

首先，本章计算局域 Wald 估计值 (Hahn, J, Todd, P and Wilbert, V D K,2001)。临界点局域样本由集合 $\Psi = \{i | i \in (a-h \leq \hat{p}_i < a+h)\}$ 来定义[①]，其中，h 表示带宽。使用下述公式计算式（5.24）中的四个极限项：

式（5.25）~（5.28）中，变量 $W_i = I(a \leq \hat{p}_i < a+h)$ 规定了农户 i 的借贷能力是否刚刚超过临界点（$W_i = 1$ 表示"是"，$W_i = 0$ 表示"否"）；局域样本的选择由带宽 h 决定 (Imbens, G and Kalyanaraman, K,2009)。

其次，式（5.24）的估计采用两步控制方程法来实现 (Klaauw, W V D,2008)。第一步，通过标准 Probit 模型估计出农户 i 获得惠农贷款的概率：

$$E(b_i|\hat{p}_i) = Pr(b_i = 1|\hat{p}_i) = \gamma \cdot 1(\hat{p}_i \geq a) + f(\hat{p}_i) \qquad （5.29）$$

式（5.29）中，表示农户借贷概率在临界点处的断点大小；$f(\hat{p}_i)$ 为一个二次分段函数：

$$g(\hat{p}_i) = \lambda_0 + \lambda_1 \hat{p}_i + \lambda_2 \hat{p}_i^2 + [\lambda_3(\hat{p}_i - a) + \lambda_3(\hat{p}_i - a)^2] \cdot 1(\hat{p}_i \geq a) \qquad （5.30）$$

---

① [当农户 i 的借贷能力位于 $\hat{p}_i$ [a-h, a+h] 的区间时，该家庭被归为临界点局域样本集合。]

式（5.30）表示农户进行贷款（成为处理组）对其借贷能力的非线性影响。第二步，建立如下结果方程（outcome regression）：

$$\lim_{\hat{p} \to a_+} E(g_i|\hat{p}_i) = \frac{\sum_{i \in \psi} g_i w_i}{\sum_{i \in \psi} w_i} \tag{5.25}$$

$$\lim_{\hat{p} \to a_-} E(g_i|\hat{p}_i) = \frac{\sum_{i \in \psi} g_i \ (1-w_i)}{\sum_{i \in \psi} \ (1-w_i)} \tag{5.26}$$

$$\lim_{\hat{p} \to a_+} E(b_i|\hat{p}_i) = \frac{\sum_{i \in \psi} b_i w_i}{\sum_{i \in \psi} w_i} \tag{5.27}$$

$$\lim_{\hat{p} \to a_-} E(b_i|\hat{p}_i) = \frac{\sum_{i \in \psi} b_i \ (1-w_i)}{\sum_{i \in \psi} \ (1-w_i)} \tag{5.28}$$

$$g_i = \beta_0 + \hat{\tau}_0 E(b_i|\hat{p}_i) + X_i \beta_1 + k(\hat{p}_i) + \varepsilon_i \tag{5.31}$$

式（5.31）中，向量 X_i 表示影响农户借贷能力的各项指标，$k(\hat{p}_i)$ 为控制方程，以控制农户借贷能力指标与因变量之间可能存在的相关性，有助于减少内生变量的影响。ε_i 为正态独立同分布干扰项。$\hat{\tau}_0$ 衡量由式（5.24）所定义的惠农贷款对因变量的静态局域平均处理效应。控制方程 $k(\hat{p}_i)$ 的计算采用平滑计算法（Craven, P and Wahba, G,1979）。令，$k(\hat{p}_i) = \sum_{j=1}^{J} \hat{p}_i^j$，依次计算 j=1,2,3···,J 时的 $GCV_n = n^{-1}\|\hat{p}_n - k_n\|/(1-n^{-1}trM_n)^2$，其中，$\hat{p}_n = (\hat{p}_1, \cdots, \hat{p}_n)$ ' 为包含所有 $\hat{p}_i$ 的向量，$k_1 = (k_n, \cdots, k_n)$ ' 为包含所有 k_n 的向量，n×n 矩阵 M_n 由 $k_n = M_n\hat{p}_n$ 决定，GCV_n 最小时 J 为最优取值，代入式（5.31）。

（3）关键指标的选取与说明

由于普惠金融被视为一种可以实现包容性社会的重要机制，应以有效方式使金融服务惠及每一个人、每一个群体，尤其是弱势群体（王曙光,2014),重在消除贫困，实现社会公平和促进经济增长。因此，普惠金融在最初的发展中，就将银行信贷的可获得性作为重点关注的指标。随着普惠金融的深化，评价视角虽不断拓宽，如 Mandira Sarma（2011）通过银行渗透度、金融服务可利用性和使用状况来评价世界各国的普惠金融发展状况，但在世界银行扶贫小组和中国普惠金融工作组对中国普惠金融开展状况的评价中，农户是否获得了银行贷款仍是重要的评价指标之一。一些国际组织如国际货币基金组织（IMF）、普惠金融联盟（AFI）、芬玛克信托（Fin Mark Trust）在研究设计普惠金融指标时，均将正规金融服务的可获得性作为重要指标。2013 年普惠金融全球合作伙伴（GPFI）在 G20 框架下制定了更加完善的普惠金融指标体系，由金融服务使用情况、金融服务可获定性和金融产品与服务质量三方面的指标构成（焦瑾璞，2014）。考虑到指标的代表性与数据的可得性，本章中运用农户是否获得过正规农村金融机构的惠农贷款为衡量指标，即"农户信贷可获得性"来衡量农村普惠金融的惠及程度。

关于绝对贫困的测度指标，文中选取村庄中的贫困人口数量与农户所在家庭的恩格尔系数来衡量。其中，根据我国 2012 年人均收入 2300 元 / 年的农村地区贫困标准，计算并统计出每个村庄中的年人均可支配收入低于或等于 2300 元的人口数量，以此作为村庄中贫困人口数量的衡量指标；恩格尔系数为农户所在家庭的食品支出占家庭生活消费现金支出的比重，反映了农户家庭为维持身体健康或最低的生存需求而进行的必要的购买和消费。另外需要说明的是，在分析贷款对减贫的影响时，将政府是否认定某农户为贫困户作为虚拟变量引入模型，以控制政府行为对减贫的影响，该数据由村干部提供，若农户被评为贫困户，赋值为 1，否则赋值 0。

关于相对贫困的测度指标，文中采用村庄基尼系数。基尼系数通过计算居民的收入平均差距对收入总体期望均值偏离的相对程度，给出了反映居民之间贫富差异程度的数量界线，可以比较客观、直观的反应居民内部收入分配的不平等程度以及贫困程度。文中采用的基尼系数的计算公式如下（李实，2002）：

$$g = \frac{1}{2n^2\mu}\sum_{j=1}^{n}\sum_{i=1}^{n}|y_j - y_i| \tag{5.32}$$

其中，n 为样本数量，μ 为收入均值，$|y_j - y_i|$ 代表任何一对农户个体 j 和 i 收入差的绝对值，g 为基尼系数。

需要说明的是，在文中以村庄为单位计算每个村的基尼系数，这样做的好处是：一是可以体现村庄之间的差异性，增大数据容量；二是以村庄为整体可以很好的消除区域因素的影响，村庄内部的居民所面临的外部市场环境、政策制度环境可以认为几乎是一致的，在区域内更有助于对比分析由惠农贷款的差距引起的贫困程度变化，通过对基尼系数的分类计算，使其在运用于本章实证分析的同时，具有更为合理的现实解释意义。

2. 变量与数据说明

本章所用的数据来自西北大学中国西部经济发展研究中心 2012 年的调研数据，该调研覆盖了我国东、中、西部的 27 个省（市、自治区），采用分层抽样方法共计对 517 个村庄、6070 户农户进行了问卷调研，调查员通过入户访谈的方式完成问卷，经整理统计共收回问卷 4978 份，回收率为 82%，研究过程中，对问卷中出现的部分缺失数据进行了插值处理，并对问卷中可能出现的极端值进行了 winsorize 缩尾处理，然后根据本章研究需要，共筛选出有效农户问卷 4023 份。有效问卷的省域分布情况见表 5-1。

表 5-1 有效问卷省域分布情况

东部	河北	江苏	浙江	福建	山东	广东	海南	辽宁	吉林	黑龙江		合计
问卷数（户）	131	70	59	51	149	77	18	42	28	76		701
占比（%）	3.3	1.7	1.5	1.3	3.7	1.9	0.4	1.0	0.7	1.9		17.4
中部	山西	安徽	江西	河南	湖北	湖南						合计
问卷数（户）	190	95	41	205	64	174						769
占比（%）	4.7	2.4	1.0	5.1	1.6	4.3						19.1
西部	内蒙古	广西	重庆	四川	贵州	云南	甘肃	青海	宁夏	新疆	陕西	合计
问卷数（户）	45	56	56	89	90	162	141	61	64	74	1715	2553
占比（%）	1.1	1.4	1.4	2.2	2.2	4.0	3.5	1.5	1.6	1.8	42.6	63.5

本章研究中所用到的变量定义及描述见表 5-2。

表 5-2 变量定义与描述

变量符号	变量名称	描述与衡量
credit	农户惠农贷款	农村地区普惠金融的测度指标，反映普惠金融的覆盖面与可得性，根据农户是否获得过惠农贷款衡量：1 表示获得；0 表示未获得
lnti	农户家庭总收入对数	包括农户经营性收入、工资收入、财产性收入和转移性收入总量的对数
loanjk	亲戚朋友处借款	有无向亲戚朋友借款：1 表示有；0 表示没有
lndemand	农户惠农贷款需求	农户需要向正规农村金融机构贷款数量的对数，0 表示没有需求

medu	农户劳动力质量	通过农户教育质量变量衡量，由各学历层次农户所受教育年限乘以该层次人口数所占总人口比重得出，其中设定文盲 0 年，小学 6 年，初中 9 年，高中和中专 12 年，大专及以上 16 年。
popu	家庭人口总数	农户家庭总人口
satisfy	农户收入满意度	农户对家庭当前收入水平的满意程度：0 表示非常不满意；1 表示不满意；2 表示基本满意；3 表示比较满意；4 表示非常满意
lnnongye	农户所在村庄农业总产值对数	农户所在村庄年度农业总产值取对数
n	贫困人口	村庄中年人均收入低于 2300 元的人口数量，绝对贫困测度指标
engel	恩格尔系数	家庭食品支出 / 家庭生活消费现金支出，绝对贫困测度指标
g	农户基尼系数	计算公式为：g，以村庄为单位计算，反映农户所在村的相对贫困程度。
gdp	农户所在村庄 GDP	以村庄为单位计算的村庄年度总产值
poor	是否为贫困户	若农户被评为贫困户，赋值为 1，否则赋值 0，作为虚拟变量引入模型，以控制政府行为对减贫的影响

（四）实证检验

1.Probit 模型估计结果

表 5-3 中的模型（1）、（2）、（3）、（4）分别显示了全样本数据、东部地区、中部地区和西部地区的 probit 模型估计结果。在回归模型中，由农户家庭总收入和亲戚朋友处借款构成的农户现有资本水平是本章最为关注的变量，并对其余控制变量予以讨论。

表 5-3　Probit 模型估计结果

	(1)	(2)	(3)	(4)
	全国地区	东部地区	中部地区	西部地区
credit				
lnti	0.259***	0.175*	0.367***	0.234***
	(6.84)	(1.67)	(4.02)	(4.92)
loanjk	0.883***	1.025***	0.383**	0.919***
	(12.85)	(5.28)	(2.18)	(11.05)

lndemand	0.056***	0.099***	0.036**	0.047***
	(8.20)	(5.72)	(2.08)	(5.61)
medu	0.022**	-0.011	0.037*	0.024**
	(2.43)	(-0.39)	(1.77)	(2.18)
popu	0.062**	0.028	0.175***	0.034
	(2.17)	(0.33)	(2.65)	(0.95)
satisfy1	-0.137***	0.007	-0.128	-0.193***
	(-3.18)	(0.05)	(-1.30)	(-3.60)
lnnongye	0.034**	-0.021	0.019	0.041***
	(2.54)	(-0.42)	(0.53)	(2.59)
lngongye	-0.014***	-0.006	0.009	-0.017***
	(-2.74)	(-0.25)	(0.73)	(-2.81)
_cons	1.177***	0.879	1.583	1.163**
	(2.84)	(0.78)	(1.58)	(2.22)
r2_p	0.191	0.277	0.100	0.196
N	4040	700	769	2571

注：括号内为对应的 t 统计量，*、**、*** 分别表示显著性水平为 10%、5% 和 1%。

模型（1）、（2）、（3）、（4）的回归结果均显示，农户收入水平越高，越有可能获得农村金融机构的惠农贷款，且除模型（2）中东部地区在 10% 的显著水平通过检验外，其余模型均通过了 1% 的显著性检验。农户在亲戚朋友处的借款变量 loanjk 对农户惠农贷款获得性的影响显著为正，在模型（1）、（2）和（4）中通过了 1% 的显著性检验，在模型（3）中通过了 5% 的显著性检验。农户从亲戚朋友处获得借款后，一是确实可以提高农户现有的资金实力，二是由于农村金融机构对农户的资金来源并不知情，该借款也可以构成抵押的一部分，故有助于贷款能力的提高。上述结果表明，农村金融机构在普惠支农的过程中，会表现出资本"嫌贫爱富"的本质一面，同时在市场经济中，农村金融机构出于风险控制和可持续发展的经营原则，在发放贷款时需要农户提供足额的抵押品，部分贫困农户被排斥在外，这无疑为惠农贷款的发放设立了门槛，而农村中较为富裕的中高收入农户才更容易享有普惠金融的权利。农户对惠农贷款的需求变量 lndemand 也显著促进了惠农贷款的可得性，除模型（3）在 5% 的置信水平上显著外，其余模型均显著通过了 1% 的显著性检验。惠农贷款的发放是双向选择的过程，农户是否主动申请是获取贷款的前提。

在模型（1）中，也即在全国范围的数据回归中，余下控制变量的回归结果均在 5% 或 1% 的置信水平上通过了显著性检验。其中，农户劳动力质量 medu 有助于惠农贷款的获得，原因是接受过更多教育的农户一方面思想观念先进，能够了解和运用国家的惠农支农政策，另一方面体现了较高的人力资本水平，有着相对高的创收能力；家庭人口规模 popu 显著促进了惠农贷款的获得，在农村地区，家庭人口多意味着家族人丁兴旺，家庭成员之间互相帮扶，更容易体现出较强的资金实力和借贷能力；农户对自身的收入满意度指标 satisfy 和农贷的可获得性显著负相关，表明农户对自身的收入水平越满意，就越无贷款需求；村庄的农业总产值 lnnongye 与农户惠农贷款显著正相关，反映出农村金融机构发放的惠农贷款确实应用在了农业领域；村庄的工业总产值 lngongye 与农户惠农贷款显著负相关，同样表明农村金融机构对惠农贷款的用途进行了严格把关，用在了农业而非工业上。在模型（2）、（3）、（4）中，部分控制变量的影响变得不显著，原因是在特定的区域内，惠农贷款不再受到上述控制变量的显著影响，尽管如此，部分通过显著性检验的控制变量的影响方向仍与模型（1）一致。

2. 断点回归模型识别

运用 probit 模型预测出农户的借贷能力指标，将从小到大在横轴上标示，然后计算出农户实际发生借贷的概率，并作为纵轴，将临界点左和右的样本农村家庭分别平均划分为 15 个组（bin），描述实际借贷概率在组间的变化趋势。经过多次计算发现跳点在 a=0.2 处，如图 5-1 所示，四组图分别表示了全国地区、东部地区、中部地区和西部地区在跳点 a=0.2 处农户实际借贷概率与借贷能力指标的关系。

根据图 5-1，在临界点 a=0.2 时，全国地区和东、中、西部地区的样本农户实际发生的借贷概率均有所上升，即出现"跳点"。表明当驱动变量超过临界值时，农户进行借贷的概率会上升，使用模糊断点回归方法是可行的。

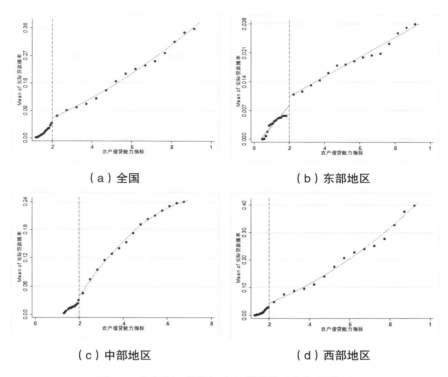

（a）全国 （b）东部地区

（c）中部地区 （d）西部地区

图 5-1 农户实际借贷概率与借贷能力指标的关系

判断断点回归方法有效性的另外一个识别条件是经济个体不能够完全操纵或控制驱动变量。可以通过密度检验法来验证驱动变量的连续性 (Mccrary, J,2007)。密度检验法的基本原理为，在临界点左右，驱动变量的密度函数没有发生明显的跳跃，即表明经济个体对驱动变量没有完美的控制，局域内样本可以被看作是满足近似随机分布的拟自然实验环境。图 2 中的四幅图分别列出了全国地区、东部地区、中部地区和西部地区的农户借贷能力指标密度函数分布图。

根据图 5-2，农户借贷能力指标在临界点左右的密度分布是较为平滑的，没有发生显著的跳跃，可以认为在临界点局域内样本是随机分布的，对驱动变量不能人为控制。

综上，本章所构建的模型符合模糊断点回归的前提假设，可以据此进行普惠金融与贫困减缓和农村经济增长之间的因果推断。

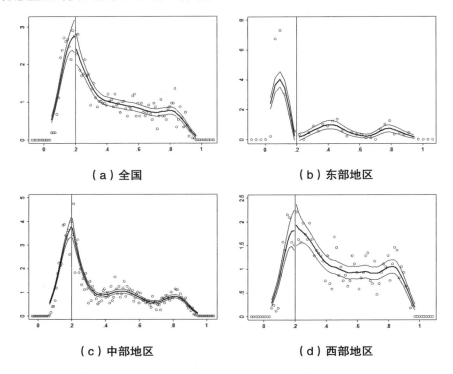

图 5-2 农户借贷能力指标的密度函数图

3. 普惠金融、贫困减缓与农村经济增长

表 5-4、表 5-5、表 5-6 和表 5-7 分别显示了普惠金融与农村贫困人口、农户恩格尔系数、基尼系数和农村 GDP 的断点回归估计结果。为了控制政府行为对减贫的影响，回归中将政府是否认定某农户为贫困户作为虚拟变量引入模型，用 poor 表示。断点回归估计通常采用局部线性回归方法，即不选用全样本，而是选用一定带宽内的样本进行估计[①]，最优带宽的选取参照

---

① 带宽决定了局域样本范围的选取，以断点为中点，带宽为半径，可以将断点左右两侧的样本分为对照组和处理组。断点回归方法分别对两侧样本进行局域核密度估计，然后对比计算样本接受处理后对结果变量的净影响，本质是对断点周围局部效应的一个估计。

Imbens and Kalyanaraman 提供的方法，并选取临近最优带宽的样本范围进行多次估计 (Imbens, G and Kalyanaraman, K,2009)。文中报告了选择不同带宽时所对应的不同局域估计值，其中 lwald 表示最优带宽对应的局域估计值，lwald50 表示最优带宽的一半所对应的局域估计值，lwald200 表示最优带宽的一倍所对应的局域估计值。

表 5-4 普惠金融与农村贫困人口的断点回归估计结果

农村贫困人口	(1)	(2)	(3)	(4)
	全国地区	东部地区	中部地区	西部地区
poor	-0.036	1.412	(1)	-0.043
	(-0.59)	(1.38)	m0	(-0.87)
lwald	-0.606*	-3.477**	-0.096	-0.352*
	(-1.70)	(-2.41)	(-0.93)	(-1.72)
poor50	-0.048	0.000	-0.357	-0.021
	(-0.48)	.	(-1.03)	(-0.32)
lwald50	-1.147**	0.000	-0.307***	-0.575**
	(-2.01)	.	(-2.95)	(-2.40)
poor200	-0.016	-0.326	-0.695	-0.052
	(-0.38)	(-1.60)	(-1.01)	(-1.43)
lwald200	0.285	-4.256***	0.027	0.378
	(1.25)	(-7.66)	(0.34)	(1.37)
r2_p				
N	4023	701	769	2553

表 5-4 中普惠金融的回归系数均为负值，表明普惠金融有助于农村地区贫困人口的下降。在全国地区的回归结果中，默认带宽下，1 单位普惠金融的增加可以显著带来 0.606 单位贫困人口的减少，在 0.5 倍带宽下可以显著引起 1.147 单位贫困人口的减少。东部地区的减贫效应更加明显，在默认带宽下，1 单位普惠金融的增加可以显著带来 3.477 单位贫困人口的减少，在 2 倍带宽下显著引起 4.256 单位贫困人口的减少。中部地区的回归结果在 0.5 倍带宽下的影响系数为 -0.307。西部地区的回归结果在默认带宽和 0.5 倍带宽下通过了显著性检验，影响系数分别为 -0.352 和 -0.575。4 个模型在其余带宽下的影响系数虽没有通过显著性检验，但影响方向均为负向影响。

表 5-5　普惠金融与农户恩格尔系数的断点回归估计结果

恩格尔系数	(1)全国地区	(2)东部地区	(3)中部地区	(4)西部地区
poor	0.018	-0.420*	0.027	-0.049
	(0.47)	(-1.72)	(0.34)	(-1.45)
lwald	-0.051*	0.026	-0.076*	-0.034
	(-1.71)	(0.18)	(-1.73)	(-1.28)
poor50	0.039	1.915	-0.096	-0.038
	(0.81)	(1.31)	(-0.93)	(-0.89)
lwald50	-0.038	-0.975	-0.045	-0.038
	(-1.07)	(-1.06)	(-0.69)	(-1.11)
poor200	-0.007	-0.050	0.032	-0.037
	(-0.24)	(-0.48)	(0.52)	(-1.60)
lwald200	-0.053**	-0.341**	-0.075**	-0.060**
	(-2.36)	(-2.01)	(-2.38)	(-1.96)
r2_p				
N	4023	701	769	2553

恩格尔系数越高，表示农户食物支出占生活消费支出的比重越高，农户的绝对贫困程度也就越高，因此恩格尔系数的下降表示农户贫困程度的减少。根据表 5-5 回归结果，发现不同模型的回归系数均为负，表明普惠金融有助于农户绝对贫困程度的减少。东、中、西部地区在 2 倍带宽下的回归系数均通过了 5% 的显著性检验，比较其系数，发现东部地区普惠金融的减贫效应最为明显，一单位普惠金融的增加可以引起 0.341 单位恩格尔系数的下降，西部地区和中部地区的影响系数相对较低，分别为 0.075 和 0.060。

综合比较表 5-4 和表 5-5，可以发现无论是全国地区，还是东、中、西部地区，普惠金融的普及均有助于降低农村地区的贫困人口数量与农户的恩格尔系数，认为普惠金融的发展有利于减缓农村地区的绝对贫困。

表 5-6　普惠金融与农村基尼系数的断点回归估计结果

农村基尼系数	(1)全国地区	(2)东部地区	(3)中部地区	(4)西部地区
poor	0.048	0.073	-0.041	0.102**
	(0.94)	(0.58)	(-0.43)	(2.16)
lwald	-0.031	-0.011	-0.037	-0.004
	(-1.44)	(-0.26)	(-1.19)	(-0.17)
poor50	0.167***	0.237	0.206**	0.150***

	(3.18)	(0.84)	(2.19)	(2.99)
lwald50	-0.025	0.003	-0.040	0.012
	(-0.81)	(0.04)	(-0.64)	(0.30)
poor200	0.038	0.127	0.042	0.107***
	(0.89)	(1.58)	(0.62)	(2.94)
lwald200	0.001	-0.356**	-0.044**	0.036*
	(0.08)	(-2.14)	(-2.01)	(1.92)
r2_p				
N	4023	701	769	2553

表 5-6 的估计结果表明，在 2 倍带宽下，一单位普惠金融的增加可以使东部地区的基尼系数显著下降 0.356 个单位，中部地区的基尼系数显著下降 0.044 个单位。然而对于西部地区，普惠金融却引起了基尼系数的略微上升，影响系数为 0.036，在 2 倍带宽下通过了 10% 的显著性检验。其余带宽下回归结果的影响方向也基本保持一致。全国范围内的影响系数没有通过显著性检验。

普惠金融降低了东部地区和中部地区的相对贫困，但是在西部地区，普惠金融却扩大了收入不平等。结合前文的理论分析，农村金融机构仅会选择有一定资金实力的农户作为发放惠农贷款的对象。而根据国家统计局贫困监测数据，我国西部地区的贫困相对严重，西部地区的贫困人口占到了全国贫困人口的 66%，在我国现有的 592 个国家级贫困县中，西部地区有 375 个县，占到了全国贫困县总量的 63.3%，而收入低的群体更容易受到金融抑制 (Kempson, E, Whyley, C and Foundation, J R,1999)。上述分析结果反映了这样一个事实，相对于东部和中部地区，西部地区农户的平均资金水平偏低，在初始资本水平不足与农村金融机构 "嫌贫爱富" 本性的双重约束下，惠农贷款仅仅惠及到了农村中相对富裕的农户，而贫穷农户并未能享有平等的金融权利，财富增长缓慢，农村金融市场存在的这种金融抑制现象进一步加剧了农村贫富两极分化，在文中表现为西部地区基尼系数的扩大。上述结论与表 5 中普惠金融对西部地区农户恩格尔系数下降的影响程度最低的结果相吻合。而对于经济相对较为发达的东、中部地区，农村金融抑制现象得到缓解，则缘于农户资本水平和收入水平的普遍提高，该区域内大量农户均可满足农村金融机构的门槛条件而获得惠农贷款，因而总体表现出了缩小收入不平等和减缓相对贫困的趋势。全国地区的估计结果受到东中部地区样本与西部地区样本不同方向的影响，没有得出通过显著性检验的有力结论。

表 5-7 普惠金融与农村 GDP 的断点回归估计结果

农村 GDP	(1) 全国地区	(2) 东部地区	(3) 中部地区	(4) 西部地区
poor	0.000	-0.573**	0.001	0.008
	(0.00)	(-2.10)	(0.02)	(0.46)
lwald	0.305	8.513***	-0.575	-0.558
	(1.00)	(7.31)	(-1.21)	(-1.60)
poor50	0.035	-0.147	0.033	0.022
	(1.26)	(-1.35)	(1.10)	(0.88)
lwald50	0.015	4.378***	-0.521	-0.876*
	(0.04)	(4.16)	(-0.86)	(-1.75)
poor200	-0.045**	-0.352**	0.010	-0.029
	(-2.27)	(-2.27)	(0.34)	(-1.63)
lwald200	0.290	6.736***	-0.411	-0.196
	(1.22)	(7.56)	(-1.04)	(-0.70)
r2_p				
N	4023	701	769	2553

根据表 5-7，普惠金融的发展显著促进了东部地区的农村经济增长，对中部地区农村经济增长的影响不显著，对西部地区农村经济增长有抑制作用。全国范围内的估计结果没有通过显著性检验。引起上述区域间回归结果不同的原因主要有以下两点：一是我国东、中、西部农村金融市场的完善程度不同。东部地区的农村金融效率总体要高于中、西部地区（丁志国，徐德财，赵晶，2012；黎翠梅，曹建珍，2012），东部地区的农村金融市场相对完善和发达，有着较高的资本配置效率，从而形成了金融发展与经济增长的良性循环；中部地区居中，普惠金融对经济增长的促进效用尚未显现，而对于西部地区，金融市场相对落后，农村金融发展过程中存在的一些资源配置效率低下问题、道德风险问题和寻租问题等尚未得到完全解决，表现为抑制了经济增长；二是我国中、西部农村地区表现出的金融抑制现象更为严重，金融

抑制现象在欠发达省份表现得更为明显（王小华，等，2014），西部地区的大多数农户具有较为强烈的信贷需求和愿望，但农户在正规信贷市场上普遍面临着信贷约束（徐璋勇，杨贺，2014），而大量证据表明，金融抑制与经济增长之间存在负相关关系 (Fry, M J,1993; Agarwala, R,1983)。

综上，普惠金融的发展可以显著减少我国农村地区的贫困人口数量，显著降低农户的恩格尔系数，对于绝对贫困的减缓成效显著；普惠金融的发展促进了东部地区和中部地区基尼系数的下降，但增加了西部地区的基尼系数，说明普惠金融在东部和中部地区可以使多数农户受益，有助于减缓相对贫困，而在西部地区普惠金融的受益者局限于较高收入农户，金融抑制问题仍然突出；普惠金融的发展促进了东部地区的经济增长，对中部地区经济增长无影响，而对西部地区的经济增长具有抑制作用，究其原因在于我国中、西部地区尚未形成普惠金融促进农村经济发展的良性市场环境。

（五）本章小结

利用全国 27 省份 517 个村庄的 4023 户农户微观调研数据，使用模糊断点回归方法，对农村普惠金融的贫困减缓效应和经济增长效应进行了实证检验。研究结论如下：农村普惠金融的发展在减缓贫困、促进经济增长方面存在着较为明显的区域差异性。农村普惠金融在东部地区的发展，不仅有助于降低绝对贫困和相对贫困水平，还有效的促进了经济增长；而在中部地区，农村普惠金融的发展虽然有利于降低绝对贫困水平和相对贫困水平，但对于经济增长的促进效用并不明显；在西部地区，农村普惠金融的发展虽有利于绝对贫困水平的下降，但却增加了相对贫困，并对经济增长存在一定的抑制作用。

以上结论验证了普惠金融是重要的扶贫脱贫工具，在精准扶贫过程中要持续发挥金融扶贫的引领作用和助推作用。同时，也从一定程度验证了逐利的金融资本"嫌贫爱富"的现象，在西部地区贫困更重，相对于东中部地区，西部有更多的贫穷农户由于缺乏抵押品而难以获得贷款，导致注重效率的金融资本在配给上更倾向于富裕农户，仅使部分富裕农户受益，结果使得普惠金融对富裕农户的增收效应要远大于对贫穷农户的扶贫效应，表现为西部地区农户相对贫困的增加，对农村经济增长的作用也将是十分有限和难以持续的，上述分析表明我国农村普惠金融的实施仍然存在着严重的目标偏离问题，尤其在西部地区。基于此，本章认为在金融扶贫过程中，普惠金融战略的实施及政策制定要充分考虑到我国区域经济发展的差异性，协调均衡普惠金融在农村地区的覆盖面。

第六章 支农贷款影响农户收入增长路径研究

（一）引言

我国政府始终高度重视农业、农村、农民问题。2015 年中央一号文件不仅延续了以往 11 个一号文件保证粮食安全、促进农民收入增长、推动农村改革的政策关注，而且在新常态背景下进一步明确提出了"农业要强，农民要富，农村要美"的发展目标，再次对农民增收问题给予了充分的关注。自戈德斯密斯（Goldsmith and Raymond, W,1969）以来，金融作为促进经济增长的至关重要的因素得到了广泛关注。多年来，我国政府为了提高农民收入并减少农村贫困，除了运用财政政策之外，日益重视通过农村金融领域改革如设立新的农村金融机构、增加支农贷款等金融手段，不断强化金融在农民增收中作用的发挥。支农贷款规模也因此而得到了迅速增长，截至 2014 年底，我国金融机构共发放农村贷款 19.44 万亿元，占全年 GDP 的 30.54%，而 1979 年我国支农贷款为 179.6 亿元，只占当年 GDP 的 4.4%，35 年间支农贷款总量增长了 1082 倍。考虑我国农村人均收入的变化，35 年间由 1979 年的 160.2 元上升到了 2014 年的 9892 元，仅增长了 61.75 倍，而同期我国人均 GDP 则增长了 122 倍。此外，从城乡人均收入变化情况看，城乡收入差距由上个世纪八十年代初的 1.8 ∶ 1 不断扩大到 2009 年的 3.33 ∶ 1，再到 2014 年的 3.02 ∶ 1。相比之下，农村居民收入并没有出现同快速增长的中国经济、农村金融以及城市居民收入相协调的景象。

农村金融固然在增加农民收入、促进农村经济增长和农业发展方面发挥了重要作用，但我们更为关注的问题是：快速增长的支农贷款是否一定有利于农户收入的增加？农户信贷对其收入影响的内在传导机制是什么？不同收入层次的农户获得贷款后对其收入的影响是否一致？显然，对上述问题的回答需要将农户按照收入层次进行划分，以解释其内部差异的原因。为此，本章利用西北大学中国西部经济发展研究中心 2012 年面向全国农村的调研数据展开分析，并运用分位数回归方法分层次研究农户信贷作用于其收入的内在传导机制，这对于我国科学评估支农贷款绩效、制定农村金融政策、缩小城乡贫富差距、改善农村社会福利重要意义。

（二）文献述评

农民收入增长问题一直都是学者们最为关注的焦点之一。对于农村金融与农户收入关系的研究，国内外学者进行了有益探讨并主要形成了三种观点，可以概括为农村金融发展对农户收入增长的有利论、不利论和动态影响论。

持有利论观点的学者认为农村金融有助于农户收入增加，并主要体现在以下几方面：（1）促进农村经济增长。Greenwood 和 Jovanovic（1990）认为，金融发展可以提高资本配置效率，进而促进经济增长，而经济增长会通过改善金融结构来促进金融发展，金融发展与经济增长互相促进，最终帮助穷人实现增长。Aghion 和 Bolton（1997）认为穷人因无法承受高利率而受到金融排斥，但如果利率降低，供给增加，就会使穷人也可以享受金融服务，最终缩小贫富差距。Jeanneney 和 Kpodar（2005）利用发展中国家 1966—2000 年的面板数据验证了金融发展可以通过促进经济增长和麦金农管道效应两方面来帮助穷人脱贫。巴曙松和栾雪剑（2009）提出通过小额信贷资产证券化来解决贫困地区农户贷款难的问题，以促进贫困地区的经济发展。（2）减少不平等。Clark 等（2006）利用 83 个国家 1960–1995 年的面板数据实证分析了基尼系数与金融发展间的关系，结果表明金融发展在促进经济增长的同时，还可以减少不平等。Demirguc-Kunt 等（2009）指出金融发展提高了机会的均等性，并降低了收入的不平等。Majeed（2013）的研究同样证明金融发展可以引致收入不平等的降低，但二者关系呈倒"U"型规律。（3）降低贫困。Burgess 和 Panda（2003）运用 1977—1990 年间印度穷人的相关数据进行分析，发现农村金融机构数量的增加有助于农村贫困率的降低。Khandker 和 Shahidur（2005）的实证研究表明微型金融不仅能帮助穷人重新分配收入，促进国家经济增长，而且对项目参与者的贫困缓解有持续影响。张立军和湛泳（2006）的分析表明小额信贷具有显著的增加农民收入和降低贫困的效应。Awojobi 和 Bein（2011）通过尼日利亚相关数据的研究表明，制约农户生活水平提高的主要因素是资金，因此增加微信金融供给尤其是增加储蓄和小额信贷服务对于穷人贫困的降低有直接的影响。Imai 等（2012）的研究发现一国微型金融机构的小额信贷总量占总资产比例越高，该国的贫困发生率越低。Sunia（2013）通过对小额信贷机构及其部分客户进行问卷调研和访谈获取数据，研究发现小额信贷计划有助于客户提高生活水平，并通过提供金融支持而使其扩大生产经营，小额信贷是使家庭经济快速复苏的关键策略，并且可以显著降低贫困。Gazi 等（2014）的研究发现金融发展、经济增长和贫困减缓三者之间存在长期协整关系。

持不利论观点的学者认为，农村金融发展或小额信贷不利于农户收入增加。如 Galor 和 Zeira（1993）的分析指出，在不完美信贷市场上，初始财富分配对投资资本的分配起着决定性作用，穷人无缘获得信贷资本，富人会因较多的投资而使得产出增加 (Galor and Zeira,1993)。Rajan 和 Zingales（2003）认为不完善的金融体系不利于贫困减缓，仅仅使富裕阶层获益 (Rajan, R and Zingales, L,2003)。Arestis 和 Cancer（2004）的分析表明发展中国家的贫困人群由于无法有效使用资金而导致收入无法提高 (Arestis, P and Cancer, A,2004)。温涛等（2005）的研究表明中国金融发展中长期存在功能性和结构性的失衡，而且金融中介效率低下，严重阻碍了金融发展对农民的增收作用，实证结果显示金融发展显著不利于农民收入的增加 (温涛，冉光和，熊德平,2005)。李庆海等（2012）采用面板数据估计农户信贷配给对其家庭净收入的影响，研究发现信贷配给使农户家庭净收入减少了 18.5%(李庆海，李锐，汪三贵 ,2012)。

　　持动态影响论观点的学者认为，金融发展对农户收入的影响不是绝对的有利或不利，而是动态变化的。师荣蓉等（2013）对我西部 12 省 (市、自治区) 面板数据的实证检验结果表明，金融发展对贫困减缓呈现出明显的门槛效应，对应于人均收入的低水平、中等水平和高水平三个阶段，金融发展对收入增加的影响相应呈现出负向影响、正向影响和无影响三个阶段性特征 (师荣蓉，徐璋勇，赵彦嘉 ,2013)。Rewilak（2013）分析了金融发展与穷人收入间的关系，结论显示金融发展的减贫增收效应只是在一些地区有效，而在其它地区无效 (Rewilak, J,2013)。王小华等（2014）运用中国 2037 个县的截面数据，研究县域农村面临的金融抑制与农户收入不平等问题，研究发现：农户收入越低，所受的金融抑制程度越大，收入水平越难得到提高；农户收入越高，外源融资能力越强，收入增长就越容易良性循环 (王小华，温涛，王定祥 ,2014)。

　　上述学者的研究主要有以下特点：一是将支农贷款与农户收入增长的关系隐含在农村金融发展与经济增长的宏观层面的研究之中 , 二者关系自然而然的被农村金融发展与经济增长的关系所替代，农村金融发展被假定为农民收入增长的重要前提和条件 , 并广泛应用于增加农民收入的政策研究中 (温涛，冉光和，熊德平 ,2005)；二是虽有部分文献研究农村金融或支农贷款对农户收入的微观影响机制，但是仍将农户作为整体进行研究，而关注不同收入层次农户在获得信贷后其收入的变化具有更为重要的意义。三是以上研究并没有得出一致的结论，原因可能与样本的选择有关，也可能是因为支农贷款对不同收入农户的影响机制不同，而这正是本章研究的重点。与上述文献相比，本章从以下三个方面作了补充和完善：一是利用微观调研数据直观考察支农贷款对农户收入的影响，对一些主要利用宏观数据进行分析的已有研究而言是一个有效补充；二是选择分位数回归方法将农户按照收入层次进行分组，比较支农贷款对各组农户的收入影响，并运用倾向得分匹配（PSM）方法进行了稳健性检验，重视这种差别效应更有利于发现支农贷款对收入影响的机制与路径，同时有利于金融政策作用在农民增收过程中的有效发挥；三是运用微观调研数据，将农户收入进一步分为农作物收入、牧渔林业收入、经营性收入以及工资性、财产性和转移性收入，分别研究支农贷款对各项收入的影响，还将支农贷款对农户生产性支出（购买生产性资料支出、购置农机支出、技术培训支出、经营性支出等）和生活消费支出（食品支出、建房支出、子女教育支出、婚丧嫁娶支出等）的影响进行了分析，以全面考察支农贷款的收入传导机制。

（三）理论分析

为讨论支农贷款对农民收入影响的内在作用机制，我们借鉴 Aghion 和 Howitt（2009）的研究模型，并稍作改变。首先假定农村经济中存在 N 个农民，在 t 时期初，个体 i 拥有 e_i 单位的资本，农村经济中的总资本存量可以表示为

$$K_t = \sum_{i=1}^{N} e_i \tag{6.1}$$

同时，农户在农村金融市场上进行融资以增加自身的资本存量，从而扩大再生产规模，达到提高收入的目的。假设农户通过农村金融机构获得支农贷款 k_i，相应的需要对 k_i 支付 $r\,k_i$ 的贷款利息，$k_i \geq 0$。此外，不同的农户具有异质性，每一农户的生产率水平存在较大差异，即使获得同样的生产资本，由于生产率的差异也会导致最终的产出不同，生产能力强的农户由于使用了更多的生产资本，其收入就可以得到不断提高，而生产能力差的农户则刚好相反。用 λ_i 表示个体农民的生产率，其大小因农民而异，如果按照每个农户的生产率大小由高到低排序，则有：

$$\lambda_1 > \lambda_2 > \lambda_3 > \ldots > \lambda_i > \ldots > \lambda_N \tag{6.2}$$

用 λ_i 表示农户个体的收益，在农户选择借入资本 k_i 后，则有：

$$\pi_i = \lambda_i(k_i + e_i) - rk_i = (\lambda_i - r)k_i + \lambda_i\,e_i \tag{6.3}$$

由（6.3）式可得，当 $\lambda_i < r$ 时，$(\lambda_i - r)\,k_i < 0$，农户获得贷款后反而使

得总收益降低，表现为收入的下降；当$\lambda_i > r$时，获贷农户的收益率才会增加，收入增加。因此通过上述简单的理论模型可以初步认为，支农贷款可否提高农户的收入取决于农户自身的生产率水平，当其生产率水平高于贷款利率时，农户的收益是关于资本的雇佣量严格递增的；当生产率水平低于贷款利率时，农户的收益随着资本雇佣量的增加而严格递减，当生产率水平等于贷款利率时，雇佣资本对农户的收入增加没有影响。

（四）研究方法与数据说明

1. 研究方法

本章的基本模型假定如下：

$$y_i = \alpha + \beta loan_i + \gamma X_i + \mu_i \tag{6.4}$$

在方程（6.1）中，因变量表示第 i 个农户的各项收入水平；自变量$loan_i$是哑变量，等于 1 表示农户通过借贷进行生产，具体指农户进行正规借贷或民间借贷，0 表示没有进行借贷；X 是控制变量，主要包括家庭特征变量和地区控制变量；随机扰动项$\mu \sim N（0，\sigma^2$。

为全面考察支农信贷对不同收入分布区间农户的不同影响，本章采用了分位数回归方法，假设条件分布 y｜x 的总体 q 分位数$y_q（x）$是 x 的线性函数，即

$$y_q(x_i) = x_i'\beta_q \tag{6.5}$$

其中，β_q为 q 分位数的回归系数，其估计量$\hat{\beta}_q$可由以下最小化问题来定义：

$$\min_{\beta_q} \sum_{i:y_i \geq x_i'\beta_q}^{n} q|y_i - x_i'\beta_q| + \sum_{i:y_i < x_i'\beta_q}^{n} (1-q)|y_i - x_i'\beta_q| \tag{6.6}$$

2. 数据说明与统计描述

本章研究所用数据由西北大学中国西部经济发展研究中心调研而来，调研时间为 2012 年，采用调查员入户访谈的形式完成问卷，依据文章研究内容，数据处理中剔除了无效样本，共筛选出有效样本 2126 户，有效样本的省域分布情况见表 6-1。

表 6-1 有效调研样本数量的省域分布

省（市、区）	河北	江苏	浙江	福建	山东	广东	海南	辽宁	吉林
样本数（户）	85	14	5	35	77	15	28	10	22
占总户数比（%）	4%	0.66%	0.24%	1.65%	3.62%	0.71%	1.32%	0.47%	1.03%
省（市、区）	黑龙江	山西	安徽	江西	河南	湖北	湖南	内蒙古	广西
样本数（户）	14	145	65	25	81	5	109	24	32
占总户数比（%）	0.66%	6.82%	3.06%	1.18%	3.81%	0.24%	5.13%	1.13%	1.51%
省（市、区）	重庆	四川	贵州	云南	甘肃	青海	宁夏	陕西	合计
样本数（户）	26	72	11	138	67	22	11	888	2126
占总户数比（%）	1.22%	3.39%	0.52%	6.49%	3.15%	1.03%	0.52%	46.47%	100%

因变量支农贷款和民间借贷对于农户当期收入的影响可能存在一定的滞后效应，但由于问卷设计的合理性使我们不需要在模型中体现这一滞后影响，因为只要农户曾有过银行或信用社贷款和民间借款就会被统计，因此农户的收入水平本身已经包含了借贷所形成的影响。

在控制变量的选取上，本章结合既有经验研究，从以下三个方面进行综合考虑：一是农户基本特征变量如性别、年龄、受教育程度和政治关系资本，这是因为农户的基本条件决定着家庭的经营行为和资源获取能力；二是农户家庭情况，具体包括家庭规模、家庭劳动力、家庭子女人数、家庭在校大学生人数及家庭住房条件，家庭基本情况可以反映家庭收入和支出情况；三是地区控制变量，有反映地区经济发展水平差异的地区人均 GDP，以及反映金融资产可得性的每村拥有营业网点数和每万人拥有营业网点数。利用 stata11 对以上变量进行了 10% 置信水平设定下的逐步回归，去掉模型回归中的不显著控制变量，最终确定的控制变量有：农户政治关系资本、家庭劳动力人数、家庭在校大学生人数、家庭住房条件和地区人均 GDP。所选变量的描述性统计见表 6-2。

表 6-2 变量定义及描述性统计

变量名称	描述与衡量	N	均值	标准差	最小值	最大值
总收入	家庭全年收入水平（万元）	2126	3.30	3.45	0.05	52.06
农作物收入	家庭全年粮食作物收入和经济作物收入之和（万元）	2126	0.73	1.35	0	26
牧渔林业收入	家庭全年牧渔林业收入之和（万元）	2126	0.15	0.72	0	17
经营性收入	家庭全年生意性收入（万元）	2126	1.99	2.67	0	30
工资性、财产性及转移性收入	家庭全年工资收入、财产收入和转移收入之和（万元）	2126	0.33	1.08	0	15
生产性支出	家庭全年购置生产性资料、农机、培训费用、生意性支出等（万元）	2126	0.10	0.61	0	17
生活性支出	家庭全年的食品、通讯、建房、医疗、子女教育、红白喜事等各项支出（万元）	2126	2.21	3.70	0	55.7
支农贷款 credit	1 表示获得；0 表示未获得	2126	0.39	0.49	0	1
民间借贷 borrow	1 表示有；0 表示无	2126	0.50	0.50	0	1
家庭政治关系资本 guanxi	2 表示家庭成员中既有党员又有村干部；1 表示有党员或村干部，0 表示既无党员也无村干部	2126	0.30	0.55	0	2
劳动力 labor	家庭劳动力人数（人）	2126	3.07	1.32	0	10
在校大学生 gradu	家庭在校大学生人数（人）	2126	0.20	0.40	0	1
住房 house	0 表示土木房；1 表示砖瓦房；2 表示楼房	2126	1.09	0.70	0	2
地区人均 pgdp（万元）	家庭所在地区人均 GDP	2126	0.57	0.12	0.39	1.31

（五）实证过程及结果分析

1. 农户信贷与家庭总收入

表 6-3 给出了农户信贷对家庭总收入影响的分位数估计结果。在分位数的选取上，一方面考虑收入高的农户可能获得支农贷款的概率相对较高，收

入较低的农户获贷概率相对较低，因此获得贷款的农户在样本中的分布可能更多的位于中位数以上；另一方面根据初步回归结果，发现四分之三分位以下的回归结果系数一直为负数，因此对四分之三分位以上的点进行了比较详细的划分，以观察系数变化的转折点。综上，最终选取了 6 个分位点，分别是 0.10、0.50、0.75、0.80、0.85 和 0.90，分别对应最低收入组、中等收入组、中高收入组、较高收入组、高收入组和最高收入组，在余下的分析中也均采用此法划分。

首先，对关注变量进行分析。观察第一行农户信贷 credit 的系数，发现0.75 以下分位点的回归系数均为负数，且在 1% 的置信水平下显著，说明样本中最低收入组、中等收入组和中高收入组的农户在获得支农信贷后，其收入水平不但没有增加，反而有所下降。0.80 和 0.85 分位点的回归显示，支农贷款对样本中较高收入组和高收入组农户的收入仍为负向影响，但没有通过显著性检验。在 0.90 分位点的估计中，农户信贷 credit 的估计系数为0.288，在 10% 的水平上显著，说明对于最高收入组农户来说，其支农信贷每增加 1%，会引起总收入增加 28.8%。可以发现前文的理论分析在回归结果中得到了很好验证，对于样本中中高收入组以下的农户，由于其生产率水平低于贷款利率，因而获得借贷后导致了总收入水平的下降；对于较高收入组和高收入组的农户，其生产率水平和贷款利率不相上下，因而借贷与否、借贷多少对其收入水平并没有显著影响；而对于最高收入组的农户，其生产率水平高于贷款利率，获得贷款后由于经营资本的扩大使得纯利润增加，最终总收入水平得到提高。

接下来，对控制变量进行分析。（1）人均 GDP 在不同分位点的回归中系数均为正，并且通过了 1% 的显著性检验，说明地区经济水平对当地居民的收入水平影响显著。另外，其回归系数随着分位点的上升而呈现出递增的趋势，从最低收入组农户的 0.740 逐渐上升到最高收入组农户的 6.426，说明在一个经济水平良性增长的区域中，收入水平越高的农户就越容易达到更高的收入水平。（2）住房条件对不同收入水平农户的收入影响均显著为正，影响系数同样逐步增大，从最低收入组农户的 0.280 逐渐上升到最高收入组农户的 1.469，在问卷的设计中住房条件分为土木房、砖瓦房和楼房（2 层以上），住房条件越好，农户收入水平越高，对此的解释是，住房作为农户的自有资产，也是农户收入的一部分，因而住房条件与农户总收入呈显著正相关关系。（3）家庭劳动力人数的回归系数均为正，即家庭劳动力人数越多，农户家庭总收入就越高。（4）政治关系资本对不同收入水平农户的收入影响除最低收入组农户外均显著为正，原因是一方面乡村干部或者党员往往是当地能力较强的人，另一方面由于其特殊身份因而拥有更多的提高收入的机会。（5）家庭大学生人数对不同收入组家庭总收入的影响均为负，虽然中高收入组和较高收入组的回归系数不显著，但仍为负向关系，说明家庭由于需要支付子女大学期间的学费和生活费而使得总收入受到影响。

表 6-3 支农信贷对农户家庭总收入影响的分位数回归结果

	(1)	(2)	(3)	(4)	(5)	(6)
	qr10	qr50	qr75	qr80	qr85	qr90
credit	-0.198***	-0.355***	-0.437***	-0.332	-0.014	0.288*
	(-3.09)	(-3.18)	(-2.94)	(-1.48)	(-0.06)	(1.95)
pgdp	0.740***	1.810***	2.624***	2.899***	3.883***	6.426***
	(2.74)	(3.95)	(4.24)	(3.15)	(4.16)	(4.33)
house	0.280***	0.700***	1.065***	1.132***	1.232***	1.469***
	(6.46)	(9.09)	(9.89)	(7.04)	(7.47)	(5.51)
labor	0.045*	0.200***	0.322***	0.411***	0.522***	0.676***
	(1.80)	(4.93)	(6.03)	(5.09)	(6.33)	(5.43)
guanxi	0.011	0.400***	0.599***	0.672***	0.730***	0.676**
	(0.20)	(4.13)	(4.62)	(3.48)	(3.75)	(2.27)
gradu	-0.219***	-0.345**	-0.196	-0.414	-0.522*	-0.820*
	(-2.84)	(-2.53)	(-1.07)	(-1.51)	(-1.92)	(-1.95)
_cons	0.079	0.190	0.505	0.469	0.017	-1.195
	(0.40)	(0.60)	(1.17)	(0.73)	(0.03)	(-1.16)
r2_p	0.073	0.062	0.065	0.065	0.069	0.084
N	2126.000	2126.000	2126.000	2126.000	2126.000	2126.000

注：*、** 和 *** 分别表示在 10%、5% 和 1% 的置信水平上显著，括号内为 t 检验值。

为进一步验证支农贷款对农户家庭总收入影响的准确性，文章对农户通过民间借贷渠道获得资金后，对其家庭总收入的影响进行了回归估计，以做比较。估计结果见表6-4。

回归结果表明，农户通过非正规渠道获得民间贷款后，不同收入组农户的家庭总收入水平均显著下降，即使对于最高收入组农户其估计系数也为负数，且在1%的水平上显著。原因是农户需要对民间借贷支付高于支农贷款的利率水平，而此利率要高于所有农户的生产率水平，因而不同收入组农户在进行民间借贷后，虽可缓解其当下的资金周转困难，但是不利于其收入水平的可持续增加。对控制变量的回归结果同表6-3。

表6-4 农户非正规渠道贷款对家庭总收入影响的分位数回归结果

	(1)	(2)	(3)	(4)	(5)	(6)
	qr10	qr50	qr75	qr80	qr85	qr90
loan	-0.255***	-0.751***	-1.278***	-1.151***	-1.231***	-1.453***
	(-4.00)	(-7.21)	(-7.13)	(-6.93)	(-5.80)	(-4.08)
pgdp	0.653**	1.421***	1.781**	2.731***	2.895***	4.050**
	(2.50)	(3.25)	(2.35)	(3.91)	(3.17)	(2.51)
house	0.282***	0.727***	0.996***	1.044***	1.223***	1.374***
	(6.44)	(9.88)	(7.55)	(8.36)	(7.56)	(4.88)
labor	0.043*	0.198***	0.332***	0.356***	0.615***	0.726***
	(1.72)	(5.10)	(4.94)	(5.73)	(7.47)	(5.09)
guanxi	0.084	0.291***	0.580***	0.719***	0.838***	0.824**
	(1.52)	(3.12)	(3.60)	(4.79)	(4.36)	(2.54)
gradu	-0.252***	-0.312**	-0.332	-0.369*	-0.633**	-0.600
	(-3.26)	(-2.39)	(-1.45)	(-1.75)	(-2.34)	(-1.33)
_cons	0.177	0.716**	1.448***	1.171**	0.868	0.764
	(0.91)	(2.35)	(2.73)	(2.39)	(1.35)	(0.68)
r2_p	0.309	0.071	0.084	0.083	0.084	0.098
N	2126.000	2126.000	2126.000	2126.000	2126.000	2126.000

注：*、** 和 *** 分别表示在10%、5%和1%的置信水平上显著，括号内为t检验值。

综合以上分析，支农贷款并非能够提高所有农户的收入水平，而是取决于农户自身的生产率水平。但上述结论并非意味着发放支农贷款的力度可以减缓，因为资本短缺是制约我国部分农村地区消除贫困的重要因素，同时也是我国农村经济发展和减贫战略得以实施的关键，农户在扩大再生产过程中有着强烈的融资需求，如果不能获得正规借贷将会转向非正规渠道进行民间借贷，而由于民间借贷需要支付更高的利率水平而更加不利于农户收入水平的提高。内因才是根本，如果能够致力于农户生产率水平的持续提高，同时辅之以支农贷款，对贷款用途加以严格监管，将是使农户收入水平得以可持续不断提升的重要途径之一。

2. 支农贷款对农户不同收入渠道的影响机制与路径

综合考虑农户收入来源渠道和文章分析重点，将农户总收入分解为农作物收入、牧渔林业收入、工商业收入和工资性、财产性及转移性收入四项，然后运用分位数回归方法，分别估计支农贷款对农户各项收入水平的影响，回归结果见表6-4，为节省篇幅，此处省去了对各次回归中控制变量的报告，所选取的控制变量与上文相同。

根据表6-5，首先，支农信贷没有显著带来农作物收入的增加。根据前文的理论模型，当生产率水平等于贷款利率时，雇佣资本对农户的收入增加是没有影响的。所以增加农户在农作物方面的收入，应将重点放在提高农户的生产率水平上，一方面要不断降低农作物种植成本，对农资市场加以严格监管和监控；另一方面要持续辅之以耕地补贴制度。其次，在牧渔林业收入的估计结果中，发现支农贷款对中高收入组、较高收入组和高收入组农户该项收入的影响显著为正，分别在1%、1%和5%的置信水平下显著。牧渔林业为劳动密集型产业，无须太多的技术含量，同时又需要一定的前期资本投入，因而对于样本中的中高收入组、较高收入组和高收入组农户来讲，将支农贷款投资于牧渔林业是一项很好的选择，进行牧渔林业方面的生产给其带来的收益会超过支农贷款借贷成本，最终提高其收入水平。对于最低低收入组和中等收入组农户，该项回归系数为0，说明这两组农户即使获得了支农信贷，也没有将其用于牧渔林业方面的生产。支农信贷对于最高收入组农户的牧渔林业收入影响为正，但是不显著。再次，在商业性收入的回归估计中，最低收入组农户的回归系数为0，说明该组农户没有进行这方面的投资。而对于中等收入组、中高收入组、较高收入组和高收入组农户的回归系数显著为负，并且均可以通过 5% 以上的显著性检验，说明以上农户将支农贷款用于商业性投资后，不仅没有收回投资成本，反而是经营亏损，而且此项回归系数的绝对值要明显大于相应牧渔林业收入的回归系数，因此对于以上农户，其支农贷款并未能发挥其应有的投资效应，反而因经营不善导致收入水平下降。对于此部分农户，我们更应着力提高其经营管理能力或生产率水平。对于最高收入组农户，其系数为正，而且在 1% 的置信水平上显著，经营性投入是最高收入组农户支农信贷的主要用途，而且获得了一定收益。最后，对于工资性、财产性及转移性收入的回归估计中，各组农户的估计系数均不显著，比较符合实际情况。

表 6-5 支农贷款对农户不同收入渠道影响的分位数回归结果

		(1)	(2)	(3)	(4)	(5)	(6)
		qr10	qr50	qr75	qr80	qr85	qr90
农作物收入	credit	0	0.007	0.025	0.038	-0.06	0.022
		0	(-0.22)	(-0.38)	(-0.51)	(-0.45)	(-0.13)
牧渔林业收入	credit	0	0	0.040***	0.079***	0.079**	0.067
		0	0	(-13253539.96)	(-8.71)	(-2.28)	(-1.03)
经营性收入	credit	0	-0.411***	-0.331**	-0.465***	-0.392**	0.037***
		0	(-4.99)	(-2.53)	(-2.96)	(-2.05)	(3.66)
工资性、财产性及转移性收入	credit	0	0	0.011	0.008	-0.046	-0.06
		0	0	(-0.77)	(-0.2)	(-0.78)	(-0.51)

注：*、** 和 *** 分别表示在 10%、5% 和 1% 的置信水平上显著，括号内为 t 检验值。

综上，获得支农贷款后，最高收入组农户的经营性收入得到了显著增加，最终表现为总收入的增加；中高收入组、较高收入组和高收入组农户的牧渔林业收入虽然有所提高，但是经营性收入下降过多，最终总收入水平表现为下降；中等收入组的经营性收入显著下降，最终表现为总收入水平的下降；而最低收入组农户的各项收入均没有发生显著变化，因其要支付借贷利息或用于生活类刚性支出而导致总收入的下降。

3. 支农贷款对农户不同支出渠道的影响机制与路径

为进一步验证上述分析结论，运用分位数回归方法，将支农信贷分别同农户的生产性支出和生活性支出作了回归估计。农户生产性支出包括购置种子、苗木、化肥、农药等生产性资料、购买农业机械支出、技术培训支出以及经营性支出，生活性支出包括食品支出、交通通讯及上网支出、建房支出、医疗保健支出、子女教育支出、红白喜事支出及文化娱乐支出。根据表6-6，对于农户的生产性支出，支农信贷对最低收入组和中等收入组的生产性支出没有影响，中高收入组、较高收入组、高收入组和最高收入组农户的回归系数虽然不是全部显著，但均为正数，说明支农信贷对以上农户组的生产性支出影响为正；对于农户的生活性支出，最低收入组农户的估计系数在10%的置信水平上显著为正，说明低收入组的农户获得支农信贷后只是增加了其生活性支出，而没有用于扩大再生产，其余农户组的回归系数均不显著。

表 6-6 支农贷款对农户不同支出渠道影响的分位数回归结果

		(1)	(2)	(3)	(4)	(5)	(6)
		qr10	qr50	qr75	qr80	qr85	qr90
生产性支出	credit	0	0	0.038	0.083***	0.100***	0.08
		0	0	(-1.01)	(-7.42)	(-8.87)	(-1.62)
生活性支出	credit	0.045*	-0.021	0.081	0.124		-0.099
		(-1.8)	(-0.29)	(-0.75)	(-0.96)		(-0.30)

注：*、** 和 *** 分别表示在10%、5%和1%的置信水平上显著，括号内为 t 检验值；表中控制变量的选取与前文一致，为节省篇幅没有报告。

综上分析，在本章选取的样本农户中，支农贷款对最高收入组农户总收入的影响为正，原因是最高收入组农户将贷款用于生产性支出，实现了经营性收入的增加。支农贷款对余下农户的总收入影响为负，但是作用机制有所不同：最低收入组农户仅将支农贷款用于生活性支出，因其无法创造收益同时又面临借贷成本而使得总收入水平下降；中等收入组、中高收入组、较高收入组和高收入组农户将支农贷款用于生产性经营，但由于其生产率低下，无法创造高于借贷成本的利润而使得总收入水平下降，另外，虽然中高收入组、较高收入组和高收入组的支农信贷可以带来牧渔林业收入的增加，但是仍无法抵消经营性收入的下降。只有最高收入组农户通过生产性经营而使得总收入水平得到提高。

由于样本选取的特殊性，文章无法确保各组农户所对应的收入水平可以适用于全国所有农户，因此无法按照具体收入水平来划分，为便于讨论和进行一般化扩展，下文将最低收入组农户称为低收入农户，最高收入组农户称为高收入农户，余下分组农户称为中等收入农户。

（六）稳健性检验

本部分采用倾向得分匹配（Propensity Score Matching, PSM）方法进一步检验支农贷款对农户总收入的影响方向，该方法是一种近似自然实验的方法，可以有效克服样本选择偏误带来的误差和内生性问题。其基本思想在于，观察样本后，将获得贷款的个体划分为处理组（Treated），将未获得贷款的个体划分为对照组（control），然后将两组样本按照匹配原则进行逐一匹配，使得两组样本特征尽可能相近，这样对照组可以模拟处理组的反事实状态（未获得贷款），进而比较个体在获得贷款和未获得贷款这两种对立情形下的收入差异。

图 6-1 中的（a）和（b）分别呈现了处理组和控制组的 PS 值在匹配前

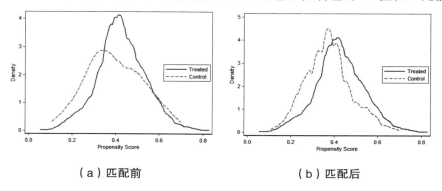

（a）匹配前　　　　　　　　　（b）匹配后

图 6-1 最近邻匹配前后"处理组"和"控制组"的核密度函数

后的概率分布，可以发现处理组和控制组的特征分布存在明显差异，而进行匹配后二者特征分布较为接近，因此可以认为匹配后处理组和控制组农户的收入差异是由支农贷款引起。

首先根据上文分位数回归中的 0.9 分为点，按照总收入将农户划分为两组，分别对应高收入农户和其余农户，采用最近邻匹配方法进行计算，结果见表 7。

表 6-7 最近邻匹配计算结果

Variable	Sample	Treated	Controls	Difference	T-stat
高收入农户	unmatched	11.23	9.68	1.56	0.64
	ATT	11.23	8.59	2.65	2.37**
其余农户	unmatched	2.06	2.55	-0.49	-7.42***
	ATT	2.06	2.63	-0.57	-3.32***

注：** 和 *** 分别表示在 5% 和 1% 的置信水平上显著。

根据表 6-7，最近邻匹配计算出的平均处理效应 ATT 可以通过 5% 以上的显著性检验。所得出的结论与上文一致。对于高收入组农户，匹配后处理组和对照组的收入差异为 2.65，比匹配前收入增加了 69.87%，计算方法如下：（2.65-1.56）/1.56，说明支农贷款引起了高收入农户总收入的增加；对于其余农户，匹配后收入降低了 16.33%，即支农贷款引起其总收入水平的下降。

（七）研究结论

本章利用我国东、中、西部农村地区共计 2126 户农户的微观调研数据，研究了支农贷款对农户收入的影响机制。研究发现：第一，支农贷款对于低收入农户会引起其总收入水平的下降，其原因在于低收入农户用于生活性消费支出较大，而这些支出对于其具有刚性特征，如食物支出、子女教育支出、医疗支出、婚丧嫁娶支出等。对其发放的贷款更多的被用于弥补刚性生活性支出缺口，而没有用于扩大再生产，加之贷款要支付利息，这也冲抵了现有的收入水平。即使对其增加贷款，也仅使其刚性的消费支出水平提高，这就使得对贫困农户的支农贷款不会增加其收入，反而会降低其收入水平；第二，支农贷款会引起中等收入农户总收入水平的下降。中等收入农户虽然将支农贷款用于扩大再生产如经营性生产和牧渔林业生产，但由于生产率水平低下因而所创造的收益并未能涵盖其经营成本及资金使用成本，如果经营不善反易招致更大的亏损。农户的牧渔林业收入虽然有所提高，但是经营性收入下降过多，最终总收入水平表现为下降；第三，支农贷款对于高收入农户的收入提高具有积极的正向作用，高收入农户有着较高的生产率水平，且获得支农贷款后主要用于扩大再生产，支农贷款成为其推动经营性收入增长的显著资源要素，最终使得总收入水平得到提高。

目前理论界形成的共识是，金融抑制是制约我国"三农"经济发展的重要因素，并有许多学者致力于如何消除金融抑制问题的研究，指出农村金融抑制是农村居民收入内部不平等的原因（王小华等，2014；杨军，高鸿斋，2015）(杜金向，董乃全,2013; 杨军，高鸿斋,2015)，而本章的研究结论则提示我们，农户收入的内部不平等问题却不一定由金融抑制所致，如何提高农户自身素质，为农户创造较好的经营环境，提高农户的生产率水平同样至关重要。

第七章　资产抵押贷款与财政扶贫拨款的增收效应对比分析

（一）引言

资金投入在农民增收和农村经济发展中的重要角色毋庸置疑，无论是刘易斯提出的二元经济理论还是舒尔茨倡导的农村发展理论中，都将资金投入作为经济发展的关键要素（王睿,蒲勇健,胡东,2009)。在精准扶贫背景下，一方面我国政府通过财政转移增加农户的自有可支配资本总量，另一方面通过推进农村地区普惠金融向有需求的农户注入信贷资本，帮助其实现收入增长。扶贫拨款增加了农户的自有资本，扶贫贷款增加了农户的信贷资本，自有资本与信贷资本一起构成了农户的金融资本，有关金融资本的这一分类方法同程名望（2015）研究中采用的分类方法相一致（程名望,史清华,Yanhong, Jin，等,2015)。

在支农扶农的过程中，一个已有的定论是，农户缺乏金融资本，尤其是贫困农户。而与此相伴随的是我国农村地区偏高的储蓄率水平，不仅高于城镇居民，而且与预期收入增长显著负相关(Kraay,A,2000)。本节的疑问是：农户的金融资本是否得到了有效利用？关于金融资本对农户收入的影响，已有研究更多的将视角集中于信贷资本的作用上。其实大部分农户缺乏投资途径、有钱存银行的保守消费习惯同样不容忽视，例如获得扶贫资金后，是否得到了长效利用？

在农村地区拔穷根、缩小贫富差距、实现共同富裕是一个长期的过程，期间重要的是实现从观念上脱贫致富，授之以渔而非授之以鱼，使农户尤其是贫穷农户掌握增收的途径与方法，逐渐改变攒钱的传统观念，有效将自有资本与信贷资本相结合，找到好的投资渠道，才能实现收入的可持续增长。

本节的研究将全面考察农户自有资本与信贷资本在农户增收中作用的发挥，分析不同收入层次农户的金融资本回报率如何，以及区域差异如何。分析结果将有助于厘清不同收入层次农户、不同区域农户对自有资本与信贷资本的利用效率，为实现精准扶贫、增加农户收入、提高金融扶贫政策有效性提供一些思路。本节形成的主要观点是，自有资本与信贷资本对收入增长的作用机理并不相同，盘活中低收入农户的储蓄资本，创造良好投资途径，同时推进农村精准扶贫，将是提高穷人收入、缩小贫富差距的有效手段。

（二）文献述评

在精准扶贫背景下，扶贫拨款增加了农户的自有资本，扶贫贷款则增加了农户的信贷资本。由于中国农村资本市场不够完善，中国历年来农村投资的来源主要是农户自身的收入积累而非资本市场（王建洪，冉光和，孟坤，2009），因此一般来说，农户自有资本在金融资本中所占的比重更大，与信贷资本一起，在生产经营中发挥着举足轻重的作用。在农户收入及收入差距形成的原因分析中，农户的自有资本不容忽略。农户金融资产配置差异对收入差距的形成具有重要影响，改善农户金融资产配置结构可能有助于缩小农户内部收入差距（王书华，苏剑，2012）。以小麦生产为例，高收入组农户的技术进步对全要素生产率增长的贡献要高于低收入组农户（高鸣，宋洪远，2018）。现阶段，尽管农户已成为生产投资的决策主体，由于政策激励措施所带来的改革红利逐渐释放，农户利用自有资本进行生产投资的积极性没有进一步得到激发（朱喜，史清华，李锐，2010）。

更多的文献将研究视角集中于农户信贷资本的回报率上，一部分学者提出金融信贷支持对农户有显著的正向收入回报（田杰，陶建平，2012；王婧磊,2012)。如果农户的正规信贷需求能得到充分满足，农业生产尤其是粮食产出预计会提升 14.6%(王晶，毕盛，李芸，等,2018)。但也有部分学者的研究表明农村金融没有真正服务于农民，对农户收入的增长具有抑制作用 (余新平，熊晶白，熊德平,2010; 谭燕芝,2009)，农村金融的发展不仅没有促进农村经济增长，反而在农民收入增长、农村消费和产业结构优化方面具有消极影响 (谢琼，方爱国，王雅鹏,2009)。持有类似观点的学者还有温涛和王煜宇（2005）、李庆海等（2012）(温涛，王煜宇,2005; 李庆海，李锐，汪三贵,2012)。实际上由于受到调研样本、农户分层、信贷约束等因素的影响，信贷资本对农户收入的贡献率以及对收入差距的影响不是绝对的有利或不利，更是动态变化的。一些学者研究了正规信贷对不同收入水平农户收入增长的影响，发现农村金融发展具有明显的门槛特征，收入低的农户由于受到更大程度的金融抑制而形成恶性循环，而收入高的农户由于较高的自身资本积累与外援融资能力而形成收入的良性循环，且农户初始收入水平越高，越能够从金融信贷支持中获益 (师荣蓉，徐璋勇，赵彦嘉,2013; 王小华，温涛，王定祥,2014)。"新常态"下，正规信贷供给的收入导向特征明显，普通农户的正规信贷需求难以满足 (张梓榆，温涛，王小华,2018)，一些农户由于处于低收入阶层，若向高收入阶层借款则需要支付较高利率，借款成本增加，对收入增加的促进作用也有限，拓宽农户信贷渠道，降低正规金融信贷约束，是减少民间高利率贷款的主要途径 (徐丽鹤，袁燕,2013)。

　　另有一些学者考虑到了我国的区域差异，在研究中加入了区域因素的影响，指出农村金融发展存在着强烈的区域不平衡和空间依赖性 (吕勇斌，张琳，王正,2012)，认为区域经济发展状况不同，我国农村金融发展对农户收入及农村经济增长的影响程度也不同 (董晓林，蔡则祥,2007)，在农村金融较为发达的东部地区，金融信贷支持对农户收入提高的经济回报更为明显，在金融发展滞后的中、西部地区，金融信贷支持对农户的增收作用则有限(刘赛红，王国顺,2012)。农村信贷配给具有区域分化特征，信贷配给的地区差异是导致农户收入区域间差异的重要诱因 (刘艳华，朱红莲,2017)。孙玉奎（2014）利用面板 VAR 模型的研究也得出了类似的结论，在东部地区，农村金融发展对农户增收与缩小收入差距影响显著，但在中部和西部地区，农村金融的发展并没有对农户收入产生实质性的影响(孙玉奎,周诺亚,李丕东,2014)。此外，我国东部地区的农村金融效率也要高于中部和西部地区(黎翠梅,曹建珍,2012)。

上述研究从不同角度、不同地域研究了农村金融资本对农户收入及收入差距的影响，然而并没有得出一致的结论，原因是研究结论会受到研究区域金融发展水平、地区经济总量等因素的影响，更为重要的是对于不同收入水平的农户，同样的信贷规模也可能会产生不同的增收效应。因为一方面，金融资本作为一种主要的生产投入要素，服从边际报酬递减的经济学规律，"穷"人具有高于"富"人的资本边际回报；而另一方面，不同收入农户的生产率水平是不同的，当农户生产率水平高于使用金融资本的成本即利率时，农户金融资本的回报率是关于资本雇佣量严格递增的；当农户的生产率水平低于资金使用成本时，资本回报率关于资本雇佣量严格递减；当二者相等时，雇佣资本对农户收入的增加没有影响(武丽娟,徐璋勇,2016)，"富"人的金融资本回报率比"穷"人高是完全有可能的。究竟哪方面的因素更占主导？因此本节基于内部收入分层与区域差异的视角，在精准扶贫背景下进一步研究金融资本对农户增收的影响。

在已有的经验研究中，多数文献采用了均值回归方法，即解释变量 x 如何影响被解释变量 y 的条件期望，一个弊端是，如果农户的收入分布不对称，则均值回归很难反映整体条件分布的全貌，得到的统计结果也不一定适用于所有不同收入层次的农户。基于上述，本节在实证检验中，将采取 0.01—0.99 共 99 个分位点上的分位数回归方法，以期更准确的识别金融资本在不同收入农户间的回报率水平，而且分位数回归方法中目标函数通过残差绝对值的加权平均值计算得出，可以有效减轻异常值的影响，结论较为稳健。

本节利用西南财经大学中国家庭金融调查数据（CHFS）2013 数据，以中国农村家庭为研究对象，研究金融资本对农户增收的影响。本节的边际贡献有：第一，扩展了已有研究中金融资本的外延，将农户自有资本与信贷资本共同作为金融资本变量，纳入到同一模型中进行分析，识别扶贫拨款与扶贫贷款对农户增收的不同作用机理；第二，采用 0.01—0.99 共 99 个分位点上的分位数回归方法进行经验验证，可以更全面的估计金融资本回报率随农户收入水平变化而变化的趋势；第三，基于东、中、西部的区域划分，进行了区域内部和区域之间农户金融资本分布与回报率的对比分析。

（三）数据、变量与方法

1. 数据来源与变量选择

本节所用数据来源于西南财经大学中国家庭金融调查与研究中心（CHFS）2013 年的调研数据。本节共筛选出农村家庭 8932 户，35921 个家庭成员。

文中农户的自有资本与信贷资本一起构成了农户的金融资本总量，农户的自有资本主要以储蓄和理财两种形式呈现，其中储蓄资本由以下四部分加总组成，分别是人民币活期账户存款总额、定期存款总额、持有现金总量和对外借款总额；理财资本由以下 11 项加总组成，分别是农户股票账户现金余额、所持股票市值、持有债券总面值、持有基金总市值、持有期货总价值、持有银行理财产品总价值、持有的其它金融理财产品总价值、非人民币资产总价值、拥有的黄金总价值、持有的金融衍生品总价值及其它投资资本。

农户的信贷资本来源于机构贷款资本和民间借款资本两部分，其中机构贷款资本由以下四部分组成，分别是农业或工商业银行贷款总额、购买 / 建造 / 装修房屋银行贷款总额、买车银行贷款总额和教育银行贷款总额；民间借款资本由以下 12 部分加总组成，分别是农业或工商业相关欠款总额、购买 / 建造 / 装修房屋欠款总额、买车欠款总额、购买其余车辆欠款总额、购买其它资产如金银首饰、名表服饰等欠款、购买股票欠款、购买债券欠款、购买基金欠款、购买金融衍生品欠款、购买金融理财产品欠款和购买非人民币资产欠款。

为进一步说明各分项资本来源在总项中所占的比重以及对总项资本总量的贡献程度，参考 Pyatt et al.(1980) 的分解方法对农户金融资本以及各分项变量进行结构分解 (Pyatt, G, Chen, C N and Fei, J,1980)，计算结果见表 21[①]。

表 7-1 中，S_k 表示第 k 类收入均值与相对应总收入均值的比值。可以发现农户储蓄资本与民间借贷资本的比重不相上下，为 35% 左右，其次为机构贷款资本，占比为 21.3%，理财资本所占比重最小，只有 8.3%。

表 7-1 农户金融资本收入来源的结构性分解

类型		Source	S_k	G_k	R_k	Share	η_k
金融资本	自有资本	储蓄资本	0.3471	0.8259	0.8336	0.3167	-0.0304
		理财资本	0.0838	0.9822	0.9257	0.101	0.0172
	信贷资本	机构贷款资本	0.2131	0.9622	0.9072	0.2465	0.0334
		民间借款资本	0.3560	0.8437	0.8435	0.3358	-0.0202

除金融资本外，基于经典的经济理论与已有相关文献 (程名望，史清华，Yanhong, Jin，盖庆恩 ,2015)，本节还选取了人力资本、物质资本、社会资本、制度因素与家庭特征等对农户收入具有影响的一系列控制变量，力求模型的科学性与说服性。

---

① [金融资本收入来源的结构性分解原理如下：$Y_0=(Y_{01},Y_{02},\cdots,Y_{0n})$ 是一个 n 维向量，$Y_{01}<Y_{02}<\cdots<Y_{0n}$，每个分量 Y_{0i} 代表第 i 个样本的收入，将收入按来源分为 k 类，第 k 类收入也用一个 n 维向量 $Y_k=(Y_{k1},Y_{k2},\cdots,Y_{kn})$ 表示，则该样本总基尼系数可分解为：$G_0 = \sum_k s_k \overline{G}_k = \sum_k s_k G_k R_k$，SK 表示第 k 类收入在总收入中的比例，GK 表示第 k 类收入的集中率 (伪基尼系数)；RK 表示第 k 类收入与总收入的基尼相关系数；η_k 表示基尼系数弹性，符号为负表示相应变量的变化会缩小基尼系数，或减少贫富差距。表一中变量 S_k、G_k、R_k、η_k 通过 stata14 统一计算出来，一并列出，文中对主要指标 S_k 进行了分析，即分析金融资本收入来源的组成或占比。]

2. 模型建立与统计性描述

基于收入决定函数 (Morduch, J and Sicular, T,1998)，本节扩展并建立如下基础计量模型：

$$lnY_{ij} = \beta_0 + \sum_{f=1}^{F}\beta_f lnFC_{ij,f} + \sum_{h=1}^{H}\beta_h HC_{ij,h} + \sum_{k=1}^{K}\beta_k KC_{ij,k} + \sum_{s=1}^{S}\beta_s SC_{ij,s} + \sum_{e=1}^{E}\beta_e EC_{ij,e} + \sum_{p=1}^{P}\beta_p IC_{ij,p} + \epsilon_{ij} \quad\cdots\cdots\cdots\cdots\cdots\cdots\cdots\cdots (7.1)$$

模型中，lnY_{ij} 表示 j 省第 i 个农户家庭收入的对数。核心解释变量 $lnFC_{ij,f}$ 表示 j 省 i 农户第 f 项金融资本的对数。余下解释变量中，HC 代表人力资本，包括"文化程度"、"教育年限"和"年龄"3 个细分变量，考虑到家庭生命周期规律，年龄采用平方项（程名望，史清华，Yanhong, Jin,2014）；KC 代表物质资本，用"家庭耕地面积"和"车辆等耐用品价值"表征；SC 代表政治与社会资本，通过变量"是否党员"、"是否大姓"和"兄弟姐妹数量"来体现；EC 表示"惠农政策"和"政府转移支付"等外部制度因素；IC 表示家庭特征，可以克服农户异质性的影响，通过"家庭规模"和"家庭中务农人数"两个变量来表征；ϵ_{ij} 表示随机扰动项。

本节采用分位数回归方法，原因如下：其一，分位数回归可以精确描述自变量 x 对因变量 y 每一个局部变化范围以及条件分布特征的影响，并且当 x 对 y 不同部分的分布产生左偏或右偏时，分为数回归能够捕捉分布的尾部特征，从而得到全面的结论；其二，在随机性条件下，分位数回归方法比均值回归更能保持一致性，结果具有很强的稳健性 (Cameron, A C and Trivedi, P K,2005)；其三，分位数回归中最小化的目标函数通过残差绝对值的加权平均值计算得出，可以有效减轻异常值的影响，即使得式（7.2）最小化，其中 β_q 为回归估计系数。

$$\sum_{i=1}^{n} d_q(y_i, \hat{y}_i) = \sum_{i:y_i \geq x'_i\beta_q}^{N} q|y_i - x'_i\beta_q| + \sum_{i:y_i < x'_i\beta_q}^{N} (1-q)|y_i - x'_i\beta_q| \quad\cdots\cdots\cdots\cdots (7.2)$$

本节在 0.01—0.99 分位上进行 99 次分位数回归，从而可以比较不同收入阶段农户金融资本回报率的变化特征。

关于详细的变量设置与描述性统计见表 7-2。

表 7-2 变量设置与描述性统计

变量设置与度量方法				描述性统计	
类型	细分变量		度量方法	均值	标准差
被解释变量	家庭收入		农户所在家庭的年收入对数	9.83	1.71
核心变量	金融资本 自有资本	储蓄资本	活期、定期存款、现金等总额对数	7.18	2.88
		理财资本	股票、基金、理财、其余资产等总额对数	0.95	2.69
	信贷资本	机构贷款资本	农业、工商业贷款、房贷、车贷、教育贷款等总额对数	1.41	3.56
		民间借款资本	农业、工商业、房、车等的借款总额对数	4.34	7.61
控制变量	人力资本	文化程度	没上过学 =1，小学 =2，初中 =3，高中 =4，中专 / 职高 =5，大专 =6，本科 =7，硕士 =8，博士 =9	2.24	1.62
		教育年限	相应接受教育的时间长度（年）	5.85	4.54
		年龄	年龄平方项	2255.72	1934.25
	物质资本	耕地	家庭耕地面积（亩）	31.18	225.42
		车辆等耐用品价值	车辆价值与家庭耐用品价值总额对数	7.97	1.55
	政治与社会资本	是否党员	是 =1，否 =0	0.03	0.18
		是否本县户口	是 =1，否 =0	0.45	0.50
		兄弟姐妹数量	受访者与配偶兄弟姐妹的数量（人）	1.60	2.16
	制度因素	惠农政策	获得农业补贴 =1，否 =0	0.58	0.49
		政府转移支付	获得政府补贴（不包括农业补贴）=1，否 =0	0.24	0.43
	家庭特征	家庭规模	家庭成员个数（人）	4.88	2.09
		家庭中务农人数	家庭中从事农业生产经营人数（人）	1.57	1.27

（四）金融资本在农户间的分层分布情况

图 7-1 显示了农户金融资本对数与收入对数的联合分布密度图，通过对数形式可以使坐标轴上点的分布更加集中，但不会影响指标的分布趋势。农户金融资本对数与家庭收入对数二者分布范围广，说明有相当程度的不平等。根据图形中出现的峰度来看，可以发现农户金融资本更多的集中于拥有中高收入的富人家庭。

为更直观体现农户金融资本及其构成与收入变化之间的规律，将农户家庭收入平均划分为 150 个组，每一组对应的农户平均金融资本变量作为纵轴，家庭收入作为横轴，进行二次曲线拟合，如图 7-2 所示，中间为拟合曲

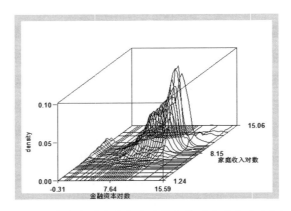

图 7-1 农户金融资本与家庭收入的联合分布密度图

线，两边曲线表示 95% 的置信区间。总体来看，在 0.5 分位之前，农户金融资本（包括自有资本与信贷资本）的拥有量均较低，在 0.5 分位之后，上述变量呈现逐步上升的趋势。自有资本在 0.5 分位后明显升高，信贷资本虽升高趋势不明显，但 0.5 分位后的分布明显多于 0.5 分位之前。为方便讨论，下文中将处于 0.5 收入分位之前的农户称为穷人，将 0.5 收入分位之后的农户称为富人。

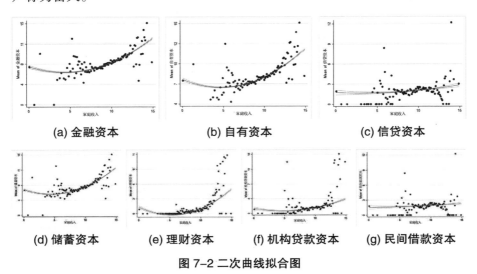

(a) 金融资本	(b) 自有资本	(c) 信贷资本
(d) 储蓄资本	(e) 理财资本	(f) 机构贷款资本	(g) 民间借款资本

图 7-2 二次曲线拟合图

（五）农户金融资本回报率的分层分布

对模型进行 0.01—0.99 分位上的 99 次分位数回归，得到了金融资本各个维度在 99 个收入分位上的回报率分布，在每一次分位回归中，均对样本进行 500 次重复抽样，以增强模型的稳健性。为考察其变化规律，对分位点上的回归系数进一步做二次曲线拟合，为排除极端值的影响，在拟合中排除了 0.05 以下和 0.95 以上分位点，结果如图 7-3 所示，阴影部分表示 95% 的置信区间，三条横线中，中间一条横线表示均值回归 OLS 不变的回归系数，上下两条横线表示相应 95% 的置信区间。

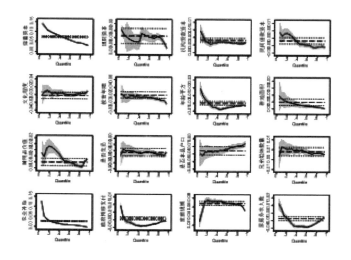

图 7-3 模型分位数回归及二次曲线拟合结果

为更好解释图 7-3，选取样本 0.25、0.50、0.75、0.90 分位点的回归估计结果进行了报告，见表 7-3。

表 7-3 全样本 0.25、0.5、0.75、0.9 分位点回归结果

	(1)	(2)	(3)	(4)
	qr25	qr50	qr75	qr90

储蓄资本	0.122***	0.095***	0.067***	0.057***
	(28.51)	(33.37)	(31.08)	(23.63)
理财资本	0.000**	0.000***	0.000***	0.000***
	(2.05)	(5.05)	(6.25)	(3.24)
机构贷款资本	0.148***	0.104***	0.140***	0.138***
	(5.54)	(11.82)	(14.75)	(13.12)
民间借款资本	0.014***	0.002	-0.003**	-0.001
	(4.83)	(1.01)	(-2.08)	(-0.76)
文化程度	0.008	0.009	0.013	0.017
	(0.28)	(0.47)	(0.93)	(1.12)
教育年限	0.032***	0.029***	0.019***	0.013**
	(3.46)	(4.64)	(4.12)	(2.46)
年龄平方	-0.000	-0.000***	-0.000***	-0.000**
	(-1.15)	(-6.16)	(-4.31)	(-2.20)
耕地面积	0.000***	0.000**	0.000**	0.000
	(2.77)	(2.42)	(2.05)	(0.91)
耐用品价值	0.000***	0.000***	0.000***	0.000***
	(21.46)	(26.57)	(33.40)	(35.23)
是否党员	0.132**	0.104**	0.073**	0.039
	(1.99)	(2.35)	(2.17)	(1.05)
是否本县户口	-0.168***	-0.172***	-0.120***	-0.103***
	(-4.10)	(-6.29)	(-5.79)	(-4.47)
兄弟姐妹数量	0.031***	0.031***	0.022***	0.021***
	(3.51)	(5.37)	(4.89)	(4.28)
农业补贴	0.374***	0.166***	0.112***	0.024
	(13.67)	(9.09)	(8.06)	(1.54)
政府转移支付	-0.066**	-0.153***	-0.104***	-0.034**
	(-2.43)	(-8.49)	(-7.61)	(-2.23)
家庭规模	0.139***	0.149***	0.148***	0.140***
	(22.81)	(36.48)	(47.72)	(40.94)
家庭务农人数	-0.054***	-0.112***	-0.102***	-0.062***
	(-4.97)	(-15.46)	(-18.39)	(-10.20)
常数项	7.164***	8.549***	9.425***	9.955***
	(133.63)	(238.67)	(345.97)	(331.06)
r2_p				
N	35921	35921	35921	35921

根据图 7-3 及表 7-3，农户储蓄资本的回报率随着收入分位的提高而呈现出稳步下降的趋势，似乎违背常理，但仔细分析，却可以发现数据背后折射出的穷人与富人间投资理念与消费理念的不同。根据前文分析，农户储蓄资本主要由活期存款与定期存款构成，随着收入分位提高而不断下降的储蓄资本回报率说明：与富人相比，穷人的储蓄率更高。穷人没有稳定的收入来

源，又面临着子女教育、婚丧嫁娶、医疗养老等刚性支出，因而消费观念相对保守，更偏好储蓄，而相对来说，富人的收入来源有一定保障，加上银行存款利率低，富人更多的将资金用于流通而非储蓄，甚至会超前消费或贷款投资；其二，储蓄资本所带来的利息性收入在穷人收入增长中的占比要高于富人。相较之下，富人有更好的投资渠道，收入来源渠道广泛，所以储蓄性收入对富人收入增长的贡献率相对要低。收入增长当重"开源"而非"节流"，穷人较高的储蓄水平虽然对收入的增长具有一定贡献，但如果剔除通货膨胀因素，实际收入水平可能不变甚至会降低，缩小贫富差距的作用收效甚微，如果要实现收入的大幅提高还需降低储蓄水平，进行有效投资。

理财资本对收入增长的回报率表现出先下降后上升再下降的趋势，但影响系数极小，如前文所述，农户理财资本均值在农户金融资本中所占比重仅为8.3%，穷人所拥有的理财资本数量极低，因此在农村地区理财资本对收入增长及收入差距形成的影响不大。

机构贷款资本回报率随着分位升高呈现出先下降后基本保持平稳的趋势。在0.3分位之前，机构贷款资本回报率随收入分位的增长而下降，说明贫穷农户获得单位贷款资本后，可以获得较高的边际收益率，且回报率高于富人。结论提示我们农村普惠金融政策还须持续加强精准扶贫力度，金融精准扶贫可以成为提高贫穷农户收入、缩小农村地区贫富差距的重要力量。

民间借贷资本的回报率呈持续下降的趋势，说明穷人通过利用民间借贷资本，对收入的增长有所帮助，而富人的回报率下降，表明随着财富的上升，富人通过向亲戚、朋友等途径借款的相对比重在逐渐下降。一般来说，贫穷农户需要的资金总额相对少，而且向亲戚朋友借款具有方便快捷、成功率高、随借随还等优势，甚至不需要打欠条和约定利息，因而成为少量资金借款时的首选。所谓"正规进，则非正规退"（武丽娟,2015)，二者此消彼长，民间借贷在一定程度上弥补了机构信贷的市场盲区。分析结果表明，同机构信贷一起，民间借贷资本的回报率也是有利于穷人的。

在控制变量中，随着收入分位的提高回报率呈不断上升趋势的变量有：

文化程度、是否党员、是否本县户口和家庭规模，上述变量的增加更有利于富人提高收入水平。

随着收入分位的提高回报率呈不断下降趋势的变量有：教育年限、耕地面积、兄弟姐妹数量、农业补贴和政府转移支付，上述因素在穷人群体中对收入增长的回报率要高于富人群体，很可能成为缩小贫富差距的力量。

随着收入分位的提高回报率变化呈波动趋势的变量有：年龄平方、耐用品价值和家庭中务农人数，上述变量对贫富差距的影响较小。

进一步将变量金融资本、自有资本和信贷资本分别单独引入分位数回归模型，并将回归系数做二次曲线拟合，结果如图 7-4 所示，三次回归中控制变量的变化趋势同图 7-3 基本一致。

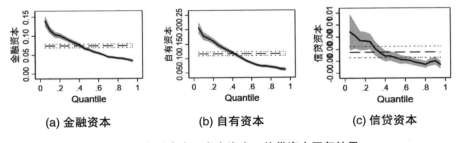

(a) 金融资本　　　(b) 自有资本　　　(c) 信贷资本

图 7-4 金融资本、自有资本、信贷资本回归结果

图 7-4 的结论与图 7-3 基本一致，金融资本（包括自有资本与信贷资本）回报率总体上呈现出穷人高于富人的趋势。然而，自有资本与信贷资本作用于农户增收的机理有很大不同，该分析结论背后隐藏的问题值得我们重视，其一，穷人的自有资本回报率高于富人，尤其是储蓄资本，说明在农村地区，穷人出于保守消费、预防性动机等需求而比富人更加偏好储蓄，虽然储蓄性收入对穷人收入的增加有一定促进作用，但是与富人相比，穷人的收入增长是缓慢的，因此通过储蓄性收入来创收并非明智之举，不仅损失了自有资金的机会成本，而且消费水平没有得到有效提高，也直接限制了贫穷农户福利水平的改善。上述结论的提示是，在精准扶贫背景下，贫穷农户获得了一定数额的扶贫资金，将有助于农户财富总量的直接快速改善，然而，这部分农户能

否将其有效利用，用于可持续性的生产经营，逐步走向小康生活？否则农户在若干时期后将面临花完扶贫资金或是失去财政补助之后的返贫问题。

其二，农户的信贷资本回报率高于富人。说明普惠金融仍将是重要的脱贫工具，下一步仍应强化金融手段在减贫脱贫中作用的有效发挥，持续加大农村普惠金融的实施力度，不断提高农村金融扶贫的精准性和有效性。

（六）金融资本分布及回报率的区域性差异

1. 不同区域的金融资本分布

将全样本数据按照东、中、西部地理区域进行划分，划分后东部地区有3044户，12169个家庭成员，中部有3320户，13119个家庭成员，西部有2568户，10633个家庭成员，然后计算出金融资本在各区域的分布情况，结果见表7-4。

表 7-4 金融资本在东中西部地区的分布

		收入的分位值					
		q<0.1	0.1<1q<0.25	0.25<q<0.5	0.5<q<0.75	0.75<q<0.9	0.9<q
储蓄资本均值	东部	14596.99	6537.66	11650.26	17336.51	25147.37	18141.30
	中部	11006.84	4184.97	9057.90	13294.82	21000.16	17593.27
	西部	4044.73	4559.64	6840.54	9600.61	17486.03	15942.35
理财资本均值	东部	899.47	157.28	760.75	2720.82	1771.53	1867.36
	中部	567.20	299.01	726.01	1725.32	1897.58	1746.86
	西部	122.41	122.64	126.78	284.52	409.68	2241.09
机构贷款资本均值	东部	12556.50	8695.83	10265.76	12379.58	9190.45	32581.17
	中部	2290.53	2589.68	5664.67	7080.81	9902.90	41897.37
	西部	5953.48	7620.00	6393.92	9646.13	12727.47	27700.58
民间借款资本均值	东部	74801.44	77508.10	72716.35	129006.41	76610.06	73710.86
	中部	60384.37	44685.73	67409.53	83115.05	87145.51	82535.67
	西部	65417.89	67381.48	72921.00	72525.36	92107.08	80367.18

根据表7-4，对于储蓄资本在每一分位处的均值，东部地区均显著高于中部地区，中部地区又显著高于西部地区，在每一区域，储蓄资本均值随着

收入分位的提高而不断提高，其中西部地区最高分位和最低分位间的差距最大。理财资本均值的变化趋势与储蓄资本相同，在同一区域，0.5 分位以上农户的理财资本明显高于 0.5 分位以下的农户。自有资本在区域之间和区域内部存在贫富差距。

对于机构贷款资本，整体表现出随收入分位增加而增加的趋势，不同的是，东部 0.25 分位以下农户获得了更多贷款，表明当地的农村金融精准扶贫效果明显。相比之下，中部和西部地区的贫穷农户的民间借款，更多一些，表现出"正规退，则非正规进"的规律。

总体上看，自有资本在东、中、西部三个地区的分布呈梯度递减趋势。机构贷款资本的分布情况为东部高于西部，西部高于中部，无论纵向比较还是横向比较，东部地区的贫困农户都获得了更多的机构贷款。民间借款资本则是中部地区高于东、西部地区。

2. 不同区域的金融资本回报率

分别对东部、中部和西部地区样本进行 0.01—0.99 分位上的 99 次分位数回归，对分位点上的回归系数进一步做二次曲线拟合，结果如图 7–5 所示。三个区域内金融资本回报率在各分位点处的变化趋势与全国样本基本是一致的。储蓄资本回报率随收入分位的提高而逐渐下降，信贷资本呈现出 U 型变化趋势，穷人与富人均有机会享有同等的边际资本回报率。

进一步，为进行量化分析，分别在东中西部各区域进行四分位处的分位数回归，结果见表 7–5，发现农户自有资本回报率在东、中、西部三个地区随着收入分位的上升，均呈现出逐渐降低的趋势；三个地区机构贷款资本回报率随着收入分位的上升，基本呈现出了先下降后升高的 U 型趋势；民间借贷资本回报率在东、中、西部三个地区呈现出随收入分位提高逐渐降低的趋势，在 0.25 分位处的回归系数要显著高于其他分位处，民间借款资本显著促进了低收入农户的收入增长。

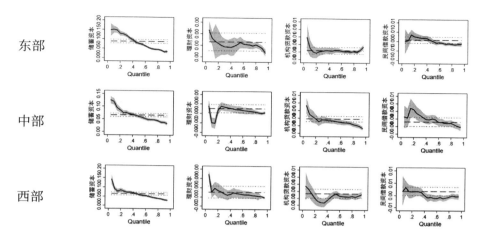

注：控制变量的计算结果未做报告。

图 7-5 东中西部模型分位数回归及二次曲线拟合结果

表 7-5 东中西部地区的金融资本回报率

		（1）	（2）	（3）	（4）
		qr25	qr50	qr75	qr90
东部	储蓄资本	0.151***	0.099***	0.060***	0.049***
		(17.94)	(18.55)	(15.10)	(11.20)
	理财资本	0.046***	0.036***	0.026***	0.031***
		(5.72)	(7.01)	(6.85)	(7.19)
	机构贷款资本	0.019***	0.021***	0.022***	0.026***
		(2.81)	(4.87)	(6.73)	(7.43)
	民间借款资本	0.004	-0.000	-0.004***	-0.004**
		(1.39)	(-0.06)	(-3.40)	(-2.52)
中部	储蓄资本	0.100***	0.083***	0.068***	0.055***
		(16.03)	(19.32)	(18.60)	(14.47)
	理财资本	0.040***	0.021***	0.019***	0.017***
		(6.54)	(5.01)	(5.17)	(4.55)
	机构贷款资本	0.032***	0.028***	0.025***	0.022***
		(6.13)	(7.70)	(8.17)	(6.72)
	民间借款资本	0.007***	0.008***	0.003**	0.001
		(3.19)	(4.82)	(2.05)	(0.85)
西部	储蓄资本	0.102***	0.085***	0.065***	0.052***
		(14.08)	(16.06)	(15.15)	(12.63)
	理财资本	0.054***	0.047***	0.036***	0.022***
		(4.99)	(5.96)	(5.60)	(3.52)
	机构贷款资本	-0.002	0.013***	0.015***	0.013***
		(-0.31)	(3.34)	(4.98)	(4.57)
	民间借款资本	0.007**	-0.001	-0.004***	-0.002

		(2.56)	(-0.61)	(-2.69)	(-1.06)

注：模型中多数控制变量的回归结果通过了显著性检验，限于篇幅表中未作一一报告。

综上，金融资本显著促进了农户的收入增长，在东中西部每一区域内不同的收入分位点上金融资本回报率的变化趋势与全国样本是一致的。需要指出的是，研究显示在东中西部区域之间、区域内部均存在着不同程度的贫富差距；东部地区农村普惠金融的实施效果更为理想，表现为贫穷农户获得了更多的机构贷款；中部地区的农户获得的机构贷款要低于东部和西部，作为对正规金融的补充，中部地区农户更多的进行了民间借款，对收入增长也起到了一定促进作用，但促进作用明显低于机构贷款，例如对中部地区位于0.75 分位处的农户而言，单位机构贷款的增加可以促进 3% 的收入增加，而民间借款仅能引起收入 0.6% 的增加。

（七）结语

在扶贫脱贫的攻坚时期，我国政府持续运用财政手段与金融手段通过扶贫拨款与扶贫贷款的方式惠及贫困农户，以增加农户的金融资本，由于扶贫拨款增加了农户的自有资本，扶贫贷款增加了农户的信贷资本，自有资本与信贷资本一起构成了农户的金融资本，以此为依据，本节利用西南财经大学中国家庭金融调查（CHFS）2013 数据，以中国农村家庭为研究对象，研究金融资本对农户增收的影响，自有资本与信贷资本两种方式的增收机理与增收效果，以及对不同收入层次农户与不同区域农户的影响，以考察和判断精准扶贫的作用方向、作用效果以及可持续性。

本章的主要结论是：金融资本的增收效果受到农户内部收入分层与区域差异的共同影响。具体来看，贫穷农户的自有资本多用于储蓄，若不能进行有效投资实现增值，那么扶贫拨款缩小贫富差距的作用将收效甚微，贫穷农户将面临未来返贫的可能性；贫穷农户与富裕农户信贷资本的回报率基本一致，反映出金融支农对于提高贫穷农户收入、缩小农村地区贫富差距具有重要意义；从区域分析来看，东部地区的贫困农户获得了更多机构贷款，西部次之，中部最少，农村普惠金融在推进过程中应更加注重区域间的均衡性与协调性。提高穷人收入、缩小贫富差距的有效手段应是盘活穷人储蓄资本与推进精准扶贫并重。

第三篇 |

中国农村金融机构可持续发展问题

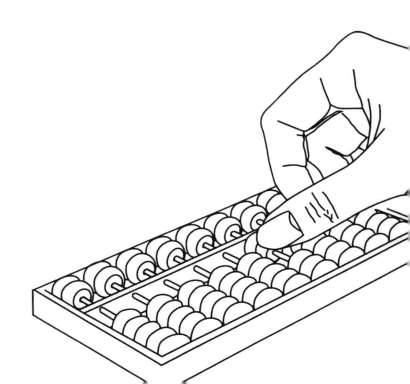

第八章 农村金融机构双重目标兼顾问题评价分析

在本章的分析中，首先从机构视角出发，将以各类型农村金融机构为研究对象，考察其双重目标兼顾情况；其次从农户视角出发，研究农村金融机构的市场需求满足情况；最后对我国农村金融机构双重目标兼顾不均衡的原因和产生机理进行理论分析。

（一）机构视角

1. 农村国有商业性金融机构的刚性退出

我国农村地区的国有商业性金融机构以中国农业银行为主。农业银行为承担加强农村地区金融工作、发展农村信贷事业的历史使命而诞生，具有强烈的行政色彩，成立初期我国政府对农业银行的管理形同"摸着石头过河"，农业银行自成立以来，发展曲折，共经历了四起三落几个阶段。

我国在解放之初就高度重视农村金融的发展，在 1951 年为了发展农村生产，解决农村地区资金困难，挂牌成立了农业合作银行，即中国农业银行的前身，隶属于中国人民银行。受到 1952 年三反运动的影响，农业合作银行因中国人民银行精简机构而被撤销；1955 年，为满足我国农业生产的需要、打击民间高利贷、实现农产品的统购统销等，中国人民银行再次批准设立了中国农业银行。当时农业银行的主要职责有：办理贫农合作基金贷款、办理极贫户贷款、办理农业贷款、发放生产救灾贷款等。然而两年后因未能起到应有作用而再次被撤销；1963 年国务院再次批准成立中国农业银行，

承担安排支农资金、管理财政拨款、发放农业贷款、打击民间高利贷等重要
职能，但两年后由于内部治理方面发生矛盾导致农业银行再次被撤销，由人
民银行统一管理；1979 年农业银行第四次成立，旨在通过农村金融来支援
农业建设、发展农村经济。此后农业银行通过向农户和乡镇企业提供信用贷
款，一定程度发挥了提高农户收入、稳定农业产出、促进农村工业化的作
用。在 1995 年进行商业化改革后，在利润最大化的驱使下，农业银行逐渐
退出农村地区，将多数的农村业务、资金和分支机构转向了城市。从图 6-1
的统计情况可以发现，中国农业银行的机构数量在 1995 年到 2006 年间有大
幅度的下降，该行缩减的机构主要是县域以下的机构。

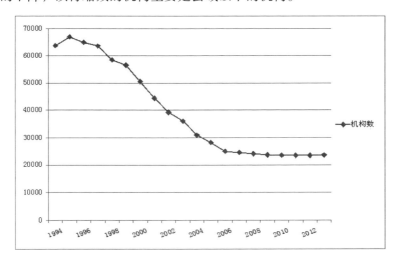

图 8-1 中国农业银行机构变化趋势图（数据来源于《中国金融年鉴》）

　　伴随着机构和人员的收缩，农业银行业务的收缩更加显而易见。1997
年农业银行的涉农贷款占全部金融机构涉农贷款总额的比重为 80%，这一比
重在 2002 年下降到 21%，到 2013 年下降到了 10%。而且农业银行在县以
下的机构仅仅承担吸收存款的功能，贷款权限上收到了省分行。省分行对三
农贷款和城市商业贷款执行相同的审核标准，逐渐导致了"嫌贫爱富"、"放
大不放小"的局面。

　　当前，农业银行以外的其他国有商业银行更是不愿在县及县以下的农村

地区开展业务，设立的营业网点也是屈指可数。

国有金融机构承担着贯彻落实国家有关货币政策和金融政策的职能，在此前提下，农业银行的退出战略令人匪夷所思，但仔细分析其中的公共选择行为，就会发现原因所在：对于政府来说，相对于从城市工业中获取的财政利益而言，支持"三农"问题成本高且见效慢，政绩不高，因此政府的理性选择便是最大化当期收益，默许农业银行退出；对于农业银行自身来说，在"自负盈亏、自主经营"政策背景下，支持三农动力不足，自然会倾向于选择相对收益较高、风险较低的城市市场，而非高成本、高风险的农村市场。

2. 农村政策性金融机构的发展陷入困境

1994 年我国成立了首家农村政策性金融机构——中国农业发展银行，其主要职责是在农村地区贯彻落实国家政策性金融业务，拨付财政支农资金等，服务农村经济发展。中国农业发展银行在经营发展过程中出现了自有资金不足、筹资渠道单一、无法律保障等一系列问题，更为严重的是，国家对农村政策性金融在认识上存在较大的分歧。农业发展银行成立之初，国家通过国字号文件的方式明确了其经营范围，除了各类粮食信贷以外，农业发展银行还经营各类标准的农村政策性金融业务，如农业综合开发、扶贫开发、农田水利建设等各种中长期信贷业务。但是 1998 年年初全国出现一定程度的卖粮难问题之后，国家随即通过行政命令的方式强行把农业发展银行经营的政策性业务划转到了农业银行。这不仅使农业银行再次把刚刚卸下的包袱背上，而且比原来更加沉重，因为将农业发展银行审查发放的贷款划到农业银行之后，贷后管理责任人的更替直接导致管理缺位，出现了大量坏账，这不仅损坏了农业发展银行的声誉，而且也形成了农业银行的不良资产，延缓了农业银行商业化改革和股改上市的进程。刚刚诞生的政策性银行变成了只经营粮食信贷业务的"粮食银行"，令社会上质疑农业发展银行存在价值的声音此起彼伏，不仅影响了农业发展银行的生存与发展，而且也掩盖了政策性金融存在的意义，导致一部分人对政策性金融开始指责和怀疑。其发展中的问题主要有以下三个方面：

第一，政策性金融功能的作用范围小。一是农业发展银行现有的贷款业务仅仅局限于粮棉油等的收购和储备贷款，业务范围狭窄，支农领域有限，未能在农村金融中真正发挥支柱作用；二是政策性金融产品和结构与职能尚不配套，作为面向"三农"的大型政策性银行，农业发展银行提供的金融产品种类少，结构单一，与其承载的政策性职能不匹配。可以说，目前农业发展银行所发挥出来的政策性金融功能仅仅是其应有功能的"冰山一角"。

第二，筹资渠道单一，无法满足刚性的"三农"信贷需求。中国农业发展银行的筹资渠道有发行债券、中央银行再贷款、对公存款、同业存款、境外筹资以及部分自筹资金。其中，发行债券和央行再贷款是其最主要的资金来源，以 2013 年为例，农业发展银行通过发行债券和央行再贷款获得的资金是其年末资金总额的 70%，而通过自筹、吸收存款、境外筹资等途径获得的资金占比很少，这种模式的筹资结构导致农业发展银行每年要支付高额贷款利息，资金运用成本高且容易发生流动性不足，引发金融机构的不稳定。同时，农业发展银行的筹资模式与贷款发放模式不匹配，其发放的贷款多为 1 年以上，还有 5 年以上的农业基础设施建设贷款，目前的资金来源与贷款结构难以匹配，特别是在新常态下经济结构调整的政策背景下，"短债长用"容易引发流动性风险。农业发展银行一方面面临着刚性的信贷需求，为"三农"发展提供信贷支持，特别是为解决农民"卖难"问题而支持敞开收购等业务，另一方面又面临着有限的筹资渠道和较高的筹资成本，社会目标和经济目标双重目标的兼顾问题同样困扰着农业发展银行的业务经营和发展。

第三，政策性补偿机制弱化。主要表现为农业发展银行的经营水平受财政补贴的约束，财政对农业发展银行的补偿性投入缺乏刚性。信贷资金能够财政化，而财政补贴资金却很难银行化。这主要是基于以下两方面原因：一是利润补偿不到位。农业发展银行由于承担着农业政策性支农职能，坚持保本微利的原则，执行人民银行的基准利率，保证贷款利率不上浮，让利于农，让利于企，所以在无形中损失了一部分利润，但国家有关部门并未给予适当的政策倾斜。二是风险补偿不到位。正常的财政补贴拨款机制还未真正建立，省级财政补贴拨款仍需进一步强化。目前，国家从支持"三农"的角度出发，为防止出现农民"卖难"问题，要求农业发展银行必须敞开收购，这部分业务归口为准政策性贷款业务，但对于准政策性贷款业务国家没有制定任何风险补偿措施，这种制度安排在政策层面上加大了农业发展银行的经营风险，并造成了农业发展银行责、权、利的不对称。国家对政策性财务挂账问题的消化，虽有政策规定，但除中央财政补贴基本能按季及时拨补到位外，地方财政补贴到位较困难，基本上形同虚设。

3. 农村合作金融的改革有待深化

目前我国主要的农村合作金融机构有农村信用合作社、农村合作银行以及农村商业银行。其中大多数农村合作银行和农村商业银行由农村信用合作社改制而来，改制后的农村合作银行和农村商业银行更加偏重商业化的经营治理模式，对合作金融的性质有所偏离。农村信用社的机构数量由 2006 年的 19348 家缩减至了 2014 年的 1596 家，农村合作银行的机构数量变化不大，从 2006 年的 80 家增加到了 2014 年的 89 家，农村商业银行的机构数量从 2006 年的 13 家增加到了 2014 年的 665 家。农村信用合作社通过精简机构、商业化改制等多次政策性改革调整，在经济目标和社会目标的实现上均有所突破。与 2006 年相比，2012 年农村信用社的利润总额由 280 亿元增加到了 1593 亿元，农业贷款占各项贷款比例由 46% 上升到了 67%，不良贷款率由 13.73% 下降到了 4.5%。

虽然我国的农村合作金融改革已经取得了一定成果，但仍存在一些亟待解决的问题。一是在经营过程中背离了自愿入股的合作制原则。在这种情况下，社员入股和退股均带有行政色彩，并非真正关心合作金融的经营发展，其业务经营也存在一定的目标偏离问题。二是内控机制不健全，表现为官办色彩浓厚，"三会制度"形同虚设，未能真正发挥作用，既降低了其可持续发展能力，又加大了经营风险。三是产权主体虚置，内部人控制问题严重。

由于农村信用社的股权过于分散，分散股东"搭便车"现象严重，无法形成股东主动参与治理农村信用社的监督机制和激励机制，也无法形成对经理层的约束机制和激励机制，导致农村信用社的管理权和决策权集中在一些"内部人"手中。四是服务宗旨出现异化。农村信用社与农业银行脱钩后，由中国人民银行统一管理，并进行了股份制改革，商业化经营趋势有所加强，服务三农的意识有所淡化。

国外不乏有合作金融的成功范例，我国的农村合作金融改革仍没有达到理想效果，部分原因是由于中国目前的制度环境没有为合作制的成熟发展做好铺垫。一个明显的区别是国外成功的合作金融多由农户自下而上自发形成，我国的合作金融则通过政府自上而下的强制性制度变迁完成。目前尽管农村信用社承担了大部分的金融支农职能，且是农村地区最主要的金融机构，但是成果与问题并存，要在可持续发展中较好解决双重目标的兼顾问题，仍需在汲取国外成功经验的基础上，根据我国国情持续深化农村金融改革。

4. 新型农村金融机构的可持续发展能力遇到挑战

2006 年末，为了支持社会主义新农村建设，银监会发布了《关于调整放宽农村地区银行业金融机构准入政策更好地支持社会主义新农村建设的若干意见》，其核心内容为"低门槛、严监管；先试点、后推开；增机构、广覆盖；拓功能、强服务"。《意见》鼓励多种资本到农村设立多种形式的银行业金融机构，大幅度降低在农村设立银行业金融机构的资本金门槛，鼓励引导各类银行机构到农村增设网点，规定在农村地区设立的各类银行业金融机构的金融服务必须能够覆盖机构所在区域的乡镇或行政村，在各类监管指标上也适应农村金融服务需求的复杂性而特别设定。2008 年 5 月 4 日，银监会又颁发了《关于小额贷款公司试点的指导意见》（银监发〔2008〕23 号），对小额贷款公司的性质、设立条件、运营范围进行了界定。这些政策的出台，催生了村镇银行、贷款公司、小额贷款公司、农村资金互助社等新型农村金融机构及准金融机构的发展。截至到 2013 年底，全国包括村镇银行、小额贷款公司、贷款公司和农村资金互助社等在内的各类新型农村机构和准金融机构共计 8829 家，其中小额贷款公司发展最快，数量占比为 88.8%。回顾近几年农村新型金融机构及准金融机构的发展，一方面，从宏观绩效来看，机构数量的快速增加为农村发展、农业增长以及农民收入增加起到了积极的推动作用；另一方面，从微观运行来看，机构运营中的现实矛盾与困境也在日益凸显，可持续发展问题遇到了严峻挑战。

第一，新型农村金融机构顶层设计的最初目标遇到了难以实现的严重挑战。一方面，国家设立新型农村金融机构是为了服务"三农"发展，增加农村地区金融供给，填补现有机构服务盲区，这使得为"三农"提供金融服务的价格不能过高；另一方面，新型金融机构的制度设计是基于商业化模式，其实质为商业性金融机构，出资者要根据市场原则获取资本报酬。这种性质定位使得新型农村金融机构的运营要以经济目标为首要，没有履行社会目标的积极性和主动性。

第二，新型农村金融机构股权设置不合理，经营过程中缺乏独立性。根据银监会 2007 年 5 号文《村镇银行管理暂行规定》，村镇银行必须由现有大型商业银行发起设立，且发起行持股比例不得低于 20%，因此村镇银行实质为商业银行在农村地区的复制，在业务经营、人员管理、运营区域等方面都要受到发起行的管辖，无独立自主权，其余中小股东的经营意愿也难以体现。

第三，发展过程中的风险问题日益凸现。首先是流动性风险。由于服务对象及资金需求的特点，资金回收速度往往慢于资金贷放速度。小额贷款公司在经营中不能吸收存款，如果大量发放贷款必然会导致现金流紧张，而其余机构由于成立不久，客户群体尚未形成，吸储能力也很有限。其次是经营性风险。由于新型农村金融机构缺乏在农村地区的实战经验，而与城市相比，在农村地区信息不对称问题更加严重，在资金运作上容易产生风险，再加上农村地区目标客户集中，一旦发生风险很难分散，而且容易相互波及，引发系统性风险。近年来部分地区出现的村镇银行、小额贷款公司因违规担保导致流动性危机，资金互助组织出现挤兑风波等均是这种风险的体现。新型金融机构风险的聚集，不仅直接威胁到其自身的生存与可持续发展，而且影响到服务"三农"目标的实现。针对小额贷款公司的资金短缺问题，2009年银监会出台政策鼓励小额贷款公司改制为村镇银行，但现实结果是，小额贷款公司对于转制设立村镇银行并不积极，因为转制村镇银行后虽然可以解决资金来源不足的瓶颈，但服务"三农"的目标定位与资本诉求的冲突依然存在。

发展实践中的现实矛盾，使得机构已经表现出背离其设立初衷的迹象，即"放大不放小、放富不放贫"，偏离了顶层设计的初衷，丧失了为"三农"服务的主动性，发放支农贷款的唯一动机便是为了满足监管者的要求。

（二）农户视角——以西部地区为例

本小节中，文章对农户的金融需求满足程度、农户的主要信贷资金来源等方面进行分析，研究所用数据来自西北大学中国西部经济发展研究中心大型数据库，调研时间为 2006 年—2012 年。

1. 农村地区金融需求远未得到满足

表 8-1 反映了西部地区农村金融机构对农户的贷款需求满足程度。通过对西部地区 11 个省（市、区）2005—2011 年间的共计 33353 份有效调查问卷数据进行整理统计，发现农户在正规金融市场中的贷款满足程度并不高。在调研的 7 年时间内，向金融机构成功贷款的农户仅占到调查对象的 34.33~46.65%，其中，认为贷款需求能够完全得到满足的农户仅占调查对象的 4.33%~7.16%；认为贷款需求能得到 85% 满足的农户占比为4.98%~8.32%；认为贷款需求能得到 70% 满足的农户占比为 2.77%~11.41%；认为贷款需求能得到 50% 满足的农户占比为 9.24%~15.46%；认为贷款需求能得到 30% 满足的农户占比为 6.31%~10.30%。同时，2005—2011 年间农户贷款需求的满足程度没有发生明显变化，有需求而借不到款的农户比率基

本维持在 60% 左右，农民贷款难的问题一直没有得到有效缓解。

表 8-1　西部地区农户贷款需求满足程度调查

	2005	2006	2007	2008	2009	2010	2011
完全满足	5.41	4.33	6.86	7.16	5.74	5.81	5.47
满足 85%	8.32	5.15	5.78	5.25	5.74	4.98	6.01
满足 70%	2.77	11.41	6.75	6.36	6.78	6.98	7.27
满足 50%	9.24	15.46	12.50	13.21	13.70	13.55	13.26
满足 30%	8.60	10.30	7.40	7.11	8.04	6.31	8.00
未借到款	65.67	53.35	60.71	60.92	60.00	62.37	60.00

附注 1：数据来源于西北大学中国西部经济发展研究中心

2. 农户筹资首选渠道并非农村金融机构

根据 2012 年的 4977 份有效问卷的调研数据，当农户被问及"当您家里需要借钱，首先向谁借"时，78.3% 的农户选择向亲戚朋友借款，共计 17.27% 的农户会选择商业银行、农村信用社和小额信贷机构等农村金融机构，有 4.44% 的农户会选择合会、钱庄、高利贷等民间借贷，如图 8-2 所示。

当农户被问到"在借钱给亲戚、朋友时，（是，否）约定利息"时，有 26.36% 的农户选择约定利息，有 73.64% 的农户选择不约定利息。

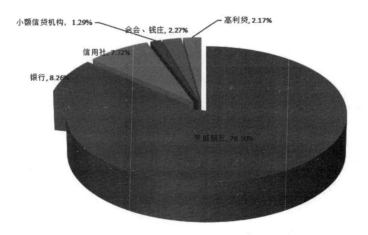

图 8-2 农户筹资途径选择

当农户被问到"您认为银行或信用社目前的利息率是否可以接受"时，69.93% 的农户选择可以接受，30.07% 的农户认为太高。

调查 2005 年以来没有在商业银行或农村信用社申请过贷款的农户，在没有申请的原因中，有 23.98% 的农户认为主要原因是"即使主动申请也得不到贷款"，有 19.31% 的农户认为主要原因是"机构的贷款手续复杂且审批时间长"，有 23.61% 的农户认为主要原因是"可以从其他途径获得资金"，余下 33% 的农户认为以上三种原因都有。

通过以上数据结果可以得出以下启示，第一，多数农户在需要资金时，会选择通过亲戚朋友借款，不到五分之一的农户选择银行和农村信用社等农村金融机构，只有少量农户会选择民间借贷；第二，向亲戚朋友借款具有方便快捷、成功率高、随借随还等优势，甚至也不需要打欠条和约定还款利息，是一种基于血缘、亲缘关系的无息贷款；第三，与通过亲戚朋友借款相比，向商业银行或农村信用社等农村金融机构借款具有"成功率低、手续复杂、审批时间长"等劣势；第四，大多数农户可以接受目前农村金融机构的贷款利率，说明农户对农村金融机构仍存在潜在的贷款需求。

以上分析表明一方面需要不断普及农户金融知识，培养农户金融意识，让农户真正了解国家的支农金融政策及农村金融机构的贷款条件，增加农户对农村金融机构的贷款需求；另一方面需要增加现有农村金融机构在农村金融市场中的信贷配给，真正意义上为农户提供融资便利，促进农村经济增长。

3. 对民间借贷等非正规金融的认识

在 2012 年的 4977 份有效调研问卷中，对于"您当地有没有合会、钱庄"这一提问，认为"有"的农户占比仅为 7.98%，认为"没有"的农户占比为 63.27%，余下 28.75% 的农户回答"不知道有没有"。

对于提问"如果您周围有放高利贷的现象，高利贷的月息一般是："，有 59.59% 的农户选择"不清楚"，余下农户选择的占比从高到低依次为：3 分利以下、3 分—5 分利、6 分—7 分利、8 分利及以上，如图 8-3 所示。

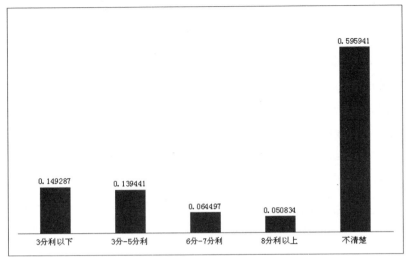

图 8-3 民间高利贷月息分布图

对于提问"您认为与银行、信用社相比，合会、钱庄好在哪"，农户认为其主要的特点有方便快捷、贷款限制条件少和门槛低，占比依次为36.11%、24.89 和 23.31%。

分析以上调研数据可以得知，在西部地区的农村金融市场上，民间借贷等非正规金融市场所占份额很小，农户对非正规金融机构的了解也甚少，但是，由于非正规金融具有方便快捷、贷款限制条件少和门槛低等特点，当真正需要资金的农户由于客观条件限制而无法通过正规金融等渠道获得融资时，便会转向非正规金融，愿意承担更高的利率水平，非正规金融也因此而得以生存。

在农村金融市场上，非正规金融的主要作用是弥补正规金融的业务空白和市场盲区，二者是此消彼长的关系，非正规金融会因竞争加强而衰退，所谓正规进，则非正规退。印度案例在一定程度上证实了这一说法，1951 年印度的民间借贷要占到农户贷款总额的 92.8%，"绿色革命"推行后，政府为满足新增的农业投资需求，在农村地区增设了服务合作社和地区农业银行等机构，到 1986 年，民间借贷占农民贷款总额的比例下降了 30% 左右，并由正规商业银行贷款取代。在我国农村金融市场上，民间借贷等途径并非农户融资的最佳方式，非正规金融仅仅是对正规金融的一种补充，如果能够加强正规金融的信贷供给，非正规金融的市场份额便会自动缩小。

（三）我国农村金融机构双重目标兼顾不均衡的原因分析

反思政府主导下的一系列农村金融改革，发现尚未真正破题。农村金融体制改革中深层次的遗留问题尚未真正解决，如农村金融服务空白点不少、农户贷款需求的满足程度不高、有效抵押担保物不足、产权制度不明；农村金融发展中的新问题又不断涌现，如农村金融机构"离农脱农"现象明显，新型农村金融机构的可持续性问题遇到严峻挑战等等。

1. 服务三农的社会责任与市场经济中追逐利润最大化的冲突

一方面，相对于城市商业银行而言，农村金融机构在农村地区的服务对象小而分散，信息不对称问题严重，此外农村地区的贷款可抵押物比较缺乏，再加上农业经营易受自然和市场双重影响，种种原因使得农村金融机构的运作存在高风险；农村金融机构针对"三农"的贷款笔数多，单笔额度小，对分散的单笔贷款的信息采集成本和操作费用呈现出双高特征。这种高风险和高成本的转移和固化必然会表现为高利率。根据国际经验，以小额贷款为主要业务的农村金融机构的贷款利率达到25％至40％时，才能使其维持盈亏平衡。显然，如此之高的利率水平是"三农"难以承受的。国家设立农村金融机构的初衷是为增加农村金融供给、缓解"三农"贷款难题，同时农业作为强位弱势产业，为"三农"贷款的价格要体现一定的政策优惠性和惠农服务性，要低于城市工商业贷款的利率水平。

另一方面，"自主经营、自负盈亏"的农村金融机构要根据市场原则获取资本报酬，这就客观上使得农村金融机构不可能远离利益追求而以服务"三农"为目标。在农村占据垄断地位的农村信用社已经开始进行股份制改革，实现了商业化经营的运作模式。再以2006年国家放宽准入条件下新成立的农村新型金融机构为例，不论是村镇银行、还是资金互助社和小额贷款公司，其实质均为商业性金融机构。农村金融机构的商业化运作模式使得自身在经营过程中，不得不兼顾出资人及股东的利益，通过系列金融活动来攫取利润，而为"三农"服务的价格又必须要低，这就使得农村金融机构面临着经济目标与社会目标间的矛盾，丧失了为"三农"服务的主动性，很容易在监管不到位的情况下，发生服务对象的偏离，倾向于为更能获利的城市人群及城镇企业提供金融服务。

2. 股权设置与自主经营的冲突

（1）根据 2011 年银监会发文，未来五年将全面推进农村信用社的股份制改造，鼓励符合条件的农村信用社改制为农村商业银行。不断进行的股份制改革将有助于解决农村信用社的所有者缺位问题，并在法人治理结构、内控能力、盈利能力、资产质量等方面得到显著改善。但对于现有的大量农村信用社而言，在股权设置方面仍然存在一些遗留问题。一是股权过于分散，按照贵州省遵义市一家农村信用社的调研情况，其持股的自然人股东多达1500 人，而法人股股东仅 8 人。分散的股权持有情况使得农村信用社的法人治理机构难以真正发挥作用，"三会一层"形同虚设，难以真正实现决策、执行、监督的有效制衡；二是增资扩股存在困难，现有的自然人股东过于分散且难以集中，持股比例少，持股在 100 元以下的股东也不在少数，虽有一些地区的农村信用社开始清退自然人股东，但按规定执行的农户很少，而且很多自然人股东在外打工，给清退工作带来了很大难度。此外，法人股难以吸收，农村地区的大中型企业较少，受到流动性和资本充足率等条件的制约，入股意愿普遍不高。三是股东非农化趋势明显。为扩大资本存量，一些农村金融机构选择拉拢大型的城市工商企业和城镇居民入股，形成城市资金的相对控股。农村信用社的经营本是立足三农，但以上股权设置的结构性改变很容易使之在经营过程中出现背离三农的初衷，而是仅为迎合股东资本的逐利行为。

（2）新型农村金融机构股权设置不合理，导致经营过程中缺乏独立性。根据银监会 2007 年 5 号文《村镇银行管理暂行规定》，村镇银行必须由大型城市商业银行发起，且发起银行的持股比例不得低于 20%，这就使得实质上村镇银行仅是大型商业银行在农村地区的复制，其自主经营权、人事管理权、业务范围等方面都要受到发起银行的管制。另外，从商业银行参与村镇银行的现实来看，由于银监会对区域性商业银行跨区经营实行严格审核，这就使得商业银行参与村镇银行的直接动机在于规避银监会的监管，从而达到跨区经营的目的，发起行对服务"三农"并不在意，甚至将村镇银行演变为从农村吸收资金，并向非农转移资金的新通道。

3. 多重委托——代理关系导致的利益相关方的冲突

以村镇银行为例，村镇银行大多由大型国有商业银行发起并控股，而大型国有商业银行的大股东是政府，这样，实际上村镇银行是国有商业银行的复制，政府对村镇银行的人事管理、经营范围等拥有绝对控制权。村镇银行的高管人员如行长、经理由发起银行下派，这样经过重重的委托任命，最终在政府、国有银行高管、村镇银行高管、农户间形成了复杂的委托代理链条。此外，由于存款人是大量分散，无行为能力的，同时是银行风险的最大承担者，由监管部门代为监管，保证存款人的利益，这样，村镇银行在经营过程中，要同时满足出资方的盈利需求、服务三农的社会责任、经营过程中的低风险，各利益链条间的关系更为复杂，导致村镇银行的经营左右为难。

农村信用社虽然经过了一系列改革，但是政府拥有最终控制权的性质却一直没变，因此农村信用社在经营过程中同村镇银行一样，内部存在着多重复杂的委托—代理关系，面临着政府、高管、农户、监管者之间形成的多方利益链条的冲突和均衡问题。

综上，由于各利益相关方的利益诉求不同，使得农村金融机构在服务"三农"、利润最大化、以及金融稳定等方面的冲突成为一种常态现象。

（四）我国农村金融机构双重目标兼顾不均衡的机理分析

通过构建博弈模型，对农村金融机构追求经济目标和履行社会目标的行为选择进行了理论分析。

1. 变量描述与模型假设

（1）变量描述

首先对模型中引入的变量进行说明解释。

a. 政府干预

我国主要的农村金融机构都具有国有的性质，其经营具有浓厚的官办色彩，充当了国家银行的基层机构。政府作为"真实"的利益相关者参与其治理，政府干预具有类似的特征：第一，政府投入了大量的专有资本。在农村金融市场里，农村金融机构所面临的客户群体多而分散，普遍缺乏抵押品，农业经营生产周期长而风险高，且农村市场缺乏相应的软、硬件配套设施，要使商业银行主动在农村地区开展金融业务不符合市场经济的逻辑，为弥补农村金融市场失灵问题，政府采取强制性制度变迁的方式增加农村金融供给，并通过财政注资、补贴、拨款、贷款贴息、税收减免等一系列资金支持来弥补农村金融机构的额外成本。第二，政府承担了农村金融机构经营失败的主要风险。改革初期，农村金融机构面临着不利的内外部环境。从内部看，农村金融机构产权不明，内部人控制严重，并由此引起寻租、逆向选择等问题；从外部看，外部金融生态环境不完善，与"三农"信贷配套的保险机制、信用机制、监督机制不健全，农户道德风险严重，导致形成了大量的不良贷款。如早期的农村信用社资不抵债，政府通过保值补贴、税收减免、央行资金支持等方式注入了大量资金；再如中国农业银行在股改上市之前，财政部出面为其承担处置了 8000 亿不良资产。政府实际为农村金融机构的经营提供了隐形担保。第三，政府从中获得收益。政府在投入资本、承担风险的同时，参与农村金融机构的外部治理，要求农村金融机构的经营要体现自身的意志，即为"三农"发展提供金融服务和资金融通便利，并在经营中能够贯彻有关农业产业政策、扶贫政策、货币政策等，实现政策目标。政府从中获取的收益不是利润的形式，而是农村金融发展带来的农村经济发展和社会稳定等潜在收益。

综上，政府对农村金融机构的干预可以描述为：以利益相关者的身份，对农村金融机构施行"行政化外部治理"。

b. 农村金融生态环境

"金融生态"指的主要是金融体系所赖以生存和发展的外部经济社会环境。包括与金融运行密切相关的经济基础、法制环境、信用水平、金融监管力度等环境因素（周小川中国人民银行行长）。农村金融生态环境是农村金融机构赖以生存和发展的基础，机构功能的正常发挥离不开农村金融生态环境。模型中假设农村金融机构对所发放的不良贷款的清收率 f 为金融生态环境 E 的函数，金融生态环境 E 越完善，表明农村金融市场上的法制环境、信用水平及监管力度等都得到加强，清收率 f（E）越高，反之则反。

c. 金融发展水平

金融发展主要指金融机构自身的内部运作，包括金融规模的扩张、金融结构的优化和金融效率的提高三方面。模型假设农村金融机构对贷款对象所花费的监督成本 C 是金融发展水平 F 的函数，如果金融机构自身实现规模化经营、结构得以优化、效率得到提升后，将会带来监督成本 C 相应的下降，反之则反。

（2）模型假设

基于主体理性的基础，为有效建立博弈模型，提出以下基本假设：

假设 1 在农村金融市场上存在着若干金融机构，它们是风险中性的，能够吸收存款，并负责提供资金，发放贷款。追求利润最大化。

假设 2 金融机构可以投放两种类型的贷款，项目 1 是农业贷款，其特点为生产周期长，获取信息的成本较高，高风险低收益，存在于农村。项目

2 是商业性贷款，其特点为获取信息的成本相对较低，资本配置效率较高，收益较高，主要存在于城市。

假设 3 假设项目 1 的融资者为农户，项目 2 的融资者为企业家，农户和企业家自有资本均为 K_1，为达到最佳经营规模、实现规模经济等目的，需要在金融市场上以贷款形式进行融资 K_2 单位，才能开始项目 1 或项目 2 的运营。金融机构根据商业化经营原则选择投资项目，并拥有决策权。

假设 4 项目 1 的期望利润回报率对金融机构与农户皆为 r_1，项目 2 的期望利润回报率对金融机构与企业家皆为 r_2，且 $r_2 > r1$。

2. 我国农村金融机构双重目标兼顾失衡的产生机理

建立博弈模型，分析在不同内、外部环境下农村金融机构与借贷者所做出的最优选择行为。

（1）模型 1：服务"三农"是农村金融机构的政策使命

假设政府不干预，既不干涉农村金融机构的经营，也不占有股权，在此情形下，机构完全自主经营。当机构选择放贷时，机构与借款者二者之间形成了委托代理关系，但由于其中难以克服的信息不对称问题，借款者倾向于违约或逃废债务，发生道德风险，侵占机构权益。因此当机构放贷后，需要对项目实施情况和进展程度进行监督，以保证本金和利润的顺利收回，此时花费的监督成本为 C（r，F）。监督成本 C（r，F）> 0，为项目收益 r 和金融发展 F 的函数，设 $\partial C / \partial r > 0$，说明项目收益 r 越大，需要花费的监督成本越高。$\partial C / \partial F < 0$，且对于任一项目收益 r，当 $F \to +\infty$ 时，$\lim C = 0$，这是由于随着金融发展水平 F 的不断提升，减轻了信息不对称问题，所需监督成本越来越少，直至趋于 0。同时，项目 1 的监督成本 C_1 大于项目 2 的监督成本 C_2；当农户或企业家发生道德风险时，机构收回本金和利润 f（E）（1+r）K_2，其中 f（E）代表清收率，是金融生态环境 E 的函数，金融生态环境越完善清收率越高，即 f（E）$\in$ [0，1），且 $df / dE > 0$，当 $E \to +\infty$ 时，$\lim f$（E）

=1。当发生道德风险时，机构的期望利润为 $[f（E）（1+r）-1]K_2-C（r，F）$，此刻农户或企业家期望总利润为 $rK_1+[1-f（E）]（1+r）K_2$；当农户或企业家无道德风险时，机构的期望利润为 $rK_2-C（r，F）$，农户或企业家的期望利润为 rK_1。由此，在政府不干预的假设条件下，得到农户和企业家的支付矩阵（见表 8-2）。

表 8-2 不考虑政府介入因素时的支付矩阵

机构		贷款者	
		贷款者发生道德风险时	贷款者无道德风险时
	项目 1	$[f（E）（1+r_1）-1]K_2-C（r_1，F）$，$r_1K_1+[1-f（E）]（1+r_2）K_2$	$r_1K_2-C（r_1，F）$，r_1K_1
	项目 2	$[f（E）（1+r_2）-1]K_2-C（r_2，F）$，$r_2K_1+[1-f（E）]（1+r_2）K_2$	$r_2K_2-C（r_2，F）$，r_2K_1

在完全市场经济中，农户或企业家如果选择发生道德风险，可以获得收益 $[1-f（E）]（1+r）K_2>0$（$r=r_1$ 或 $r=r_2$），进一步，相对于无道德风险而言，$rK_1+[1-f（E）]（1+r）K_2 \geqslant rK_1$（$r=r_1$ 或 $r=r_2$），因此，在利益的驱使下，农户或企业家会选择发生道德风险，有意违约，此种情况下，机构无法收回本金和利润。在预期贷款者的行为选择后，机构出于利益最大化的考虑：因为 $r_1<r_2$，$C（r_1，F）>C（r_2，F）$，因此有：

$[f（E）（1+r_1）-1]K_2-C（r_1，F）<[f（E）（1+r_2）-1]K_2-C（r_2，F）$，在 $[f（E）（1+r_2）-1]K_2-C（r_2，F）>0$ 的情况下，机构会选择高回报的项目 2，此时

$$f（E）>\frac{C(r_2，F)-C(r_1，F)}{(r_2-r_1)K_2} \text{且} f（E）>\frac{C(r_2，F)+K_2}{(1+r_2)K_2} \qquad （8.1）$$

但当金融发展 F 较低时，监督成本 C 足够高，以至 $[f（E）（1+r_2）-1]K_2-C（r_2，F）\leqslant 0$，此时即使投资项目 2 也无利可图，利润 <0，机构选择放弃投资机会。化简得：$f（E）\leqslant\frac{C(r_2，F)+K_2}{(1+r_2)K_2}$。结合（8.1）式，当 $\frac{C(r_2，F)+K_2}{(1+r_2)K_2}<f（E）\leqslant\frac{C(r_2，F)+K_2}{(1+r_2)K_2}$ 时，投资行为不会发生。随着金融发展 F 的不断提升，会有 $\lim C（r_2，F）=0$，进一步 $\lim\frac{C(r_2，F)+K_2}{(1+r_2)K_2}=1/(1+r_2)$。但此时若金融生态

环境 E 过于恶劣，在 $f(E) \leqslant 1/(1+r_2)$ 的情况下，投资行为亦不会发生。

可以得出，在追求利润最大化作为农村金融机构唯一目标的前提下，当金融生态环境恶劣或金融发展水平低时，农村金融机构选择放弃投资；当金融生态环境和金融发展水平变好时，农村金融机构仅会选择高回报率的商业放贷。政府不干预最终将导致农村金融机构收缩和农村资金外流。

结论 1 早期的农村金融市场上，政府干预是必要的。

在早期的农村金融市场上，金融生态环境较为恶劣，金融发展水平较低，农村金融机构选择放弃投资，当金融生态环境和金融发展水平稍有好转，在利润最大化的驱使下，农村金融机构仅会选择高回报率的项目 2 进行投资。此时政府干预是很有必要的，唯有干预才能有效调节市场失灵，吸引金融机构在农村地区投资并将资金投向农户。

检验 在 20 世纪前半期，我国的国民经济发展中，国民政府更多的关注东南沿海地区及城市地区的发展，而广袤的农村地区由于长期以自给自足的小农经济为主，生产力水平低下，农村经济及农村金融问题未能受到政府的重视，当时甚至以牺牲农村地区的经济发展为代价来实现城市地区的早期现代化。它给中国社会带来的一个重大问题就是（赵泉民，赵宏,2009)："货币多由内地农村流至城镇，由城镇流至通都大邑，再由通都大邑流往海外"。伴随着资金流向的城市化，村落中则更加显露出金融枯竭景象，"农村资本缺乏，已成为近几年来全国的普遍现象"。江、浙经济发达地区因"近年金融枯竭"，乡村经济呈凋敝态势。广东"现金多被吸收。因之金融的枯竭愈甚，农村中一般的支付益感周转的困难"。华北"农村金融枯窘，较他处尤为严重"。农村资金严重匮乏带来的直接后果便是农业经济的极度衰落和农民生活的异常窘迫。也正因如此，当时的国民政府为缓解愈演愈烈的农村资金匮乏问题，提高百姓收入水平，实施了农村金融的强制性制度变迁，促进了农村合作金融制度建设，有效地解决了农村金融机构的"进入"问题，在一定程度上助推了资金向农村回流，增加了农村贷款数量，缓解了农村资金短缺问题。

（2）模型2：政府干预下农村金融机构不同时期的行为选择

在政府干预情形下，机构可以获得较稳定的项目收益，而且由于风险承担机制并未将风险完全"内部化"，有政府作为最后贷款人，机构存在一定的短期偷懒行为，并没有足够的动机去健全内控机制，也不愿意花费监督成本去加强对每一笔贷款的贷后管理。单次博弈情形下，农户通过政府干预获得资金，不仅可以享受利率优惠和财政补贴等好处，而且存在事后不履约的动机，以便获得额外收益。当农户发生道德风险时，能够以直接或间接的形式获得额外收益 $Y(g)$，额外补偿收益 $Y(g)$ 为政府干预水平 g 的函数，$Y(g) \geqslant 0$，$dY/dg > 0$，即政府干预越强，农户发生道德风险获得补偿收益越高。得到考虑政府干预时的单次博弈支付矩阵见表8-3。

表8-3 政府干预时的单次博弈支付矩阵

机构		贷款者	
		贷款者发生道德风险时	贷款者无道德风险时
	项目1	r_1K_2，$r_1K_1+Y(g)$	r_1K_2，r_1K_1
	项目2	$[f(E)(1+r_2)-1]K_2-C(r_2, F)$，$r_2K_1+[1-f(E)](1+r_2)K_2$	$r_2K_2-C(r_2, F)$，r_2K_1

在政府干预情形下，相对于不发生违约行为，农户获得贷款后发生道德风险带来的收益为 $r_1K_1+Y(g)$，可得 $r_1K_1+Y(g) \geqslant r_1K_1$；企业家获贷后违约带来的收益为 $r_2K_1+[1-f(E)](1+r_2)K_2$，可得 $r_2K_1+[1-f(E)](1+r_2)K_2 \geqslant r_2K_1$。因此，农户或企业家均会选择发生道德风险，刻意逃废机构的本金与利润或攫取财政补偿。机构在对贷款者行为选择的理性预期下，会做出如下考虑：

当 $[f(E)(1+r_2)-1]K_2-C(r_2, F) > r_1K_2$，即 $f(E) \geqslant \dfrac{1+r_1}{1+r_2}+\dfrac{C(r_2, F)}{(1+r_2)K_2}$ 时，机构选择项目2进行投资。当 $[f(E)(1+r_2)-1]K_2-C(r_2, F) \leqslant r_1K_2$，即 $f(E) \leqslant \dfrac{1+r_1}{1+r_2}+\dfrac{C(r_2, F)}{(1+r_2)K_2}$ 时，机构选择项目1进行投资。

由于政府干预以终极所有者或最后贷款人的角色消除了机构发放农业贷款的后顾之忧，机构投资于项目1的期望利润 > 0，因此，机构的放贷行为必然发生，机构根据自身利益最大化的原则在项目 1 和项目 2 间进行选择。

根据（8.1）式结论，$f（E）>\frac{C(r_2, F)+K_2}{(1+r_2)K_2}$ 时，机构才会选择项目 2 进行投资，当政府干预时，机构选择项目 2 进行投资的前提是 $f（E）>\frac{1+r_1}{1+r_2}+\frac{C(r_2, F)}{(1+r_2)K_2}$，对于任一金融发展 F，均有 $\frac{1+r_1}{1+r_2}+\frac{C(r_2, F)}{(1+r_2)K_2}>\frac{C(r_2, F)+K_2}{(1+r_2)K_2}$，说明在政府干预的情况下，机构进行商业放贷对金融生态环境提出了更高的要求，当金融生态环境较为薄弱时，机构选择项目 1 进行放贷，此时政府干预增加了农村金融市场上的金融资源供给，有利于农村经济的发展。

为方便分析，引入时间变量 t，将不良贷款清收率 f(E) 用函数式表示，可以表示为 $Z_1= f(E)= f(E_t)$，f(E) 为 t 的增函数，用图 8-4 表示。原因是随着时间的推移，改革成效逐步显现，金融生态环境 E 越来越完善，清收率 f(E) 是 E 的增函数，所以 f(E) 会越来越高。随着时间推移，金融生态环境 E 趋于完善，因此 $\partial Z_1/\partial t > 0$，在图 8-4 中用上升的曲线 Z_1 表示，若时间不变，金融生态环境 E 变好，Z_1 会上升到 Z'_1。

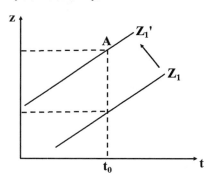

图 8-4 不良贷款清收率函数 Z_1

同样，随着时间的推移，金融发展水平 F 也会越来越高。令 $Z_2=\frac{1+r_1}{1+r_2}+\frac{C(r_2, F)}{(1+r_2)K_2}=\frac{1+r_1}{1+r_2}+\frac{C(r_2, F(t))}{(1+r_2)K_2}$，金融机构自身金融发展水平的提升将会带来监督成本的下降，所以监督成本 C 是金融发展 F 的减函数，F 是时间 t 的增函数，得出 Z_2 是 t 的减函数，即 $\partial Z_2/\partial t <0$。在图 8-5 中用下降的曲线表示 Z_2。若时间不变，金融发展水平 F 变好，Z_2 会下降到 Z'_2。

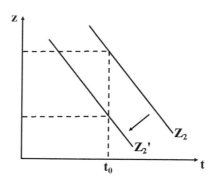

图 8-5 函数 Z_2

图 8-6 显示了金融生态环境 E 和金融发展水平 F 变化引起的投资变动。在 Z_1 与 Z_2 的交点 A_0（t_0，z_0）处，机构投资项目 1 和项目 2 会带来相同的效用；在 A_0 点左侧，$Z_1 < Z_2$，即 $f（E）< \dfrac{1+r_1}{1+r_2} + \dfrac{C(r_2,\ F)}{(1+r_2)K_2}$，机构选择项目 1 进行投资；相反，在 A_0 点右侧，机构会选择项目 2 进行投资。若金融生态环境 E 变得完善，会使 Z_1 上升到 Z'_1，与 Z_2 产生新的临界点 A_1（t_1，z_1），同理，在 A_1 点左侧，机构选择投资项目 1；在 A_1 点右侧，机构选择投资项目 2。若金融发展水平变好，会使 Z_2 下降到 Z'_2，与产生新临界点 A_2（t_2，z_2）。图中 $t_2 < t_1 < t_0$，可见金融生态环境越好，金融发展水平越高，临界点出现的越早，在临界点之后机构会选择高回报的项目 2 进行投资。

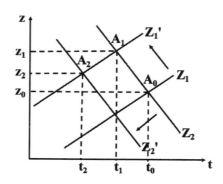

图 8-6 金融生态环境 E 和金融发展水平 F 变化引起的投资变动

农村金融市场上，无论临界点 A 处于什么位置，随着金融发展水平的提高和金融生态环境的完善，机构终将会选择高回报的项目 2 进行投资放贷。

结论 2 现有政府干预方式在早期的农村金融市场有效，机构在自身利益最大化的前提下能兼顾到社会目标；当农村金融市场变得完善和发达时，干预效果不佳，机构的最优选择是追逐经济目标。

改革开放以来，政府对农村金融机构的干预弥补了农村金融生态环境薄弱和金融发展水平较低的缺陷，依靠国家隐性担保下的机构信用扩张，能够最大限度的加速农业资本积累和农村经济增长。即使政府干预下的农村金融中存在着双向的道德风险问题，但只要支农项目所带来的农村经济增长和社会稳定等经济效益和社会效益之和大于资金投入成本，整个农村经济就营造了一个和谐共赢的利益格局，一个"皆大欢喜"的帕累托改进效应也得以实现。但当经济发展到一定阶段，随着法制因素和信用担保机制的不断健全，农村金融生态环境得到完善，机构金融发展水平得到提高，此时，政府干预引发的道德风险成本凸显，而投资于高收益的项目 2 的收益却在相应增加、监督成本在相应降低，最终机构仍会转向高收益低成本的项目 2 进行投资。

检验 图 8-7 显示了 1978 年以来金融机构发放的农村贷款占各项贷款比重的变化趋势，总体来看，农村贷款占比的变化轨迹可分为两个阶段，第一阶段是上升阶段（1978-1994 年），第二阶段是下降阶段（1994 年后，并在 2010 年后趋于平稳），整体呈现出先增后降的倒"U"型变化趋势。结合中国农村金融市场上金融机构支农行为演变的历史轨迹，可以发现临界点 A 出现于九十年代初期。1978-1994 年，农村金融机构在政府的干预下进行农业放贷，农村贷款占比不断攀升，农村存款大部分用于农村贷款，甚至还有部分城市资金流入农村，政府干预效果非常好。然而在 1994 年后，农村贷款占比开始回落，农村资金非农化趋势越来越明显，还伴随着机构偏高的不良贷款率和较低的农户贷款满意度，政府干预效果不再显著。农村贷款占比在 1995 年和 1996 年间锐降，随后在 1997 年有所回升。可能引起此现象的政策解释为，1993 年底的金融体制改革中，将国有银行中的政策性业务全部分离给了政策性银行，明确了国有商业银行自主经营、自担风险、自负盈亏的商业化经营原则。基于这一改革取向，引起包括农业银行在内的各家银行纷纷调整经营战略，不愿将资金继续投向"三农"项目，大量撤并农村地区的分支机构和营业网点，短期内引起农村贷款的急剧下降（刘菊芹, 2006)。正是各商业银行的这种资产结构调整，使得"三农"融资问题更加尖锐的凸显了出来。

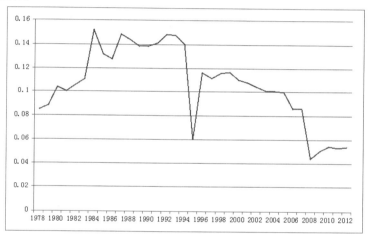

图 8-7　1978-2012 年我国金融机构农村贷款占各项贷款比重（%）

附注 1：数据来源于国研网和中国金融年鉴

（3）模型 3：机构双重目标兼顾失衡的结果：高不良贷款和资金投向非农化。

现实中农户或企业家往往在农村金融市场上长期筹措资金，双方进行多期重复博弈。随着农村信用制度的健全，农户或企业家如果发生道德风险，其行为会被载入不良信用记录，当再次向农村金融机构申请贷款时，将会被拒绝，长期中农户和企业家都有树立自己良好信誉的动机。因此，在长期重复博弈中，只有当农户或企业家发生道德风险时的当期收益大于未来各期相对损失的现值之和时，农户或企业家才会选择发生道德风险。假设 δ 为贴现因子，农户或企业家在金融市场上发生重复博弈的可能性均为 $\varnothing(e)$，其中 $\varnothing(e)$ 为农村信用制度 e 的函数，且 $d\varnothing/de > 0$，当 $e \to +\infty$

时，$\lim \oslash (e)=1$，说明一个区域的信用制度越健全，重复博弈的可能性越大，直至趋于 1，即 $\oslash (e) \in [0, 1)$。通过权衡当期收益与未来长远收益之后，满足如下条件时，农户或企业家将不会发生道德风险。

对于农户需满足：

$$r_1K_1+Y(g) < \delta \oslash (e)r_1K_1+ \delta^2 \oslash (e)^2 r_1K_1 + \delta^3 \oslash (e)^3 r_1K_1+\cdots$$

化简得：$\delta \oslash (e) > \dfrac{r_1K_1+Y(g)}{r_1K_1+r_1K_1+Y(g)}$，进一步整理得，$\delta \oslash (e) > \dfrac{1}{\frac{1}{\frac{r_1K_1}{r_1K_1+Y(g)}+1}}$，从不等式可以看出，政府参与度 $Y(g)$ 的值越大，$\dfrac{1}{\frac{r_1K_1}{r_1K_1+Y(g)}+1}$ 的值就越大，长远收益大于当期收益的可能性就越小，农户就越容易发生道德风险。当政府高度参与农村金融机构时，即使在重复博弈情况下，发生道德风险仍然是农户的最优选择，结果是形成大量不良贷款，最后由机构和政府承担。

对于企业家需满足：

$$r_2K_1+[1-f(E)](1+r_2)K_2 < \delta \oslash (e)r_2K_1+ \delta^2 \oslash (e)^2 r_1K_1+r_2K_1+ \delta^3 \oslash (e)^3 r_1K_1 \cdots$$

化简整理得：$\delta \oslash (e) > \dfrac{1}{\frac{1}{\frac{r_2K_1}{r_2K_1+[1-f(E)](1+r_2)K_2}+1}}$，从不等式可以看出，由金融生态环境决定的清收率函数 $f（E）$ 越大，$\dfrac{1}{\frac{r_2K_1}{r_2K_1+[1-f(E)](1+r_2)K_2}+1}$ 的值就越小，发生道德风险的可能性就越小。较高的金融生态发展水平下，机构倾向于选择项目 2 进行投资。外部环境的完善增加了企业家发生道德风险的机会成本，有助于其保持诚信行为，使得重复博弈的可能性大为增加，机构也能够从投资项目中获益。

结论 3 长期中政府现有干预会诱发农户发生道德风险，形成大量不良贷款，同时机构倾向于选择商业放贷，引起农村资金投向非农化。

多期重复博弈中，农户或企业家的行为选择受到各期收益变化之和的影响，进而农村金融机构会根据对农户或企业家行为选择的预期来调整自己的放贷行为。完善的农村金融市场会通过信用机制的约束增加农户或企业家的违约成本，一旦发生道德风险，借贷者将在未来的每一期都遭受损失，此时农户和企业家均会选择认真履约。然而如果引入政府干预因素，农户获贷后会享有政府的利率优惠、补贴等好处，当期收益增加，减少了农户发生道德风险后未来每期的损失，助长农户采取"拿了就跑"的策略，诱发其道德风险行为的发生，形成不良贷款，这也是农村信用社资产质量差的原因，并最终将沉重的历史包袱甩给政府，同时资金运用非农化趋势严重。正如"诺斯悖论"所言，要一分为二的看问题，政府干预曾是发放"三农"贷款的关键因素，当农村经济发展到一定阶段，政府干涉的效果反而会越来越弱，无助于农村金融机构双重目标的兼顾。

检验 a. 农村金融机构不良贷款率偏高

图 8-8 显示，虽然农村信用社的不良贷款率在逐年降低，但仍远高于同期中国银行业平均不良贷款率水平。政府在农村金融机构尤其是农村信用社的改革中充当着终极所有者和最后贷款人的角色，屡次通过财政补贴、剥离或置换等方式处置不良资产，旨在优化农村信用社内部资产结构，使其实现健康运营。但事实上如果农村信用社事前预期到经营亏损后，政府会出面救助，那么经理人就没有激励去改善经营，提高效率，反而会陷入一个亏损——救助——再亏损的恶性循环。

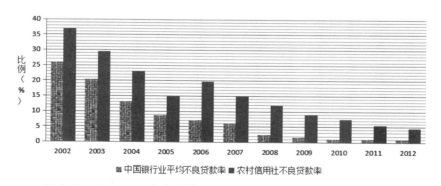

图 8-8　2002-2012 年农村信用社与中国银行业平均不良贷款率比较

附注 1：数据来源于中国人民银行货币政策司、调查统计司

b. 农村资金投向非农化趋势严重

1978-2012 年间我国农村存款与农村贷款差额的变化趋势用图 8-9 来表示。同样以 1994 年为分界点，农村存贷款差额的变化可以大致分为两个阶段，第一阶段是 1978-1993 年间，此阶段存贷差额很小甚至为负；第二阶段

是 1994 年后，存贷差额为正，且逐年增大，增长幅度明显。存贷款差额的变化轨迹同样揭示了我国政府对农村金融市场改革的政策效果：1978 年后直到九十年代初期，很小甚至为负的存贷款差额说明农村资金资源能够完全运用于农村贷款，在政策的导向下部分城市资金也会流向农村，支持农村经济建设，政府对农村金融市场的干预和调控作用得以很好发挥。但从 1994 年起存贷款差额逐年大幅增大，基层农村金融机构甚至沦为"吸存机器"，大量吸收农村存款并将资金流向城市，农村资金外流现象越来越严重，政府干预效果不再显著。

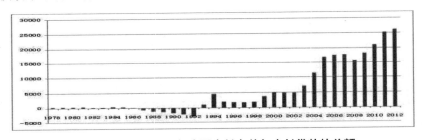

图 8-9　1978-2012 年我国农村存款与农村贷款的差额

附注 1：数据来源于国研网和中国农村金融年鉴

3. 小结

运用博弈模型对我国农村金融机构双重目标兼顾不均衡产生的内在机理进行了系统分析，分析结论得到了中国农村金融市场上很好的经验验证，与现实情况相吻合。结论如下：（1）早期的农村金融市场上，政府行政化干预是必要的。假设追求利润最大化作为农村金融机构的唯一目标，当金融生态环境恶劣、金融发展水平低时，在利润最大化的驱使下农村金融机构会选择放弃投资或仅投资商业放贷，唯有政府干预才能有效调节市场失灵，服务"三农"是农村金融机构的政策使命；（2）现有政府干预方式在早期的农村金融市场有效，机构在自身利益最大化的前提下能兼顾到社会目标；当农村金融市场变得完善和发达时，干预效果不佳，机构的最优选择是追逐经济目标。当金融生态环境函数 f（E）位于临界点左边时，政府干预下金融机构选择农业放贷，当 f（E）位于临界点右边时，政府干预下金融机构选择商业放贷，而临界点是金融发展水平的函数，金融发展水平越高，临界点越早出现。因而，当金融生态环境和金融发展水平完善到一定程度时，即使在政府干预下，农村金融机构也会首选商业放贷，而非低利率的农业贷款；（3）长期中政府现有干预会诱发农户发生道德风险，形成大量不良贷款，并由政府承担，同时机构倾向于选择商业放贷，引起农村资金投向非农化。这一结论可以对中国农村金融市场上金融机构支农行为演变的历史轨迹做出很好的解释。结论将有助于合理运用政府干预方式，有效解决农民贷款难题。

（五）本章小结

首先，从机构视角来看，第一，我国农村国有金融机构刚性退出，即使是中国农业银行也大规模缩减了县及县以下的机构和网点，所发放的"三农"贷款比重也下降很多；第二，以中国农业发展银行为代表的农村政策性金融机构发展陷入困境，一是政策性金融功能的作用范围小，二是其较为单一的筹资渠道与刚性的信贷需求相矛盾，三是政策性补偿机制弱化，财政部门对农业发展银行的补偿性投入缺乏刚性，信贷资金能够财政化，而财政补贴资金却很难银行化；第三，农村合作金融的改革有待深化，虽然我国的农村合作金融改革取得了一定成果，但是现实中仍存在如背离合作制原则、内控机制不健全、产权主体虚置、服务宗旨异化等问题，如何在可持续发展中较好解决上述问题，将是下一步改革深化的重点；第四，新型农村金融机构的可持续发展能力遇到挑战，一是机构顶层设计的最初目标遇到了难以实现的严重挑战，出现了"放大不放小、放富不放贫"的现象，二是新型农村金融机构股权设置不合理，经营过程中缺乏独立性，三是发展过程中的流动性风险和经营性风险问题日益凸现。综上，我国农村金融机构在满足社会目标和经济目标双重目标兼顾时，在不同程度上存在一定的兼顾不均衡问题。

　　其次，从农户视角来看，第一，农村地区金融需求远未得到满足，2005-2011年间有贷款需求而未借到款的农户比重约占60%以上；第二，农户筹资首选渠道并非农村金融机构，多数农户会选择向亲戚朋友贷款；第三，民间借贷等途径并非农户融资的最佳方式，非正规金融仅仅是对正规金融的一种补充，如果能够加强正规金融的信贷供给，非正规金融的市场份额便会自动缩小。综上，要真正发挥农村金融在农村地区的金融减贫作用，在增加现有农村金融机构信贷配给的同时，还要培养农户的金融需求意识。

　　再次，我国农村金融机构双重目标兼顾不均衡的原因分析中，阐释了引起双重目标兼顾不均衡的三方面主要原因，分别是服务三农的社会责任与市场经济中追逐利润最大化的冲突、股权设置与自主经营的冲突、多重委托——代理关系导致的利益相关方的冲突。

　　最后，运用博弈模型分析了政府干预与机构支农行为，对兼顾不均衡的产生机理进行了理论阐释。结果显示：第一，早期的农村金融市场上，政府行政化干预是必要的，服务"三农"是农村金融机构的政策使命；第二，政府干预下农村金融机构不同时期的最优选择有所不同，在早期的农村金融市场上，机构在自身利益最大化的前提下能兼顾到社会目标，当农村金融市场变得完善和发达时，干预效果不佳，机构的最优选择是追逐经济目标；第三，机构双重目标兼顾失衡的结果导致了高不良贷款率和资金投向非农化。

第九章　农村金融机构经营效率研究

农村金融机构作为金融企业，在防范风险、保持流动性的安全经营前提下，满足出资方的获利需求，在现实中表现为努力通过最少或是最合理的投入来获得最大的产出，即追逐利润最大化或成本最小化，最终增强实力，实现机构的可持续发展。在此过程中会产生正向外部效应，促进农村经济的良性发展。为考察农村金融机构的可持续发展问题，文章首先对我国农村金融机构经济目标的实现能力进行了分类分析，然后对农村金融机构的利润效率和成本效率进行实证研究，以期发现农村金融机构业务活动中投入产出间的对比关系，分析其获利能力、成本控制、资源利用效果等方面的经营特征以及影响因素，最后实证分析了我国农村金融对农村经济增长的促进作用。

（一）我国农村金融机构经济目标实现能力的数理分析

1. 模型构建

在模型的构建中，参考了 Tirole（2006）(Webb, D,2006) 提出的固定投资模型（Fixed-Investment Model），并将模型应用于我国的农村地区，分析农村金融机构和借款者的决策行为，其中借款者可以是农户，也可以是企业家。

假设一：借款者自有资本为 A，计划进行 I 的投资，A<I 且借款者会将 A 全部用于投资，因此若启动项目需要向农村金融机构获得 I－A 的贷款融资。借款者获得机构贷款后，如果项目经营成功，会产生 R 的收益，R>0，如果经营失败，则收益为 0，借款者经营成功的概率为 p。

假设二：借款者成功获得贷款后，有发生道德风险的倾向，表现为偷懒和对项目经营的努力程度不够，或是没有选择辛苦但成功率更高的项目，而是选择轻松、有趣但成功率低的项目。当借款者努力经营或选择成功率更高的项目时，项目经营成功的概率 $p=p_H$，当借款者选择偷懒或更轻松的项目时，项目经营成功的概率为 $p=p_L<p_H$，但此时借款者还可以获得因闲暇、放松、承受压力小等带来的私人收益 $B>0$。令 $\Delta p=p_H-p_L$。

假设三：农村金融机构和借款者均是风险中性的。农村金融机构承担着扶持农村经济发展的社会责任，会发放一部分低息低收益的"三农"贷款，因此农村金融机构发放贷款时的真实收益率 $r \geq 0$，在 $r=0$ 时也会发放一部分贷款。借款者承担有限责任，即在资不抵债的情况下有限清偿，多部分债务会被自然免除。

在没有道德风险的情况下，农村金融机构和借款者分享项目收益 R，设农村金融机构获得收益 R_1，借款者获得收益 R_b，$R_1+R_b=R$ 且 $p_H R-I>0$。农村金融机构发放贷款的最低约束条件为 $r=0$，此时机构获得的收益可以用（9.1）式表示：

$$p_H R_1=I-A \qquad\qquad (9.1)$$

在借款者发生道德风险的情况下，尽管借款者获得了私人收益，但有：$P_L R+B-I<0$，进一步变形为（9.2）式：

$$[P_L R_1-(I-A)]+[P_L R_b+B-A)]<0 \qquad\qquad (9.2)$$

此时，无论是农村金融机构，还是借款者，都将无法获得预期收益。对于农村金融机构和借款者能否获得最大收益，金融机构对借款者信息的了解程度和放贷后的监督发挥着至关重要的作用。如果金融机构在事前事后不作为，就会导致道德风险情况下金融机构和借款者收益均为负的情况，借款者为了获取短期私人收益 B，实则使得借贷双方陷入了"囚徒困境"，严重损害经济效率，其中更多的损失由政府来承担。

虽然借款者有选择偷懒等道德风险行为的激励，获得了私人收益 B，但是将项目成功的概率由 p_H 下降到了 P_L，而且预期的项目收益由 R_b 降低到了

0。如果存在有效的监督机制，使得（9.3）式的条件满足时，借款者偷懒行为将不会发生：

$$p_H R_b \geqslant P_L R_b + B，或者（\Delta p）R_b \geqslant B \qquad（9.3）$$

此时农村金融机构的收益可表示为：$p_H（R - B/\Delta p）$，当（9.4）式条件满足时，机构选择发放贷款：

$$p_H（R - B/\Delta p）\geqslant I - A，即 A \geqslant p_H B/\Delta p -（p_H R - I）\qquad（9.4）$$

令 $\bar{A} = p_H B/\Delta p -（p_H R - I）$，当借款者拥有自有资本金时，$\bar{A} > 0$，此时有：

$$p_H R - I < p_H B/\Delta p \qquad（9.5）$$

（9.5）式为市场经济中，农村金融机构选择发放贷款的门槛条件，即借款者拥有的自有资本金满足 $A \geqslant \bar{A}$，当 $A < \bar{A}$ 时，农村金融机构在理性选择的前提下不会发放贷款。

综上，借款者的利润函数或效用可以表示为：

$$U_b = \begin{cases} 0，当 A < \bar{A}， \\ p_H R_b - A = p_H（R - R_1），当 A \geq \bar{A}。\end{cases} \qquad（9.6）$$

农村金融机构的利润函数或效用可以表示为：

$$U_1 = \begin{cases} 0，当 A < \bar{A}， \\ p_H R_1 -（I - A）= p_H\left(R - {}^B\!/_{\Delta p}\right) -（I - A） \\ = p_H R - I + A - {}^{p_H B}\!/_{\Delta p}，当 A \geq \bar{A}。\end{cases} \qquad（9.7）$$

上述分析的前提条件是（9.3）式成立，即不等式 $(\Delta p) R_b \geqslant B$ 成立，有效监督机制通过增加项目成功的概率 p_H、降低借款者偷懒等行为导致项目失败的概率 p_L、降低借款者自身预期的私人收益 B 三个方面来发挥作用。进一步，农村金融机构的监督成本无法量化，因此监督者也会存在道德风险行为，表现为努力监督和不作为两种情况，用 $\sigma j \in \{H，L\}$ 表示，当借款者接收到监督者的信号时，同样有 $\sigma i \in \{H，L\}$ 两种情况，用 v_H 和 v_L 分别表示监督者努力监督和不作为的概率，重新定义 p_H 和 p_L，有：

$$p_H = \sigma_{HH} v_H + \sigma_{HL} v_L；\ p_L = \sigma_{LH} v_H + \sigma_{LL} v_L \qquad（9.8）$$

2. 农村金融机构经济目标实现能力分类比较

通过上述分析，降低监管者道德风险，建立有效的贷款事前事后监督管理机制是农村金融机构提高贷款质量、实现自身可持续发展经济目标以及促进农村经济发展的关键。一是应建立明晰的产权制度，通过对监督者的直接激励来降低其道德风险的可能性，二是应尽可能减少委托代理环节，真正让基层管理者以主人翁的身份去管理贷款风险。

表 9-1 显示了我国主要农村金融机构 2006-2014 年以来的的数量变化。

表 9-1　我国农村主要金融机构数量变化

	农村商业银行	农村合作银行	农村信用社	邮政储蓄银行	村镇银行	贷款公司	农村资金互助社
2006	13	80	19348	1	4		1
2007	17	113	8348	1	19	4	8
2008	22	163	4965	1	91	6	10
2009	43	196	3056	1	148	8	16
2010	85	223	2646	1	343	9	37
2011	212	190	2265	1	635	10	46
2012	337	147	1927	1	800	14	49
2013	468	122	1803	1	987	14	49
2014	665	89	1596	1	1153	14	49

附注 1：数据来源于国研网。

根据表 9-1，截至 2014 年，农村金融市场上占据主要地位的仍是农村信用社。九十年代以来，农村信用社在多次财政注资、人民银行再贷款和核销坏账的基础上，逐步进行了明晰的产权制度改革，并有一部分农村信用社改制成为农村商业银行。不断进行的商业化改革将有助于农村信用社、农村商业银行、农村合作银行等机构逐步实现现代化的公司治理机制，提高经营效率和盈利能力，有效控制作为农村金融机构所面临的高风险，实现在农村地区的可持续发展。

2006 年以来，顶层进行了新一轮的农村金融改革，鼓励成立了新型农村金融机构如村镇银行、贷款公司和农村资金互助社，并鼓励民间资本的审慎进入。

其中，村镇银行和贷款公司均由现有大型商业银行主导发起，基本延续了发起银行的经营管理模式，并没有风险管理和监督管理等技术方面的比较优势，似乎与九十年代中期国有银行纷纷撤出农村地区的事实相悖。此外，由于多重复杂的委托代理机制和多重监管目标，使得村镇银行和贷款公司的基层管理者没有实质性的自主经营管理权，因此很难提高监督效率。

政府进行新型农村金融机构改革的逻辑则是为了降低农村金融机构的经营风险，将出现的风险损失内生化。从现实来看，大部分村镇银行和贷款公司实现了盈利，主要原因是此部分新型农村金融机构与发起银行有着密切的资金、业务往来，母行通过业务输送、成本转移等利益输送方式帮助此类机构实现了账面上的盈余（洪正，2011）（洪正, 2011)，而大型商业银行竞相在农村地区组建村镇银行和贷款公司的真正动机除了响应国家政策号召外，还在于组建村镇银行和贷款公司能够带来在农村地区经营的特许价值权，通过特许价值权可以获得在农村地区的垄断收益、从事非农业务的收益和获得较高的存贷款利差。此种模式虽然在短期内有助于改善农村地区的融资环境，但仅是一种低效的均衡，从长期来看实际损失了农村金融市场效率，且长期的亏损积累隐藏着系统性金融风险，其自身的经营可持续性也值得怀疑，而且短期时间内特许价值权的诱导难以为继，母行很难在长期中保持进入农村金融市场的积极性。长期来看应在对农村金融机构进行存量改革的同时，在增量改革中引起更有效率的民营资本，才能从根本上改善农村金融状况。

农村资金互助社是由社员自愿发起入股，主要为社员提供金融服务的合作性的社区金融组织。农村资金互助社是独立法人，由社员进行民主管理，强调为社员服务，相互监督，因此具有更高的监督管理效率，该治理模式更有利于提高资产质量，减少不良贷款。不足之处是农村资金互助社的资金来源有限，目前发展缓慢，在农村金融市场中占据的份额很小。作为农村金融市场的内生力量，农村资金互助社具备一定的可持续发展能力。

（二）我国农村金融机构利润效率与成本效率的实证分析

1. 利润效率与成本效率的概念界定及影响因素分析

（1）农村金融机构利润效率的界定

基于微观经济学中厂商追求利润最大化的原则，作为农村地区的金融企业，我国农村金融机构在经营过程中同一般厂商一样，不仅要求获取利润，而且要求获取最大利润。如果农村金融机构的边际收益等于边际成本，则实现了利润的最大化，如果利润还有上升的空间则可以通过增加产品收益和降低成本费用的途径来实现。农村金融机构的利润效率衡量的是机构在农村特定经济社会的大背景下，进行有效的投入产出配置获取利润，各农村金融机构在经营过程中获取的真实利润与理想状态下最大利润的比率。对于第 i 家金融机构，用向量 w_i 表示其在经营过程中的一系列投入产品的价格，向量 y_i 表示所提供金融产品的价格，u_i 表示第 i 家金融机构在经营过程中致使利润降低的系列无效率因素，v 表示随机误差项，Π_i 表示该机构获取的真实利润，则第 i 家农村金融机构在运营过程中的真实利润函数可以表示为 $\Pi_i = \Pi(w_i, y_i, u_i, v)$。用 Π_i^* 表示理想经营状态下该金融机构所能实现的最大利润，则第 i 家金融机构的利润效率可以表示为 $PE = \Pi_i / \Pi_i^*$。可以得出在产出和投入价格既定的情况下，农村金融机构可以增加的利润空间为（1 - PE）× 100%。

农村金融机构的利润效率反应其在给定的市场环境下获取利润的能力，利润效率越接近于 1，说明获利能力越强，越接近于 0，说明获利能力越弱，如果小于 0，说明出现亏损。因此农村金融机构的利润效率是其资源配置能力的体现，是其生存与发展的基础，也是衡量其经济目标实现与否的关键指标之一。

（2）农村金融机构成本效率的界定

　　农村金融机构的成本效率衡量的是机构在农村特定经济社会的大背景下，为实现相同产出进行资源的有效配置，各农村金融机构在经营过程中所耗费的真实成本与理想状态下最佳运营成本边界的比率。同理，对于第 i 家金融机构，用向量 w_i 表示其在经营过程中的一系列投入产品的价格，向量 y_i 表示所提供金融产品的价格，z_i 表示第 i 家金融机构在经营过程中致使真实成本上升的系列无效率因素，u 表示随机误差项，C_i 表示该机构花费的真实成本，则第 i 家农村金融机构在运营过程中的真实成本函数可以表示为 $C_i=C(w_i,\ y_i,\ z_i,\ u)$。用 C_i^* 表示理想经营状态下该金融机构所能达到的最低有效成本，则第 i 家金融机构的成本效率可以表示为 $C_E=C_i^*/C_i$。可以得出在产出相同的情况下，农村金融机构可以降低成本的空间为（1－CE）×100%。

　　成本效率反映在既定投入价格与产出水平下农村金融机构实现成本最小化经营的能力，体现了农村金融机构的核心竞争力，是衡量其经济目标实现与否的另一关键指标。

　　（3）影响因素分析

　　对农村金融机构经济目标实现情况的研究可以分解为对利润效率和成本效率的研究，以下两类因素会影响到农村金融机构的利润效率和成本效率，进而影响到农村金融机构的经济目标，一是内部自身因素，二是外部环境因素。

　　首先，内部自身因素主要包括：a. 农村金融机构的产权制度。明晰的产权制度有助于提高经济运行效率，有助于增强体制内激励机制和约束机制的功能。2000 年以来，我国农村金融机构尤其是农村信用社的改革以产权制度改革为核心，缓解了长期以来存在的内部人控制、所有者缺位、道德风险等问题，但是若要建立明晰完善的农村金融机构产权制度，依然任重而道远。b. 农村金融机构的资产质量。作为农村市场上的金融企业，农村金融机构的资产质量是其发展能力和偿债能力的重要体现。一旦形成不良贷款，农村金融机构的当期利润和未来的可持续发展能力均会受到很大影响。c. 农村金融机构的资产稳定性。农村金融机构在经营管理过程中，要保持较高的资本充足率和较强的抵御风险能力，良好的资产稳定性是农村金融机构经济目标实现的前提和安全经营的保障。d. 农村金融机构的资产流动性。作为金融产业，较高的资产流动性有助于降低经营风险，但是不利于提高盈利能力，较低的资产流动性可以提高盈利能力，但也可能引发经营过程中的流动性风险。农村金融机构需要作出有效权衡，既要实现其经济目标，又要保证经营过程中的流动性需要。

其次，外部环境因素主要包括：a. 经济发展水平。作为农村金融机构赖以生存和发展的外部环境，一般来说，农村金融机构作为经济体中的个体，其经营效率的好坏往往和经济发展水平的变化趋势相一致。原因是，农村金融机构的发展依赖于人们对资金借贷等金融服务的需求和劳动力、资金和资产等方面的资源禀赋供给，而经济发展水平不同，人们对金融服务的需求就会发生变化，人力资源、资金水平、物质资源等生产要素的价格水平和丰裕程度也会不同，进而对农村金融机构的利润效率和成本效率造成影响。b. 政府干预程度。为从制度层面上建立多层次、可持续的农村金融市场体系，满足农村经济需求，政府对农村金融机构进行了一系列改革，其共同特点是均由政府通过自上而下的方式来完成，是一种强制性的制度变迁，而且政府多以"利益相关者"的身份参与农村金融机构的内部治理，政府对农村金融机构的干预不容忽视。然而干预是把双刃剑，一方面政府通过财政支持、补贴等方式引导农村金融机构合理运用资金，有效支农，提高农村信用社资产质量；另一方面，政府的不当干预会导致道德风险、所有者缺位、内部人寻租、委托代理等问题，限制农村金融机构主观能动性的发挥，降低了其主动决策和参与竞争的积极性，不利于农村金融机构利润效率和成本效率的提高。

2. 利润效率与成本效率测定模型的构建

（1）测定方法

对农村金融机构利润效率和成本效率的测定离不开前沿生产函数，即在一定的技术水平和要素组合下，考虑机构投入一定使得产出最大、或产出一定使得成本最小、再或投入产出组合使得利润最大的生产函数关系，通过对比机构实际产出与理想最优产出来测定其相应的效率水平。最常用的测定方法有以数据包络分析法为代表的非参数方法和以前沿分析法为代表的参数分析方法。

数据包络分析方法通过构造最佳可能的生产前沿面来包络所有生产组合，通过投入导向或产出导向的方法来计算效率，是一种确定性的效率测算方法，局限性是没有考虑到生产过程中的随机因素，不能计算变量间的拟合优度和统计性质。

参数方法随机前沿分析法 (Stochastic Frontier Analysis ，SFA) 通过最小二乘法或极大似然估计法构造生产函数，分析过程中可以引入随机扰动项，可以分析变量的统计特性，反映了样本的真实性。

文章在回顾和总结已有文献的基础上，根据文章研究需要，采用了随机前沿分析方法 (SFA)。

随机前沿生产函数最早由 Meeusen 和 Van Den Broeck（1977）以及 Aigner、Lovell 和 Schmidt（1977）分别提出（王忠玉 ,2008），函数式如下：

$$\ln q_i = x_i' \beta + v_i - u_i, \quad i=1, \ 2, \ \cdots, \ I。 \tag{9.9}$$

其中 q_i 表示第 i 个厂商产出；x_i 表示一个由投入的对数组成的 $K \times 1$ 维向量；β 表示未知参数向量；v_i 表示随机误差，可正可负；u_i 表示与技术无效有关的非负随机变量。随机前沿产出围绕着 $\exp(x_i' \beta)$ 变动。最常用的产出导向的生产效率是可观测产出与相应随机前沿产出之比：

$$TE_i = \frac{q_i}{\exp(x_i'\beta + v_i)} = \frac{\exp(x_i'\beta + v_i - u_i)}{\exp(x_i'\beta + v_i)} = \exp(-u_i) \tag{9.10}$$

生产效率 TE_i 反映的是在投入一定时，第 i 个厂商的产出与理想状态下完全有效厂商的最佳产出间的差距，TE_i 在 0 和 1 之间取值。预测效率 TE_i 首先要对随机生产前沿模型（9.9）中的参数进行估计。

由于模型（9.9）的右边包含两个随机项——一个对称误差 v_i 与一个非负随机变量 u_i，通常首先假定 v_i 与 u_i 相互独立，并且两个误差与解释变量 x_i

不相关，此外，

$E(v_i)=0$ （零均值）   （9.11）

$E(v_i^2)= \sigma_v^2$ （同方差）   （9.12）

$E(v_iv_j)=0$ 对任意 $i \neq j$ （不相关）   （9.13）

$E(u_i^2)=$ 常数   （同方差）   （9.14）

且 $E(u_iu_j)=0$ 对任意 $i \neq j$ （不相关）   （9.15）

在这些假设下，运用最大似然法 (ML) 来估计模型，获得参数的一致估计量。由于最大似然法 (ML) 的估计值有许多令人满意的大样本的渐近的性质，因此，同其它估计方法相比，最大似然估计法更具有优势。

（2）评价指标体系构建

为正确测定农村金融机构的利润效率和成本效率，首先需要合理定义投入指标和产出指标。学术界对于投入、产出指标体系的定义和选取并没有形成统一的标准，比较常用的划分方法有三种，分别是生产法、中介法和资产法。生产法的原理是将商业银行比作工厂，为账户持有者提供生产和服务，将实物资本和员工数量作为投入，产出则可以包括营业收入、表外收入、利息收入及非利息收入等。中介法的原理是将商业银行视为资金供给方和资金融通方的中介机构，商业银行投入设备、固定资产及劳动力等，作为中介将吸收的存款进行放贷，并收取贷款利息，因此将存款总量和贷款总量作为产出。资产法也将商业银行视为中介，不同的是将吸收的存款作为投入，将资产负债表中的资产方项目作为产出，包括贷款、各项盈利资产、投资等。综合以上三种方法，在参考已有文献的基础上，结合文章的研究目的，将资金价格、资产价格和人力价格作为投入指标，将存款总额和贷款总额作为产出指标。其中，投入变量资金价格用利息支出与存款总额的比值来计算，资产价格用营业费用与固定资产净值的比值来计算，人力价格用营业费用与职工人数的比值来计算；产出变量存款总额为农村金融机构吸收的各项存款总和，贷款总额指农村金融机构发放的各项贷款总和。

在对利润效率的测算中，通过利息收入、营业利润以及贷款损失准备三者之和来计算机构总利润；在对成本效率的测算中，通过利息支出与营业费用二者之和来计算机构总成本。

此外，结合上文分析，将下列影响因素指标引入模型：产权制度，通过设置虚拟变量考查农村金融机构的产权制度改革对利润效率和成本效率的影响；不良贷款率，衡量农村金融机构的资产质量；核心资本充足率，衡量农村金融机构的资产稳定性；存贷款比率，衡量农村金融机构的资产流动性；地区人均 GDP，衡量地区经济发展水平；财政支出比重，衡量政府干预的规模与程度。

综上，关于测度我国农村金融机构利润效率与成本效率的评价指标以及各项指标的测算方法见表 9-2。

表 9-2 我国农村金融机构利润效率与成本效率的评价指标体系

	变量	指标	计算
我国农村金融机构利润效率与成本效率的指标评价体系	收益变量	利润 TP	利息收入＋营业利润＋贷款损失准备
	成本变量	成本 TC	利息支出＋营业费用
	投入变量	资金价格 x_1	利息支出／存款总额
		资产价格 x_2	营业费用／固定资产净值
		人力价格 x_3	营业费用／职工人数
	产出变量	存款总额 y_1	活期存款、定期存款、存放中央银行等存款总额
		贷款总额 y_2	长短期贷款、同业拆出等贷款总额
	影响因素变量	产权制度 w_1	产权改革前取值 0，产权改革后取值 1
		不良贷款率 w_2	不良贷款余额／贷款总额
		核心资本充足率 w_3	所有者权益／总资产
		存贷款比率 w_4	贷款余额／存款余额
		地区人均 GDPw_5	地区总产出／地区总人口
		财政支出比重 w_6	地区财政支出／地区 GDP

（3）样本选择与模型设定

在我国的农村金融市场上，长期以来农村信用社一直占据着垄断地位，是我国最为主要的农村金融机构，不论是网点数量还是业务覆盖面农村信用社都遥遥领先，其存贷款市场份额占所有农村金融机构的一半以上，支农贷款占 90% 以上（师荣蓉，徐璋勇，2011）(师荣蓉，徐璋勇,2011)，所以文章的分析主要以最具代表性的农村信用社为例说明。研究中共获得 2000–2009 年陕西省地区农村信用社的 729 个有效样本 [1]，具体包括咸阳市、西安市、榆林市、宝鸡市、渭南市、安康市、汉中市和商洛市 8 个市共计 81 个区县的农村信用社。

在模型的选择中，借鉴 Battese and Coelli (1995) 的模型，考虑到超越对数函数模型可以对利润有效性和成本有效性进行实证估计和分解，可以有效避免函数形式错误设计而引起的估计偏差，并且包含投入产出指标的交互影响项，具有准确性和灵活性的特点，鉴于此，选取了随机前沿超越对数函数模型。

所建立的超越对数利润函数模型如下：

$$\ln TP = \alpha + \sum_{j=1}^{2} \beta_j y_j + \sum_{i=1}^{3} \gamma_i x_i + \frac{1}{2}\sum_{j=1}^{2}\sum_{l=1}^{2}\delta_{jl}\ln y_i \ln y_l + \frac{1}{2}\sum_{i=1}^{3}\sum_{k=1}^{3}\varepsilon_{ik}\ln x_i \ln x_k +$$
$$\sum_{i=1}^{3}\sum_{j=1}^{2}\varphi_{ij}\ln x_i \ln y_i + v - u \tag{9.16}$$

所建立的超越对数成本函数模型如下：

$$\ln TC = \alpha + \sum_{j=1}^{2} \beta_j y_j + \sum_{i=1}^{3} \gamma_i x_i + \frac{1}{2}\sum_{j=1}^{2}\sum_{l=1}^{2}\delta_{jl}\ln y_i \ln y_l + \frac{1}{2}\sum_{i=1}^{3}\sum_{k=1}^{3}\varepsilon_{ik}\ln x_i \ln x_k +$$
$$\sum_{i=1}^{3}\sum_{j=1}^{2}\varphi_{ij}\ln x_i \ln y_i + v - u \tag{9.17}$$

（9.16）式和（9.17）式中，TP 为农村信用社利润水平，TC 为农村信用社经营成本，y_j 为第 j 项产出，j=1，2；x_i 为第 i 项投入价格，i=1，2，3；β_j、γ_i、δ_{j1}、ε_{ik}、ϕ_{ij} 为待估参数；误差项由随机误差项 v 和无效率项 u 两部分复合构成，第一部分 v 服从标准对称正态分布，第二部分 u 服从非对称分布，可以反映农村金融机构的利润无效水平和成本无效水平。

考虑到杨氏定理要求齐次性的约束条件为：$\sum_{i=1}^{3}\gamma_i = 1$，$\sum_{k=1}^{3}\varepsilon_{ik} = 0$，$\sum_{i=1}^{3}\phi_{ij} = 0$；系数对称的约束条件为：$\delta_{j1} = \delta_{1j}$，$\varepsilon_{ik} = \varepsilon_{ki}$。在现实中农村信用社是规模报酬可变的，因此用总利润和产出项除以总资产作出调整，并将上述条件和计算代入利润函数模型（9.16）式，进行化简得到利润效率

---

[1]　研究所用数据来源于课题组的前期调研成果，由于受到客观条件的局限，未能将数据进一步更新。

（9.18）式。

$$PE_i = \frac{P_i}{TP_i} = \exp\left|\ln\frac{P_i}{TP_i}\right| = \exp(\ln P_i - \ln TP_i), \quad 0 < PE_i \leq 1 \qquad (9.18)$$

其中，P_i 为农村信用社理论上最为有效的利润效率，PE_i 为农村信用社的实际利润效率，PE_i 越接近 1，说明利润效率越高，越接近于 0，说明利润效率越低。运用最大似然法，估计参数和各样本的 $\ln TP$，便可确定农村信用社的利润效率。利润效率影响因素模型可以表示为：

$$u = \beta_0 + \beta_1 w_1 + \beta_2 w_2 + \beta_3 w_3 + \beta_4 w_4 + \beta_5 w_5 + \beta_6 w_6 + \varepsilon \qquad (9.19)$$

（9.19）式中，u 为无效率项，w_1 为产权制度，w_2 为不良贷款率，w_3 为核心资本充足率，w_4 为存贷款比率，w_5 为地区人均 GDP，w_6 为财政支出比重，ε 为随机扰动项。

同理，可得成本效率 CE_i 的表达式如下：

$$CE_i = \frac{C_i}{TC_i} = \exp\left|\ln\frac{C_i}{TC_i}\right| = \exp(\ln C_i - \ln TC_i), \quad 0 < CE_i \leq 1 \qquad (9.20)$$

实际成本效率 CE_i 越接近 1，成本效率就越高，反之则反。同样，成本效率的影响因素模型为：

$$u = \alpha_0 + \alpha_1 w_1 + \alpha_2 w_2 + \alpha_3 w_3 + \alpha_4 w_4 + \alpha_5 w_5 + \alpha_6 w_6 + \varepsilon \qquad (9.21)$$

3. 利润效率与成本效率的评价结果分析——以农村信用社为例

利用估计随机前沿的计算机程序 FRONTIER4.1 对样本数据进行计算处理，得到了 2000-2009 年陕西省农村信用社的利润效率和成本效率。

（1）利润效率

表 9-3 显示了陕西省农村信用社 2000—2009 年期间的利润效率变化情况。可以看出，分布在较低利润效率区间 0—0.2 的农村信用社个数在 2000 年最多，为 11 个，之后数量迅速降低，从 2007 年开始，所有样本利润效率均高于 0.2；分布在 0.2—0.4 利润效率区间的农村信用社同样呈现出逐年下降的趋势，由 2001 年的最高点 9 个减少到 2009 年的最低点 2 个，说明样本农村信用社的利润效率逐渐从低效率状态向中高效率转变，在现实经营中摆脱亏损的状态并逐步转为盈利；分布在 0.4—0.6 利润效率区间的农村信用社

呈现出先下降后上升的趋势，具体在 2005 年之前呈不断下降趋势，之后直到 2007 年呈现稳定状态，保持在这一区间的有 7 家，但在 2008 年和 2009 年数量分别增加至 25 个和 28 个，引起这一现象可能的原因是受到国际金融危机的冲击以及国内适度从紧的货币政策的影响；分布在 0.6—0.8 利润效率区间的农村信用社数量呈波动性增长趋势，说明随着农村金融改革的深入，农村信用社的利润效率有所提升；分布在 0.8—1.0 利润效率区间的农村信用社数量呈先上升后下降的趋势，2006 年达到高峰，为 44 个，2009 年最低，为 10 个，说明虽然我国农村信用社需要"自主经营，自负盈亏"，但大部分农村信用社仍未能高效运营，与商业银行相比仍存在一定差距。

表 9-3 陕西省农村信用社利润效率区间分布　（单位：个）

年份 \ 区间	0-0.2	0.2-0.4	0.4-0.6	0.6-0.8	0.8-1.0
2000	11	2	20	22	26
2001	3	9	15	30	24
2002	2	6	12	35	26
2003	2	7	8	35	29
2004	1	4	7	32	37
2005	1	5	6	27	42
2006	1	4	6	26	44
2007	0	3	6	38	34
2008	0	5	25	35	16
2009	0	2	28	40	10

考察 2000-2009 年陕西省农村信用社按照利润效率区间分布所占百分比情况，如图 9-1 所示。从图中可以发现农村信用社利润效率变化的演进趋势。如果将利润效率 0.6 以上定义为中高效率，0.8 以上定义为高效率，可以发现，在 2000 年、2008 年和 2009 年三个年份有 60% 的农村信用社处于中高效率经营状态，在 2002 年和 2003 年约有 80% 的农村信用社处于中高效率，2004—2007 年约有 85% 的农村信用社处于中高效率；在 2000—2003 年约有 35% 的农村信用社处于高效率经营状态，2004—2007 年平均有 50% 的农村信用社处于高效率，但 2008 年和 2009 年有所下降，分别为 20% 和 12%。利润效率的总体变化趋势为：随着时间的推移，利润效率为

0.4 以下的农村信用社占比逐渐下降，利润效率为 0.8 以上的农村信用社占比虽在 2005、2006 年有所增加，但之后呈下降趋势，利润效率在 0.4—0.6 和 0.6—0.8 区间的农村信用社占比呈上升趋势。说明我国农村信用社逐步摆脱了无效或低效盈利状态，但处于高效盈利状态的农村信用社也为数不多，大多数农村信用社处于中高效率盈利状态，利润效率同商业银行相比并不具有核心竞争力，仍存在较大的上升空间。

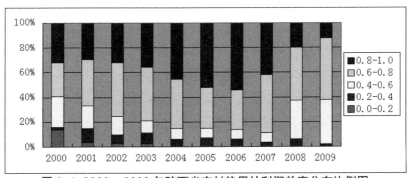

图 9-1　2000—2009 年陕西省农村信用社利润效率分布比例图

（2）成本效率

表 9-4 显示了陕西省农村信用社样本期间的成本效率变化情况。陕西省农村信用社的成本效率分布均高于 0.6，可以发现，分布在 0.6-0.7 成本效率区间的农村信用社数量逐年下降，从 2000 年的 18 个减少到了 2009 年的 3 个；分布在 0.7-0.8 成本效率区间的农村信用社虽然数量较多，但同样呈现出逐年下降的趋势，由 2000 年的 51 个一直下降到 2009 年的 9 个；分布在 0.8-0.9 成本效率区间的农村信用社呈逐年上升趋势，由 2000 年的 10 个一直上升到 2009 年的 38 个；分布在 0.9-1.0 成本效率区间的农村信用社同样呈逐年上升趋势，由 2000 年的 2 个一直上升到 2009 年的 33 个。

表 9-4　陕西省农村信用社成本效率区间分布　　单位：个

区间 年份	0.6-0.7	0.7-0.8	0.8-0.9	0.9-1.0
2000	18	51	10	2
2001	18	44	16	3

2002	20	42	16	3
2003	8	42	27	4
2004	4	41	29	7
2005	9	32	32	8
2006	5	30	33	13
2007	3	23	36	19
2008	2	11	39	29
2009	1	9	38	33

考察 2000–2009 年陕西省农村信用社按照成本效率区间分布所占百分比情况，如图 9–2 所示。从图中可以发现农村信用社成本效率变化的演进趋势。2000 年我国农村信用社约有 85% 的农村信用社处于 0.6–0.8 的成本效率区间，到 2009 年这一比例已经逐步下降到了大约 10%；处于 0.8 以上成本效率区间的农村信用社由 2000 年的约 15% 上升到了 2009 年的大约 90%；处于 0.9–1.0 成本效率区间的农村信用社由 2000 年的 2% 上升了 2009 年的 41%。说明我国农村信用社的成本效率不断提高，且总体水平较高，具有一定的竞争优势。

4. 利润效率与成本效率的影响因素分析——以农村信用社为例

文章使用 Frontier4.1 软件对利润模型和成本模型的系数进行估计。

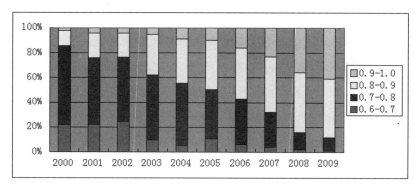

图 9–2 2000–2009 年陕西省农村信用社成本效率分布比例图

（1）农村信用社利润效率的影响因素分析

将农村信用社利润非效率影响因素的系数估计及检验结果用表 9-5 表示。根据似然比（LR）检验值在 1% 的水平上显著，说明模型的误差项有显著的复合结构，且 =0.957，说明误差项的非效率因素占比 95.7%，是误差项产生的主要原因，而统计性误差等因素仅占 4.3%，表明所构建模型可以通过显著性检验，而且对利润非效率影响因素的考察至关重要。

根据表 9-5 显示的估计结果，可以得出显著正向影响利润效率的非效率因素有：第一，产权制度。产权制度每提高 1%，利润效率显著提高 0.411%，说明建立明晰完善的产权制度依然是农村信用社提升盈利能力的关键。第二，核心资本充足率。核心资本充足率每提高 1%，利润效率就会显著提高 9.75%，说明良好的资产稳定性是农村信用社提高利润效率的保障。第三，存贷款比率。存贷款比率每提高 1%，利润效率就会显著提高 0.018%，说明较强的资产流动性是利润效率提高的基础；第四，财政支出比重。财政支出比重每提高 1%，利润效率就会显著提高 4.65%，表明政府干预可以通过补贴、转移支付等方式直接增加农村信用社的经营利润。

以上影响因素均可以通过 1% 的显著性检验，另外，地区人均 GDP 对利润效率的影响系数也为正，但是没有通过显著性检验。

对农村信用社的利润效率有负向影响的非效率因素有不良贷款率。模型表明不良贷款率每增加 1%，农村信用社的利润效率就会降低 0.3%，说明如何严格贷前审查及贷后监督，减少和防止不良贷款仍应是农村金融机构把握的重心之一。

表 9-5　利润非效率影响因素估计结果

变量	参数	系数	t 值
截距项	w_0	-0.096	-0.557
产权制度	w1	-0.411	-2.705***
不良贷款率	w2	0.299	3.522***
核心资本充足率	w3	-9.751	-24.407***
存贷款比率	w4	-0.018	-5.981***
地区人均 GDP	w5	-0.129	-1.359

财政支出比重	w6	-4.650	-3.956***
$\sigma^2 = \sigma^2_u + \sigma^2_v$	σ^2	0.851	9.321***
$\gamma = \sigma^2_u/(\sigma^2_u + \sigma^2_v)$	γ	0.957	129.275***
对数似然函数		-304.79	
似然比检验值		617.100***	

附注 1：*、** 和 *** 分别表示在 10%、5% 和 1% 的统计水平上显著。

（2）农村信用社成本效率的影响因素分析

将农村信用社成本非效率影响因素的系数估计及检验结果用表 9-6 表示。根据似然比（LR）检验值在 1% 的水平上显著，说明模型的误差项有显著的复合结构，且 $\gamma=0.871$，说明误差项的非效率因素占比 87.1%，是误差项产生的主要原因，而统计性误差等因素仅占 12.8%，表明所构建模型可以通过显著性检验，而且对成本非效率影响因素的考察至关重要。

根据估计结果可以得出，对农村信用社的成本效率有正向影响的非效率因素有产权制度和地区人均 GDP，且都可以通过 1% 的显著性检验。所得结论符合理论推断和农村金融机构在我国的实践经验，完善产权制度与提高地区经济发展水平同农村金融机构的可持续发展相辅相成。

对农村信用社的成本效率有负向影响的非效率因素有不良贷款率和财政支出比重，二者都可以通过 1% 的显著性检验。可能的解释是不良贷款通过增加机构的呆坏账准备来增加成本，降低效率；财政支出比重代表政府的干预程度，模型结论说明政府干预具有两面性，虽有助于农村金融机构利润效率的提升，却降低了成本效率。

核心资本充足率和存贷款比率两项指标的影响系数没有通过显著性检验，但影响方向均为正向。这两项指标主要影响着农村金融机构的资金流动性，为控制流动性不足而导致的经营风险，银监会对这两项指标进行了严格监管，要求农村金融机构必须保持在一定的合理范围内。作为金融企业，在追求利润最大化的同时，还必须以安全性作为前提和保障。

表 9-6　成本非效率影响因素估计结果

变量	参数	系数	t 值
截距项	w0	0.375	13.815***
产权制度	w1	-0.059	-3.146***
不良贷款率	w2	0.156	-16.141***
核心资本充足率	w3	-0.194	-1.124
存贷款比率	w4	-0.001	0.795
地区人均 GDP	w5	-0.014	-15.109***
财政支出比重	w6	0.176	2.892***
$\sigma^2 = \sigma^2_u + \sigma^2_v$	σ^2	0.033	24.241***
$\gamma = \sigma^2_u / (\sigma^2_u + \sigma^2_v)$	γ	0.871	27.241***
对数似然函数		215.799	
似然比检验值		138.529***	

附注 1：*、** 和 *** 分别表示在 10%、5% 和 1% 的统计水平上显著。

（三）我国农村金融促进农村经济增长的实证分析

农村金融机构在实现自身经济目标的过程中，除了保持自身财务平衡，实现长期可持续发展外，还会产生正向的外部溢出效应，即促进农村经济的发展。下文将建立基于协整分析和可变参数的状态空间模型，对 1982 年以来我国农村金融对农村经济不同时点的动态影响进行估计，旨在发现改革开放以来我国农村金融作用于农村经济增长的动力以及制约因素。

1. 理论分析

首先根据哈罗德－多马模型，假设农村经济为两部门经济，即没有进出口部门。按照国民经济核算中的收入法，在农村经济中，有 Y=C+S，即总收入等于消费加储蓄，按照支出法，有 Y=C+I，即总收入等于消费加投资，得出 C+S= C+I，于是有 S=I，即 t 期的储蓄等于投资，用（9.22）式表示：

$$S_t = I_t \tag{5.22}$$

用 K 代表农村资本存量，δ 代表折旧率，则有：

$$K_{t+1} = (1-\delta) K_t + I_t \tag{9.23}$$

用 s 代表农村储蓄率，λ 代表农村产出 – 资本率，用代数式表示，有：

$$s=S_t/Y_t; \quad \lambda = Y_t/K_t \tag{9.24}$$

联立（9.22）、（9.23）和（9.24）式，并化简，得到：

$$(Y_{t+1}-Y_t)/Y_t = s\lambda - \delta \tag{9.25}$$

根据（9.25）式，可以得出农村经济增长率取决于农村储蓄率和农村产出 – 资本率，二者是农村经济增长的关键因素。

然后在哈罗德 – 多马模型结论的基础上，引入帕加诺模型，帕加诺模型由帕加诺本人于 1993 年提出，其主要贡献是在传统的两部门经济中，将金融部门作为内生变量引入，为分析金融发展对经济增长的传导和影响机制提供了新的思路和分析范式。哈罗德 – 多马模型中的一个前提假设是居民储蓄能够完全不受约束的转化为投资，如果在一个足够大的或者相对封闭的、资源可以自由流动的经济体中这一假设前提是成立的，即 $S_t=I_t$。但如果将分析范围局限到农村地区，尤其是我国改革开放初期在大部分的农村地区中，这一传导机制是不通畅的，即农村储蓄并不能完全转化为农村投资。因此根据帕加诺模型，将金融部门作为内生性变量引入，由于金融部门作为中介部门存在一定的成本，在储蓄向投资的转化过程中存在一定的漏出效应，此时两部门经济中的均衡条件 $S_t=I_t$ 不再成立，而应修改为 $I_t= \theta S_t$（$0< \theta \leqslant 1$），其中 θ 定义为经济中储蓄向投资的转化率，在帕加诺模型的基础上重新求解以下方程组，

$$\begin{cases} I_t = \theta S_t \\ K_t + 1 = (1 - \delta) K_t + I_t \\ s = S_t/Y_t \\ \lambda = Y_t/K_t \end{cases} \tag{9.26}$$

可得：$(Y_{t+1}-Y_t)/Y_t = \theta s\lambda - \delta$，将 $(Y_{t+1}-Y_t)/Y_t$ 表示的经济增长率用 g 表示，于是有：

$$g= \theta s\lambda - \delta \tag{9.27}$$

如果将（9.27）式应用到农村经济体中，则影响农村经济内生增长的三个主要因素有：农村地区储蓄－投资转化率 θ 、农村地区产出－资本率 λ 和农村地区的储蓄率水平 s。农村金融机构的重要作用是通过影响农村地区的储蓄投资转化率和产出资本比率指标来作用于农村经济发展。进一步，可将（9.27）式改写为：

$$\ln(g)=\alpha \ln(\theta)+\beta \ln(s)+\gamma \ln(\lambda)+\varepsilon \qquad （9.28）$$

2. 模型设定与数据说明

（1）模型设定

文章选取了可变参数的状态空间模型（State Space Model）。该状态空间模型可以将多项时间序列数据处理为向量时间序列，可以有效的处理和估算系统内多输入产出变量间的相关联系。在样本区间内，由于容易受到外生经济变量的冲击以及政策制度的变化等因素的影响，可能会对现有的经济增长模型形成影响，而固定参数模型无法体现这种经济结构的变化，因此采用可变参数模型（time-varying parameter model），从而可以估计不同时期的参数变化特征，模型的求解过程采用了 Kalman 滤波迭代算法。文章设定的可变参数状态空间模型定义为：

量测方程：$\ln(g_t)=\alpha_t \ln(\theta_t)+\beta_t \ln(s_t)+\lambda t \ln(\gamma_t)+\varepsilon t$，　$\varepsilon t \sim N(0,\sigma_t^2)$, t=1,2,$\cdots$,T （9.29）

状态方程：　$\alpha_t=T_{1t}\alpha_{t-1}+\mu_{1t}$，

$\beta_t=T_{2t}\beta_{t-1}+\mu_{2t}$，

$\lambda t=T_{3t}\lambda_{t-1}+\mu_{3t}$，　$\mu_{it} \sim N(0,Q_{it})$，i=1,2,3；t=1,2,$\cdots$,T （9.30）

其中，因变量 $\ln(g_t)$ 为 k×1 维向量，$\ln(\theta_t)$、$\ln(s_t)$ 和 $\ln(\gamma_t)$ 为 k×1 维的解释变量向量，α_t、β_t 和 λ_t 为待估计的 k×1 维未知参数向量，且是可以随时间改变的，ε_t 表示 k×1 维的扰动向量，T 表示样本长度，Tt 表示 m×m 矩阵，μ_t 表示 m×1 向量，是均值为 0，协方差矩阵为 Q_t 的连续不相关随机扰动项。

（2）数据说明

考虑到数据的可获得性，研究中选取了 1982 年——2012 年 30 年的时间序列数据，所需数据来源于《中国金融年鉴》《中国统计年鉴》和国研网。农村经济增长率 g 根据第一产业增加值计算得出；储蓄 – 投资转化率 θ 用贷存比来表示，即农村贷款 / 农村存款；农村储蓄率水平 s 由农村存款比农村总收入计算得出；农村地区产出 – 资本率 λ 由农村第一产业产出比农户固定资产投资额计算得出。详细指标名称及指标描述见表 9–7。

表 9–7　农村金融对农村经济影响的指标描述

指标名称	指标表示	指标描述
农村经济增长率	g	g=（本年第一产业实际增加值 - 上年第一产业实际增加值）/ 上年第一产业实际增加值
农村储蓄 - 投资转化率	θ	θ= 农村贷款 / 农村存款，其中农村贷款包括农户贷款和农村企业及各类组织贷款
农村储蓄率水平	s	s= 农村存款 / 农村总收入，其中农村总收入由农村居民家庭实际人均纯收入乘以乡村人口得出
农村地区产出 - 资本率	λ	λ= 农村第一产业实际产出 / 农户固定资产实际投资额

3. 实证过程及结果分析

（1）平稳性检验与协整检验

为避免分析中产生的"伪回归"问题，需要对时间序列数据进行单位根的平稳性检验。检验结果见表 9–8。

表 9–8　平稳性检验结果

变量	ADF 统计量	1% 临界值	概率值	结论
lng	-4.749	-3.716	0.001	平稳
lnθ	-1.863	-3.716	0.350	非平稳
lns	-1.308	-3.716	0.626	非平稳
lnλ	-5.188	-3.716	0.000	平稳
lng	-8.640	-3.723	0.000	平稳
lnθ	-7.441	-3.723	0.000	平稳
lns	-2.909	-3.723	0.044	平稳
lnλ	-6.301	-3.723	0.000	平稳

首次对原始变量的对数形式进行的检验中，发现变量 lng 和 ln λ 可以在 1% 的置信水平下显著通过单位根的平稳性检验，但 ln θ 和 lns 的检验结果显示是非平稳的。对各变量进行一阶差分后再次检验，结果显示各变量的时间序列不再存在单位根，满足了平稳性要求。

为发现变量之间是否存在长期的协整关系，进一步进行了协整性检验（Johansan Cointegration Test），检验结果见表 9-9。

表 9-9 协整性检验结果

原假设	特征根	迹统计量	5% 置信水平临界值	概率值 Prob.**
至多存在零个协整向量				
None*	0.840	112.952	55.246	0.000
至多存在一个协整向量				
At most 1*	0.664	61.558	35.011	0.000
至多存在两个协整向量				
At most 2*	0.488	31.004	18.398	0.001
至多存在三个协整向量				
At most 3*	0.355	12.264	3.841	0.001

检验结果显示，在 1% 的置信水平下至多存在三个协整向量，说明所选取变量在长期存在显著的均衡关系，可以用状态空间模型进行回归估计。

（2）结果分析

对设定的模型采用 Kalman 滤波的算法求解，Kalman 滤波算法的核心思想是：通过观测到的数值及预测值计算似然函数，据此计算不可观测的所有未知参数，然后通过滤波持续的根据新的观测值不断调整和修正状态向量的估计。在计算过程中，将待估参数运用 3 个量测方程分别进行计算，最终得出了可以通过显著性检验的可变估计参数。

所计算出的估计参数变化路径见表 9-10。

表 9-10 农村金融影响农村经济的动态参数估计

估计参数	对应变量	均值	中位数	最大值	最小值	标准差	P 值
SV1	lnθ	5.7820	5.6728	7.3300	4.4109	0.8195	0.0038
SV2	lns	2.8957	3.0470	3.3913	1.7977	0.5058	0.0014
SV3	lnλ	0.1559	0.1135	0.4965	0.0803	0.1066	0.0000

从表 9-10 中可以看出，SV1 的波动区间为（4.41，7.33），SV2 的波动区间为（1.80，3.39），SV3 的波动区间为（0.08，0.50），说明样本时间段内三个变量的影响机制均受到了外部经济政策及环境变化等因素的冲击，平均影响分别为 5.78%、3.05% 和 0.11%。为进一步分析农村金融对农村经济影响的轨迹变化，根据以上结果，生成估计参数的状态序列，进一步得出估计参数的时间变动轨迹。

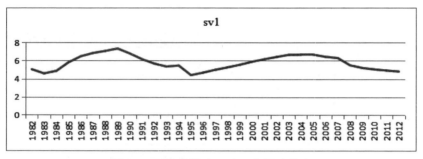

图 9-3　时变参数 SV1（α）运动轨迹

图 9-3 显示了农村地区的储蓄 - 投资转化率对农村经济的影响系数，储蓄投资转化率由农村贷款 / 农村存款计算得出。可以发现，SV1 在 1987 年—1991 年和 2002—2007 年间经历了两次波峰，波峰处对农村经济的拉动效应高达 7.33 和 6.68，即在拉动效应最高的年份中，农村贷存款比率每增加 1%，会引起 GDP 增加 7.33% 和 6.68%。然而在第一个波峰后拉动效应逐渐下降，于 1995 年达到最低点，为 4.41。2007 年后 SV1 的运动轨迹同样呈现出稳步下降趋势，于 2012 年降到 4.93。总体来讲，虽然 SV1 出现波动，但始终对农村经济增长保持着一定的拉动作用，农村地区较高的储蓄 - 投资转化率有助于农村经济增长。

图 9-4 显示了 1982-2012 年农村地区贷存比率的变化轨迹，可以发现，农村地区贷存比率的变化轨迹同影响系数 SV1 的变化轨迹几乎具有相同的变化趋势。贷存比率在九十年代初期下降的可能原因是当时我国的国有银行进行了股份制的商业化改革，多数农村金融机构出于自身盈利目标的考虑，表

现出对"三农"的惜贷，甚至演变为城市商业银行在农村地区的吸存机器，严重偏离其在经营过程中所承载的社会目标，造成的结果便是农村资金外流严重，进一步表现为农村经济的拉动作用有所减缓。2007年后同样由于农村资金运用的非农化，我国农村地区的贷存比有所下降，对农村经济增长的贡献也相应降低。

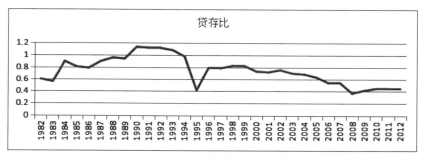

图 9-4 农村地区贷存比率变化轨迹

通过以上分析，农村地区的储蓄 – 投资转化率对农村经济拉动作用的高低很大程度上由农村地区资金贷存比率的大小来决定。农村金融机构作为在农村地区资金融通的中介机构，在农村贷款投向的环节中发挥着至关重要的作用。如果能将所吸收的农村存款主要用于农村贷款，减少农村地区资金流失，则可以更大程度的促进农村经济的发展。

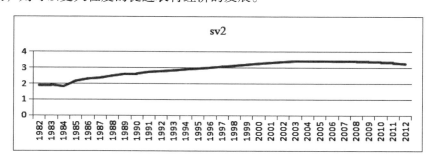

图 9-5 时变参数 SV2（β）运动轨迹

图 9-5 显示了农村地区的储蓄率水平对农村经济的影响系数，农村地区储蓄率由农村存款 / 农村总收入计算得出。1982—2003 年间储蓄率水平对农村经济增长的影响平缓上升，于 2003 年达到最大值 3.39，之后几乎趋于

平缓，2012 年 SV2 的值为 3.23。

根据索洛模型，在其他条件不变时，较高的储蓄率可以诱发经济增长，直到经济达到更高的稳态水平，但高储蓄率水平引发的经济增长只是暂时的，长期可持续的经济增长需要依靠技术进步。过去的很长一段时间内，我国农村居民出于预防需求和流动性需求等方面的考虑，以及受到传统消费观念的影响，有着较高的储蓄率水平。一直维持高位的农村储蓄率水平为农村经济增长提供了重要的资金来源，因此在一定程度有助于农村经济增长。同时由于我国农村地区长期得不到商业资本的青睐，多数农村地区已有的资本积累还会通过金融中介投向高回报率的城市地区，因此农村地区的高储蓄率水平对农村经济增长的拉动作用又显得比较有限。

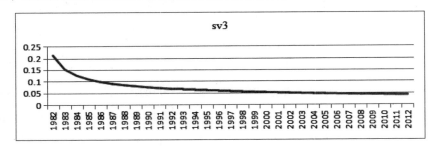

图 9-6 时变参数 SV3（γ）运动轨迹

图 9-6 显示了农村地区的产出 - 资本率对农村经济的影响系数，产出 - 资本率由农村第一产业实际产出 / 农户固定资产实际投资额计算得出。在九十年代之前，SV3 处于下降趋势，在九十年代后其变化趋势基本趋于平稳，1982 年—2012 年 SV3 的波动区间为（0.08，0.50）。

长期来看，农村地区的产出 - 资本率对农村经济的拉动作用亦比较有限。其中一个重要的原因是农村地区的固定资产投资效率低下。若要提高农村固定资产的投资效率，需要农村金融机构在发放农业贷款时根据政策方向有所偏重，引导农村资本投放在收益高、具有较强正向外部效应的项目上，此外，还要加强技术进步、环境改善等方面的协同作用，以更快释放农村固定资产的投资效应。

4. 主要结论

本部分在对哈罗德——多马模型和帕加诺模型分析的基础上，建立可变参数的状态空间模型，运用 Kalman 滤波算法对 1982 年—2012 年 30 年的时间序列数据进行参数估计，结果显示：其一，农村地区的储蓄－投资转化率有助于农村经济增长，储蓄－投资转化率对农村经济作用的高低主要取决于农村地区贷存比率的大小；其二，农村地区的储蓄率水平有助于农村经济增长，同时由于多数农村地区已有的资本积累会通过金融机构投向高回报率的城市地区，因此农村地区的高储蓄率水平对农村经济增长的拉动作用又显得有限；其三，农村地区的产出－资本率对农村经济的拉动作用亦比较有限，1982 年—2012 年的波动区间为（0.08，0.50），且逐渐向低水平收敛，其中一个重要的原因是农村地区的固定资产投资效率低下。

由以上分析可知，在农村经济增长的过程中，农村金融机构发挥着至关重要的作用，只有持续增加农村地区金融供给，强调取之于农用之于农，防止农村资金外流造成农村经济的失血，提高农村地区资金运用率和资本投资效率，才能从根本上拉动农村经济的较快发展，农村金融机构也将由此获得可持续发展的动力来源。

（四）本章小结

第一部分是我国农村金融机构经济目标实现能力的数理分析，分析指出建立有效的监督管理机制是提高农村金融机构贷款质量、降低监管者和借款者双方道德风险的关键，并据此分析了我国以农村信用社为代表的商业性农村金融机构和新型农村金融机构如村镇银行、贷款公司和资金互助社的经济目标实现能力。

第二部分将对农村金融机构经济目标的研究分解为对利润效率和成本效率的研究。首先对农村金融机构的利润效率和成本效率进行了概念界定，分析影响利润效率和成本效率实现的内部自身因素和外部环境因素，然后选择随机前沿分析法，建立综合评价指标体系，构建随机边界超越对数函数模型，并以样本地区的农村信用社为例，对我国农村金融机构的利润效率和成本效率及其影响因素进行实证研究，结论如下：

第一，利润效率在 0.4 以下和 0.8 以上的农村信用社数量占比逐年减少，利润效率在 0.4—0.6 和 0.6—0.8 区间的农村信用社数量占比逐年增加，同时利润效率区间在 0.6—0.8 之间的农村信用社绝对数量较大。说明我国农村信用社逐步摆脱了无效或低效盈利状态，但处于高效盈利状态的农村信用社也为数不多，大多数农村信用社处于中高效率盈利状态，利润效率同商业银行相比并不具有核心竞争力，仍存在较大的上升空间。

第二，样本地区农村信用社的成本效率均处于 0.6 以上，并且随着时间的推移，有逐步提高趋势。成本效率在 0.6—0.8 区间的机构数量占比逐年下降，成本效率在 0.8 以上的机构数量占比逐年增加，到 2009 年已增至 90%，其中，在 0.9—1.0 区间的机构数量 2009 年占比达到了 41%。说明我国农村信用社的成本效率不断提高，且总体水平较高，具有一定的竞争优势。

第三，对农村信用社利润效率有正向促进作用的影响因素有产权制度、核心资本充足率、存贷款比率、财政支出占比和地区人均 GDP，其中，地区人均 GDP 的影响较弱。不良贷款率对农村信用社的利润效率的提高有显著负向抑制作用。

第四，对农村信用社成本效率有正向促进作用的影响因素有产权制度和地区人均 GDP。核心资本充足率和存贷款比率的影响虽为正向，但未能通过显著性检验。不良贷款率和财政支出占比对农村信用社的成本效率的提高有显著负向抑制作用。

研究结论显示，政府干预一方面可以促进农村信用社利润效率的提升，但同时却对成本效率的提高有显著抑制作用，说明政府干预是把双刃剑，随着农村地区市场经济体制的日趋完善，此时政府更多的应当充当"守夜人"的角色，尤其要退出对农村金融机构内部治理及人事任免的行政化干预，让农村金融机构逐步成长为产权制度合理、治理结构完善、激励机制到位的现代化金融机构。同时政府要通过干预来弥补市场失灵，努力营造适宜农村金融机构良性发展的外部市场环境，引进多元化的农村金融市场竞争机制，深化产权制度改革，健全资本补充机制，还要加强监管，健全监管机制、监管内容及监管方式，确保金融市场的安全稳健运行。

　　第三部分在对哈罗德—多马模型和帕加诺模型分析的基础上，建立可变参数的状态空间模型，运用 Kalman 滤波算法实证检验了 1982 年—2012 年 30 年间农村金融对农村经济增长的促进作用。结果发现储蓄 – 投资转化率、储蓄率水平和产出 – 资本率均能够在不同程度促进农村经济增长，但贡献水平有限，主要原因是农村资金未能够有效运用于农村地区以及资本在农村投资的低效率。其中农村金融机构发挥着关键作用，唯有强调取之于农用之于农，持续增加农村地区金融供给，才能从根本上拉动农村经济的较快发展，农村金融机构也将由此获得可持续发展的动力来源。

第十章　国外农村金融机构可持续发展模式与借鉴

它山之石可以攻玉。本章分别选取了国外发展中国家、发达国家、东亚国家的典型成功模式进行分析，归纳这些国家农村金融机构协调发展的宝贵经验，找出可供我国借鉴之处，并考察了国外政府为促进农村金融机构双重目标兼容而施行的政策措施。

（一）国外农村金融机构可持续发展模式

1.国外发展中国家的发展模式

（1）孟加拉国的格莱珉银行模式——微型金融经营模式的典型代表。该银行是由民间发起，自下而上形成的一种为解决穷人小额贷款需求的非政府组织。首先，格莱珉银行是专为穷人设立的乡村银行。从 1976 年其发起人穆罕默德·尤努斯（Muhammad Yunus）拿出 27 美元借给 42 个农村妇女开始，格莱珉银行始终以穷人作为其主要的贷款对象。其次，虽然服务对象是穷人，却没有任何抵押要求。在经营中采取了小组贷款的模式，小组成员由同一社区内有贷款意向的农户自愿组成，最初的小组成员以女性为主。银行面向小组成员发放小额贷款，并依据各小组的还款情况决定以后的借贷规模，小组成员无须提供抵押品。如果某一小组成员不能按时还款，则其他小组成员日后的借贷也会受到影响。贷款小组要求借款成员每周进行分期还贷，并通过公开会议的方式进行，每次均有 5-7 个其他小组参加，贷款成员碍于面子，或为了保持自己在社区内的信誉或声望，在外界的压力下，均会选择按时还款。此外，格莱珉银行要求借款者在该行开立储蓄存款账户，当借款者的账户余额达到一定金额时，就需要购买股份进行入股。最终，格莱珉银行取得了令人难以置信的业绩，截止 2006 年，格莱珉银行的贷款客户已经超过 650 万，累积贷款总额 53 亿美元，还款率高达 99%，客户中有96% 是原先赤贫的妇女，而且所有贷款均来自该行所吸收的储蓄存款，格莱珉银行的经营模式已经获得了巨大成功 [88]。

格莱珉银行通过创新小额信贷还款模式，在实现帮助穷人、妇女摆脱贫困的同时，自身也实现了盈利和发展壮大，取得了巨大的成就，他的成功为全球范围内的微型金融提供了可资借鉴的很好榜样。

除孟加拉国外，国际上其他国家也有成功的微型金融经营模式。同格莱珉银行相比，其共同特点是采取小组贷款的模式，为中低收入群体提供小额信贷，贷款期限和还款方式灵活等等。表 10-1 列举并对比了最具代表性的微型金融机构的主要特点和经营模式。

表 10-1　国际微型金融典型模式的比较

机构	孟加拉国格莱珉银行	拉丁美洲村银行	玻利维亚阳光银行	印度尼西亚人民银行
性质	金融扶贫	金融扶贫	盈利为目标	盈利为目标
经营模式	政府支持下转化为独立的银行	社区资助基金会	私人商业银行模式	由政府项目转化为市场化经营
特点	强制性存款和连带责任形式；自愿组成贷款小组；培训功能；按周分期还款	连带责任贷款小组；存贷款利率较高；存银行规模较小	连带责任小组；所有小组成员可同时获得贷款；自负盈亏；利率覆盖成本；贷款期限、还款方式灵活；单笔贷款数额大。	利率覆盖成本；足值抵押；根据客户的现金流决定贷款金额和还款周期；大力吸收存款
共性	目标客户多为中低收入群体；信贷额度相对较小；贷款期限和还款方式灵活；均采取风险定价机制；大多采取连带责任小组模式			

（2）微型金融经营模式的激励机制和风险控制机制。在还款激励机制和

风险控制机制方面，微型金融组织进行了多个方面的技术创新，不仅有效降低了长期困扰借贷双方的信息不对称问题，还有效减免了借贷者道德风险问题的发生。其创新方式主要有：第一，团体贷款。微型金融的贷款对象是穷人，如果放贷时需要提供抵押品就会将大部分借款者排除在外，而团体贷款有效解决了这一问题，无需借款者提供抵押品和担保。团体贷款小组由有借款需求的农户自发组成，一般为5—7人，成员之间连带担保还款，这样在组成小组成员时，农户之间就会互相甄别，选择平时信誉度高的伙伴作为小组成员，在还款时成员之间也会互相监督，这种熟人间的社会关系的相互制约会使得还款效率更高。第二，分期还款。分期还款要求借款者在借款后不久，就要按照事先约定在小组成员的监督下进行分期还款。按时举行还款大会，促进小组成员按照约定履行还款责任。同时微型金融组织也获得了较好的现金流。第三，动态激励。一类是建立信用体系，如果借款者能够按照约定全额还款，则再次向微型金融机构借款时，就会很容易得到相同金额的借款，如果借款者发生违约，则很难再次获得贷款。另一类是贷款额度累进制度，如果借款者每次都能按照约定全额还款，就会更容易获得更高额度的资金支持。第四，担保替代。由于微型金融机构的贷款对象主要为农村地区的穷人和妇女，天然缺乏抵押品，在国际微型金融机构的实践中，广泛采取了担保替代的方式。担保替代对担保品的要求很低，这种替代担保品的形式有某种动产、未来预期收入、微型金融机构存款、小组共同基金等。孟加拉国格莱珉银行经营模式下的小组共同基金，强化了小组成员间社会关系的相互保险、相互担保、以及在还款环节中解决道德风险的能力。印度尼西亚人民银行则是通过冻结其余小组成员的部分存款来作为穷人贷款的保证金。

2. 国外发达国家的发展模式

农村合作金融模式在一些发达国家如美国、德国、法国等国已经拥有了上百年的经营历史，总结以美、德、法为代表的发达国家农村金融机构成功模式的经验及共性，可以为我国农村金融的改革与发展提供重要借鉴。

（1）美国合作金融模式。

美国的农村合作金融模式起源于19世纪30年代经济大萧条时期，当时的中低阶层由于生活窘迫无法获得资金支持，为帮助这部分人改善生活状况，提高收入水平，美国政府主导成立了自愿、平等的合作金融组织，为中低阶层提供信用贷款，不以盈利为目的，社区人员自愿入股，入股后享有投票权。

美国合作金融体系的职能部门主要有：a. 基层信用社。基层信用社的设置并不局限于农村地区，在城市社区、学校、医院、军队等部门同样可以设置，但其服务的群体一般为某一区域的中低阶层，也只有中低阶层才可以申请成为会员，会员享有投票权、分红权和选举权。目前基层信用社吸收的会员已经达到美国总人口的三分之一以上，其开展的业务主要有存款、贷款、汇兑、保险、信息咨询等。b. 州信用社协会。美国的州信用社协会在各个州均有成立，其主要功能是协调信用社与政府的关系，确定州内有关信用社的政策、发展方向等，维护信用社利益，并为辖区内信用社提供信息咨询、教育培训、法律事务、经营管理等方面的指导。州信用社协会还设有县分会，县分会负责基层调研，向州协会反映基层困难及要求。c. 全国信用社协会。全国信用社协会的主要职能是为州信用社协会及基层信用社提供业务、管理、咨询等方面的指导，同时与国会沟通，促成有益于信用社发展的法律条文及扶持政策等。d. 全国信用社监管局。对信用社的日常经营进行合法监管，防范金融风险，还负责对信用社存款保险基金的管理。e. 信合保险集团。信合保险集团为信用社的会员提供各种保险服务，如存款保险、车辆保险、意外保险、财产保险等等，其经营不以盈利为目的，遵循低保费、低利润、互助合作的原则，在一定程度上促进了美国合作金融的健康发展[171]。

美国合作金融模式的主要特点有：一是政府主导，政府对合作金融的成立、发展给予了很大程度上的政策扶持；二是体系完备，合作金融拥有基层组织、各级协会、监管机构、保险基团等全方位的职能机构，功能完备且实力雄厚；三是坚持合作制原则，会员自愿入股，基层信用社定期召开会员大会，会员一人一票，参与决策并拥有投票权；四是法律完善，美国政府不断修订和完善有关合作金融的法律条款，极大程度的保护了合作金融的安全规范运营。

（2）德国合作金融模式。

德国合作金融模式迄今已经有 100 多年的发展历史，其成功的经营模式一度被世界各国所效仿。德国合作金融的经营原则是自助、自我管理和自我负责，即各级金融机构的会员间合作互助，机构实行自主经营管理，会员对金融机构的发展有着责任感和使命感，并承担责任。

德国的合作金融模式分为三个层次。第一层次是地方合作银行，目前机构数量多达 1157 家，由农民、城镇居民、中小企业、个体工商业等入股筹资而来，地方合作银行主要为其会员提供资金融通服务；第二层次是区域合作银行，由地方合作银行入股，其开展的业务主要为地方合作银行及其会员服务，机构数量控制在两家；第三层次是中央合作银行，由地方合作银行和区域合作银行入股而来，中央合作银行主要开展资金调配、集中结算等综合性金融服务，同时也办理基金、理财、汇兑、保险、证券等国际国内金融业务，推动合作金融系统的整体大规模发展。同日本农协一样，德国三个层次的合作金融机构之间没有行政隶属关系，只有经济往来，中央机构为地方机构提供各种金融服务，但同时中央机构和地方机构又是自主经营、独立核算、自负盈亏的独立法人[172]。

德国合作金融模式的特点主要有：一是其股权结构由自下而上形成，基层民众是地方合作银行的股东，地方合作银行是区域合作银行的股东，区域合作银行和地方合作又构成了中央合作银行的股东；二是其服务方式由自上而下提供，中央合作银行为区域合作银行和地方合作银行提供资金融通和业务咨询等服务，区域合作银行为地方合作银行服务，地方合作银行为其会员民众服务；三是坚持合作制原则，会员自愿入股，并享有投票表决权，会员大会施行"一人一票"原则，会员按照持股比例领取分红；四是健全的风险防范体系，中央联邦银行和中央合作银行会对区域合作银行和地方合作银行的流动性予以支持，同时在合作金融系统内部建立信贷保证基金制度，各级银行通过发放贷款的比例上缴保证基金，由全国信用合作联盟统一调配管理，防止合作银行由于经营不善而发生流动性风险；五是完善的法律体系，德国早在十九世纪末就颁布了完善的《合作社法》，为合作银行的设立、管理、经营等提供了完备的法律保障。

（3）法国合作金融模式。

法国合作金融同样分为三个层次，该模式一个显著的特点是"半公半私"的形式。

法国合作金融模式的第一层次是地方农业信贷互助银行，其资金主要来源于农民、城市居民、中小企业、工商业主等会员股东，其经营性质属于私营，主要为会员提供金融服务，除传统的存贷款业务外，还提供汇兑、基金理财、保险等业务，在经营过程中独立核算，自负盈亏；第二层次是省农业信贷互助银行，其资金主要来源于地方农业信贷互助银行，还有部分资金来源于系统内雇员，其经营性质同样属于私营，自主经营，自负盈亏，主要为股东提供服务，经营范围也更为广泛，还负责农业信贷资金在省际范围的协调配置；第三层次是中央农业信贷互助银行，其资金来源于国家财政部、中央银行、以及其他社会团体的捐款，属于官办性质，中央机构负责农业政策的贯彻执行，农业补贴的发放，中长期贷款资金的调配，统一配置各省行剩余资金，清算银行间往来票据等。中央机构拥有对省行的监督、控制、协调的权力，省行及地方机构则实行民主管理，自主决策[173]。

法国的合作金融模式最显著的特点是"半公半私"，政府通过官办的中央机构对农业贷款施行宏观调控，贯彻落实有关农业政策，发放农业补贴，促进了互助银行的迅速发展和农村经济的繁荣，而省行和地方机构则采取私营的方式，在经营过程中自主决策，股东拥有一人一票的决策权，可以保证互助银行主要为其会员或股东提供金融服务，并有效避免了所有者缺位的问题。

3. 东亚地区日韩两国的发展模式

日本、韩国与我国同属东亚地区，是典型的人多地少的国家，农业以小农经济为主，农村经济在整个国民经济占据着举足轻重的地位。日韩农村合作金融模式建立在小农经济基础之上，由政府鼓励农民组织形成农业合作社，并提供政策和资金支持，取得了较大成功，为农村经济和农业的发展做出了重要贡献，被国际社会认为是成功解决农村金融问题的典范[174]。因此对日韩农村金融体系进行学习考察，以资借鉴。

日韩模式通过综合农协的模式实现了合作金融，在促进农民收入方面取得了巨大成功。日本的农协模式是日韩模式的典型代表。农业本是弱质产业，然而在日本这样一个工业大国，日本农民的生活相对很富裕，除了政府的扶持外，日本农协组织发挥着巨大的作用。日本在二战后成立了包括几乎所有农户的全国性农协系统，成功的农协模式是其战后经济迅速振兴的重要因素之一。下面对日本农协模式的组织体系、主要业务以及主要经验进行梳理借鉴。

（1）组织体系。日本农协的组织结构分为基层机构、中层机构和中央机构三个层次，上下级机构之间无行政隶属关系，只有经济往来，三级机构独立经营，自负盈亏。这种各级机构间独立核算的运营模式有助于运行效率的提高。

农协的基层机构又称为综合农协，主要为基层农户办理存款、贷款等基础性业务。农户可以自愿入股成为会员，享有优先贷款权。综合农协按照吸收存款的一定比例上缴中层机构——农业信用联合会，农业信用联合会有义务在基层农协资金紧张时提供融资支持。农业信用联合会承担了农协的基层机构和中央机构的桥梁纽带作用，一方面吸收基层农协的存款和股金，将资金运用于农业生产和调配，以及为基层农协提供融资支持，另一方面将剩余资金上缴中央机构，并可以向中央机构寻求资金支持。农协的中央机构由两部分构成，一是农林中央金库，其资金主要来源于农业信用联合会上缴的存款和政府发行的农林债券，农林中央金库根据需要对农业资金进行统一调配、核算和配给，并对中层农协和基层农协提供经济指导，业务经营范围有存贷款、汇兑、证券投资、委托放款等；二是全国信联协会，该协会主要负责农村地区的经济金融调研活动，为其县级会员提供信息情报和专业咨询服务。

（2）主要业务。一是信用业务。基层农协在农村地区的营业网点多且覆盖面广，其工作人员采取上门服务的方式主动吸收农户存款，并为农户提供生产资料的购买、销售等环节的资金融通服务，为其会员提供生产性和生活性贷款。基层农协是日本最为主要的农村金融机构，吸收了一半以上的农户存款。与其他农村金融机构相比，基层农协具有两个明显优势：其一，基层农协由于为农户提供了综合性的金融服务，对农户的信用情况掌握更为全面；其二，基层农协不以盈利为目的，其贷款盈余会通过会员的储蓄存款账户和贷款额度按照一定比例返还，充分调动了农户的积极性。二是保险业务。基层农协还设有专门的保险机构，为农户提供广泛而全面的保险服务，如医疗保险、养老保险、工伤保险、车辆保险、意外伤害保险等等。三是生产资料的购买和农产品的销售业务。目前日本农协控制了农户四分之三以上的生产资料购买和农产品销售业务，具有规模经济的优势。农户通过农协统一购买生成资料，不仅可以保证质量还可以获得批量购买的优惠价格，通过农协销售农产品则可以顺利出售、抵消部分贷款并获得信用积累。四是开展设施共用业务。对于农户在生产中会用到但又无力购买的大型设备，农协负责统一购入并管理，会员根据需要租赁使用。五是提供生产经营指导业务。农协为农户提供生产经营方面的专业指导，如农作物的选择、种植技术的传授等，以最大程度规避市场周期性风险，获得规模收益。

（3）主要经验。一是政府主导，日本农协至上而下的大规模发展，同日本政府强有力的支持和推动密不可分。其一，日本政府制定并完善了农协发展的相关法律制度，使其经营合法化并对其经营范围进行规范；其二，日本通过农协发放了大量的农户补贴，允许农协提供较高的存款利率，并对农协的贷款提供利息补贴，对农协提供多项税收优惠等。二是真正立足"三农"，日本农协目前已经吸收了 99% 以上的农户作为会员，几乎涵盖全国所有农户。农协为农户提供生产经营、原材料的购买、农产品的销售、存款、贷款等各环节全方位的专业化服务，极大程度提高了农户的收入水平，早在 1975 年日本农民的平均收入就已超过城镇居民平均收入，极大推动了日本地区的城乡经济一体化。三是按照合作金融原则运营。其一，吸收会员存款，并用于解决会员生产生活中的融资问题；其二，一人一票，会员通过会员大会行使权力；其三，农协按照利润的 7% 向会员分红；其四，农协经营中按照互惠互利的原则，极大程度的满足农户融资需求。四是为农户提供综合性服务，农协的业务范围并不局限于商业金融机构的存贷款、基金理财等传统业务，而是涵盖了保险、债券发行、农产品的购销、农业补贴的发放等等。五是注重人才培养和科学研究，农协成立了中央及各个地方的农协大学和研修中心，为农协的干部、职工及会员提供各项系统性的学习培训和进修平台。另外还拥有专业的科研机构，进行农产品的研发和品种的改良，为会员普及最新农耕技术以及市场讯息等等。

（二）国外政府促进农村金融机构实现双重目标兼顾的政策

1. 财政政策

（1）政府投资控股或参股。在合作金融发展的初期，由于小组成员或社员的原始资本金较为薄弱，通常需要政府予以扶持，一些国家的政府会通过控股或参股的方式注入资金。如法国成立农业信贷银行时，政府通过出资入股的方式几乎提供了发展所需的全部资金，后期法国政府逐渐减少了持股比例，降低到了现在的 2.1%。格莱珉银行成立初期，孟加拉国政府也提供了60% 的股金，为本国小额信贷的发展提供资金支持 [175]。

（2）政府赠与和注资。农村金融机构为农民或穷人提供服务，在其发展遇到困难的时候，各国政府均会提供资金帮助。如 1951–1955 年间，日本政府对本国农协的基层机构、县级联合会、中央联合会分别注资 8 亿日元、7.3 亿日元和 19 亿日元，保证其财务的可持续性。美国政府成立了"合作社赠款项目"，通过提供捐赠来促进农村合作社的发展[176]。

（3）实行税收优惠政策。为提高农村金融机构的自我积累能力和盈利水平，许多国家对其给予了长期的免税优惠。如美国政府对农村金融机构不征收所得税和营业税；荷兰政府对该国的农村金融机构拉博银行长期给予免税优惠。日本政府对农协所征的税率是其他股份制公司税率的50%。世界信用联合会对 81 个成员国的税率优惠政策进行调查，结果显示，有 55 个国家对本国的农村金融机构免征所得税，其他国家即使征税，也大都施行了一定的税率优惠[177]。

2. 货币政策

（1）实行差别存款准备金率政策。一些西方国家对本国的农村金融机构实施了不同于商业银行的差别准备金率政策，如德国的合作金融组织只须缴存较低比率的存款准备金，美国的信用社则不需要缴纳存款准备金。

（2）提供再贷款支持。中央银行再贷款具有很多优势，如期限较长、成本较低、数额较大等。

（3）灵活的利率政策。一些西方发达国家由于实现了利率市场化，即使在农村地区也没有实行利率管制政策，对于农村金融机构的农业贷款，主要通过财政贴息等方式使农民获得低于市场利率的贷款，也有一些国家如韩国虽然实现了利率市场化，仍然通过政府干预或指导的方式降低农业贷款利率。虽然大多数国家的农业贷款利率要低于市场利率，但是格莱珉银行恰好相反。孟加拉国的乡村银行为了保证经营的可持续性，其贷款利率虽低于民间借贷，但是仍比一般商业银行的贷款利率要高。乡村银行的高利率政策使其能够覆盖农村贷款的高成本和高风险，能够支付较高的工资，从而能够吸引高素质的优秀员工，并能够通过较高的存款利率来吸收存款，减少了对低息融资的依赖，有利于其贷款规模的进一步扩大和可持续经营发展。

（4）建立资金调剂和清算体系。美国的合作金融设立有专门的信用社资金调剂和清算中心，德国合作金融的资金调剂和清算由中央合作银行完成，法国由官办的中央农业信贷互助银行进行统一调剂和清算，日本由农林中央金库进行统一调剂和清算，上述合作金融模式均取得了巨大成功，我国的农村信用社也可予以借鉴。

3. 监管政策

（1）完备的法律保障。总结发达国家如美国、德国、法国以及日本合作金融模式的成功经验，发现上述国家在合作金融建立之初，就已经开始颁布关于发展合作金融的一系列法律法规，不仅保证了合作金融的良性健康发展，还对其监管机构的职责和义务进行明确，防范了经营风险，保护了股东利益。

（2）建立完善的保险制度。上述发达国家的合作金融体系的经营业务均有涉及保险业务，尤其是美国的信合保险集团和日本基层农协设立的保险机构，其保险业务广泛而全面，为农户会员极大的规避了农业经营风险及其他风险，间接提高了农户收入水平。另外，上述国家的合作金融均有着完善的存款保险制度，美国合作金融成立的全国农信社管理局专门负责对存款保险基金的调配和管理，德国成立有专门的信贷保证基金制度等，有助于降低合作金融在经营过程中的现金流短缺风险和贷款管理风险。

（3）坚持合作制原则。无论是文章中提到的国外发展中国家的微型金融经营模式，还是国外发达国家的农村合作金融模式，亦或是东亚地区日韩两国的农村合作金融模式，均坚持了合作制的基本原则，由农户自愿入股，股东拥有"一人一票"的决策参与权，合作金融机构自助互利，为股东会员提供金融服务，解决融资难题。坚持合作制有助于克服经营过程中的目标偏离和资金外流问题。

（三）启发与借鉴

1. 农村金融体系改革必须有一个正确的长期目标

总结国外成功合作金融模式的经验，发现有一个共同之处，即合作金融在成长和发展的过程中，始终贯彻一个目标——为农业和农村提供充裕的资金。虽然农业的发展目标会因所在国家的不同和发展阶段的不同有所差异，但农村金融的改革目标却基本没有发生变化。正因如此，这些国家的农村金融体系为农村、农民、农业提供了充足的金融支持和资金支持，使得相应国家的农业迅猛发展，顺利实现了农业的现代化、市场化、商业化和产业化。

评价我国农村金融体系改革成功与否的标准之一应是能否很好地解决"三农"发展中的资金融通问题，如果不能解决农村地区的资金需求，农村金融改革就不能算是真正意义上的成功，只能是部分或局部的成功。因此设立一个正确的长期目标是发展农村金融机构的前提条件和方向指引。

2. 构建分工协作、职责明晰的农村金融体系

文章中提到的美国、德国、法国和日本的合作金融成功模式均拥有上下多层机构，各层机构既独立经营又相互合作，其共同的特点是中央机构履行监督、资金调配、落实相关政策等职能，基层机构为股东会员提供资金融通便利。中央机构对基层机构没有行政上的领导关系，但是有着经济往来。

如何借鉴国际成功经验，同时根据我国国情，建立适合我国的农村金融体系，具有迫切的理论意义和现实意义。我国目前的农村金融机构以农村信用社为主，其经营模式和层级结构和国际上的合作金融模式还有很大不同。但同时我国的农村金融机构除农村信用社以外，还有政策性银行如农业发展银行、商业性银行如农村商业银行、邮政储蓄银行等，新型金融机构如村镇

银行、小额贷款公司等等，应当看到我国的农村金融市场有着多元化的金融机构和潜在的市场竞争体系。借鉴国外成功模式，可以由专门的政策性银行承担农村地区金融服务的政策性职能，商业性银行和新型农村金融机构承担农村地区金融服务的商业性职能，同时培育适合我国的农村合作金融体系，实现不同类型农村金融机构间的分工、合作与竞争，以及同一类型农村金融机构内部的合作与竞争，最终增加农村地区金融供给。

3. 积极开展小额信贷业务

上世纪 70 年代，世界银行最先提出了小额信贷模式，之后小额信贷在全世界得到了广泛的传播和发展。21 世纪初小额信贷在中国开始兴起，并做出了一定贡献。

（1）国际成功经验证明微型金融机构可以实现双重目标兼顾。小额信贷在许多发展中国家都得到了蓬勃的发展，小额信贷一方面为穷人和农户提供融资服务，另一方面也在这种特殊的金融服务中找到了自身的市场定位和盈利模式。孟加拉国的格莱珉银行模式便是一个非常有效的双重目标兼顾的模式，其创立以来，已经为 68000 个村庄的 650 万穷人提供了无抵押贷款，其中 96% 为妇女，还款率高达 99%，在帮助大量穷人提高收入的同时，自身也实现了盈利和发展壮大，该模式是一个非常成功的双重目标兼顾模式。

（2）持续发展小额信贷。发展适合我国农村地区需求的小额信贷，将有助于帮助更多的农民获得贷款，提高收入水平。我国的小额信贷正逐步受到了理论界和实务界的重视和提倡，目前除通过农村信用社等传统的金融机构开展小额信贷外，我国还放宽了小额贷款公司的准入门槛和业务经营范围。2014 年 5 月，银监会颁布了最新的小额贷款公司管理办法，在新的管理框架下，小额贷款公司的业务范围可拓展到买卖债券、股票、对外提供担保、代理销售理财产品等。小额信贷模式的成功和扩大将有助于机构实现双重目标的兼顾。

（3）借鉴国际小额信贷发展的成功经验。第一，解决抵押品不足问题。

我国农户难以获得贷款的主要障碍之一是无法提供有效抵押品，以满足农村金融机构的放贷标准。格莱珉银行模式通过小组成员连带责任还款，有效解决了抵押品不足问题，小组成员自愿组成，银行贷款以小组担保形式提供，此种贷款模式的好处是：成员之间的相互监督和相互帮助可以有效降低违约率，提高每个借款人的还款意愿和还款能力，并能减少农村金融机构审核监督的工作量。第二，积极推进利率市场化。国际小额信贷的成功经验表明，农村地区由于资本稀缺农户贷款难问题普遍存在，因此对于农户来说，资本可得性比优惠利率更为重要，适度放开利率管制，有助于增加农村金融供给，使更多有借贷需求的农户获得贷款。总结国际成功经验，我国可以考虑适度放开小额信贷的利率浮动幅度限制，如果一直受限于一个较低的利率上限，容易使小额信贷机构没有在农村地区开展业务的积极性，有的研究表明农户愿意支付一个更高的市场利率以获得贷款，这也解释了民间高利贷存在并能长期存在的原因。均衡合理的利率水平将有助于农村金融机构的可持续发展。第三，加大政策支持力度。发展小额信贷有着积极的外部正效应，多国政府都给予了政策支持，包括制定法律制度、财政补贴、税收优惠等方式来促进其实现财务可持续发展。许多国家小额信贷业务的快速发展得益于当地政府的大力扶持。

4. 建立真正的合作金融组织

同国外合作金融的模式相比较，其实我国农村金融并未建立真正的合作制。我国的农村信用社虽名义上是合作金融组织，但是社员对入股和持股没有自主选择权，更没有投票决策权，"三会一层"制度形同虚设，由此也导致了农村信用社经营过程中的所有者缺位、委托代理问题、农村资金投向非农化等一系列问题。根据国外合作金融模式的成功经验，得出如下启示：

（1）建立"金字塔"式的组织体系。以美国、德国、法国和日本为代表的合作金融成功经营模式均有多级法人治理结构，组织体系形同"金字塔"。尤以德国模式为典型，自下而上控股，自上而下服务，地方机构的服务对象主要为会员和股东，中下阶层可以自愿选择入股成为会员和股东，中央机构则贯彻落实有关农业政策，统一调配和清算地方机构的剩余资金等。该种经营模式有效规避了地方机构的经营风险，合作制原则又使得其服务不会发生目标偏离。我国的农村信用社也可仿造国外成功模式进行改革，建立省——地方的层级机构，实现两级核算，省级机构负责支农资金的管理和调配、支农政策的落实等，地方机构负责农村地区的金融服务，有助于减少地方机构经营中的所有者缺位和委托代理问题。

（2）坚持合作制原则。真正意义上的合作制有助于提高社员的积极性和责任感，缓解和制约农村金融机构资金投向非农化的问题。我国的农村经济虽然正处于市场化和城镇化的快速发展阶段，但农业生产仍然是以分散经营的小农经济为主。而农村合作金融组织应是为农村基层社区服务的，是基于社区成员之间的信任关系的一种协作关系，因此我国农村更适合借鉴建立在小农经济基础上的日韩农村合作金融模式，发展以地缘关系为纽带的合作金融组织。

5. 政府要加强政策扶持

合作金融是一种自发增长的内生性金融，主要由穷人和农户自发组织形成，其产生的原因是为了缓解此部分弱势群体因很难得到商业性贷款而形成的长期金融抑制现象，使会员获得生产生活上的资金融通，合作金融先天的缺陷是初始规模小，可贷资金的原始积累有限，因此需要政府从政策和资金上予以扶持，合作金融才有可能逐步发展壮大，获得可持续发展能力。国外的成功合作金融模式也都在不同形式上得到了当地政府的大力支持。

我国的农村信用社立足于农村地区，其服务对象是社会阶层中的弱势群体，拥有较高的风险溢价和机会成本，各方面的管理费用要高于商业银行，而同时服务三农的营业收益又没有商业银行高，如果纯粹按照自主经营、自负盈亏的商业化经营原则，同时要求农村信用社为三农服务不符合商业逻辑。国外的成功模式与我国农村信用社的不同之处在于坚持了合作制原则，因此即使自主经营也会优先为会员提供金融服务。

因此我国政府仍需要通过货币政策、金融监管政策及财政政策等多种手段采取措施，为我国的农村金融机构提供恰当的政策扶持，弥补其在农村地区经营的各项隐性成本，提高其支农积极性，保证农村资金用于农业生产，甚至吸引城市资金和非农资金投向本国农业领域。并在存量改革的同时坚持增量改革，逐步培育适合我国国情的合作金融组织。

（四）本章小结

首先，在国外农村金融机构可持续发展的成功模式中，文章详细阐述了孟加拉国的格莱珉银行模式、美国、德国和法国的合作金融模式以及日本的农协模式。格莱珉银行面向穷人开展小额信贷业务，帮助穷人摆脱贫困，增加收入。其小额贷款风险控制技术主要包括担保替代、分期还款、动态激励和团体贷款，并不断创新符合穷人需要的贷款产品和还款机制，在服务穷人的同时取得较高还款率和收益率，自身也实现了可持续发展。美国、德国和法国的合作金融模式从上而下具有三个层级机构，中央机构负责金融政策的贯彻落实及资金的统一清算和调配等，地方及区域机构从事业务经营，并严格遵循合作制原则。日本农协模式是由政府提供政策支持和资金支持，鼓励农民组织形成的农村资金互助组织。农村资金互助组织以资金互助为载体，将信用合作、生产合作和购销合作融为一体，提高了农民的组织程度，提升了农民在市场中的谈判力和竞争力。农协模式将信用合作内生于农业合作组织内部，充分发挥社会资本的作用机制，利用熟人社会的约束作用有效降低信息不对称、交易成本以及违约风险，保证了组织的健康规范发展。这两种模式均值得我们学习和借鉴。

其次，总结了国外政府促进农村金融机构实现双重目标兼容的政策。财政税收方面的政策主要有政府投资控股或参股、无偿赠与、提供资金支持和实行税收优惠政策等；货币政策方面主要有实行差别存款准备金率政策、提供再贷款支持、灵活的利率政策以及建立资金调剂和清算体系等；金融监管方面的政策主要有完备的法律保障、建立完善的保险制度、坚持合作制原则等。

最后一部分是启发与借鉴，如果要很好的解决农村金融机构可持续发展问题，需要对国外的成功经验模式进行合理借鉴。结合我国实际，提出的具体措施有：农村金融体系改革必须有一个正确的长期目标、构建分工协作、职责明晰的农村金融体系、积极开展微型金融业务、大力发展合作金融组织和政府要加强政策扶持等。

第四篇

农地金融问题研究

第十一章 农地经营权抵押贷款的收入撬动效应分析

中国的农地抵押贷款试点改革究竟是否起到了促进农民收入增长的预期效果呢？其效果在长期来看是呈现何种发展态势？如果农地抵押贷款起到了预想效果，其内在机制是什么？究竟通过何种方式对于收入产生了影响？是否存在异质性？科学评估其效果并识别其机制，不仅对于农地抵押贷款的下一步实施具有重要的指导作用，而且，对于未来三农政策的制定具有重要的政策启示。基于此，本节试图利用 2005—2017 年全国 1831 个县域地区的面板数据，采用双重差分方法评估农地抵押贷款试点改革的效果。本节研究发现，农地抵押贷款政策的确能够显著地提高农村居民的收入，而且，农地抵押贷款政策对农村居民收入增加效应随着实施年份的增加而不断强化，在加入基准变量缓解选择的影响、排除了产量大县奖励政策、义务教育学杂费减免政策等因素，并经一系列安慰剂检验和稳健性检验后，这一结论依然成立。进一步的机制识别显示，农地抵押贷款政策主要是通过信贷获取便利机制、经济增长反馈机制、农业生产率提高机制和劳动力非农转移促进机制等多个机制来实现收入撬动效应。这意味着，农地抵押贷款政策的确通过权利的界定和赋予，可以"唤醒沉睡的资本"，让农民摆脱束缚，实现收入增长。通过异质性检验我们还发现，农地抵押贷款政策的增收效应在经济基础条件好、农地抵押价值高、在制度质量好的地区发挥更好。本节的政策启示是，农地权利的放松和赋予是撬动农村居民收入增长的关键一环，成为农民收入增长的关键抓手。同时还要着力提高政策有效实施所依赖的经济环境和制度质量。

相较于已有文献，本节的边际贡献体现在如下方面：第一，已有的相关文献往往采用微观调研数据或案例分析 (Bidisha, S H, Khan, A and Imran, K, et al.,2017; Cliffe, L,2013; 牛晓冬，罗剑朝，牛晓琴 ,2017; 于丽红，兰庆高，武翔宇 ,2016; 张珩，罗剑朝，王磊玲 ,2018) 来进行研究农地抵押贷款制度的效果，缺乏宏观层面的评估，其外部有效性需要进一步检验，据我们所知，本节是第一篇利用大样本县级面板数据对于农地抵押贷款政策进行整体评估的文章，这不仅可以从宏观数据层面为农地抵押贷款制度的政策效应提供补充证据，而且可以克服微观数据的外部有效性不足的问题。第二，已有的相关文献由于往往采用截面数据，很难在模型中剔除掉影响农户收入增长的其他因素，难以准确识别出农地抵押贷款对于农户收入增长的净效应。因为即使没有农地抵押贷款制度的实施，上述地区的农户同样会在其他因素的推动下获得收入增长。而本节利用双重差分方法，可以很好地克服这一不足。第三，已有文献对于农地抵押贷款作用机制的认知往往停留在信贷途径方面，本节则发现，除了信贷途径外，农地抵押贷款还可以通过推动农村经济增长、提高农业生产率和促进劳动力非农转移等多个机制来实现收入撬动效应，这大大丰富了人们对农地抵押贷款作用机制的认知。第四，通过异质性检验本节还发现，农地抵押贷款政策在经济基础条件好、农地抵押价值高、在制度质量好的地区发挥更好，这一结论是对现有文献的完善和补充。

（一）政策背景与理论假说

1. 政策背景

始于 1978 年的中国农村改革，在经历了联产责任制、包产到组、包产到户、包干到户的制度变迁后，最终确立了以家庭联产承包责任制为基础，土地所有权与承包经营权相分离的"两权分离"土地制度。土地承包期限及关系经历了由 15 年不变、15 年到期后延长至 30 年不变、30 年到期后再延长 30 年、现有土地承包关系保持稳定并长久不变的一系列政策安排。由此产生的制度性激励提高了农户生产性努力，解决了温饱问题与增产问题。

然而，这种"两权分离"的农地产权制度也出现了一些问题：第一，土地承包期限的频繁调整和土地所有权边界模糊，使得农民不愿在土地上进行长期投资，难以实现更高收入水平（刘守英,2017）。第二，在两权分离背景下，由于农民对于土地不具有独立的处分权能和完整的收益权能，影响了土地的流转和土地流转市场的形成，土地流转不畅，不利于农民财产性收入的提高。第三，出于公平原则，家庭联产承包责任制按照"肥瘦搭配"的方式进行均田承包，形成了中国传统农业土地耕作细碎化、经营分散化的局面，在土地不能流转的条件下，阻碍了农业的规模化经营和生产效率的提高。第四，受到城市户籍制度、农村土地制度的双重约束，农民"被捆绑在了土地上"，导致了部分农村难以实现非农化和城镇化，阻碍了农村居民非农收入的提高。

上述弊端所引发的一个显而易见的事实是，在 1985 年之后，当改革重心从农村转向城市后，农村居民的收入长期处于低水平增长状态，城乡差距不断拉大。尤其是，当权利界定不完整、不清晰的情形下，农村居民的积累了大量的"资产"，却不能将之作为"有效抵押品"抵押给银行贷款，实现"资产"向"资本"的转化和保值增值。因而，农村居民收入高度依赖于传统农业收益获取方式，无法实现快速增长。数据表明，虽然中国农村地区的资源性资产存量巨大，但长期以来，财产性收入对农民收入的贡献不到 4%(陈雪原 ,2015)。

为了解决上述问题，早在 1988 年，在中央和地方政府支持下，贵州省湄潭县就成立了湄潭县土地金融公司，试图以土地经营权为抵押发放贷款的方式，推动农业发展与提高土地利用效率。但因为试验期间出现贷款偏离农业用途、严重亏损等问题，湄潭县土地金融公司于 1997 年关闭，"湄潭试验"以失败告终。然而，农地经营权抵押贷款的实践探索并未停止，时隔六年，2003 年，宁夏同心县开始了农地抵押贷款自下而上的民间尝试，具体由农民自发成立了农地经营权抵押贷款协会，以农地经营权入股成为会员，通过会员联保、协会担保的方式向当地金融机构申请贷款。截至 2014 年，已经成功发放农地经营权抵押贷款 2.2 亿元，涉及抵押土地面积 5.3 万余亩（赵翠萍，侯鹏，程传兴，2015)。

　　在基层试验的同时，国家也试图在法律法规层面对于农地抵押贷款予以确认。2005 年 3 月 1 日起执行的《农村土地承包经营权流转管理办法》中指出："对依法取得农村土地承包经营权证的，可以采取转让、出租、入股、抵押或者其他方式流转"，然而，根据 1995 年通过的《担保法》、2003 年的《农村土地承包法》、2004 年的《土地管理法》以及 2005 年的《最高人民法院关于审理涉及农村土地承包纠纷案件适用法律问律的解释》，农地是不允许抵押的①。《办法》在短期内不可能像多米诺骨牌效应一样将上述法律障碍一一推倒，尽管如此，政策的松动仍为唤醒农村土地的融资功能带来了一线希望。2005 年，重庆江津区在国家开发银行重庆市分行的"官方"推动下，鼓励农民将农地权利以及地上附着物入股，以公司股权进行抵押贷款，并由地方政府成立的担保公司进行担保，这种以股权抵押的模式巧妙避开了法律中关于禁止农地承包经营权抵押的规定。2006 年，福建明溪县采取了自上而下的试点模式，贷款过程中由政府提供信息平台，为农地经营权的抵押登记、价值评估、处置等关键环节提供服务。同一时期积极试点的地区还有福建将乐县、沙县、大田县、武平县等、宁夏平罗县以及江西余江县等地。

　　2008 年党的十七届三中全会、中央一号文件强调要加强流转土地承包经营权，随后央行与银监会联合发布了《关于加快农村金融产品和服务方式创新的意见》，提到"创新贷款担保方式，扩大有效担保品范围"，"原则上不违反现行法律规定……可用于贷款担保的各类动产和不动产，都可以试点

---

① 例如，《解释》中给予了明确否定，指出"承包方以其土地承包经营权进行抵押或者抵偿债务的，应当无效。"即使在《办法》出台两年后，2007 年通过的《物权法》仍然规定："耕地、宅基地、自留地、自留山等集体所有的土地使用权不得抵押"。

用于贷款担保"。《意见》中通篇并未提及农地经营权抵押贷款，更像是表明了一种创新金融服务方式的态度。但各地在试点创新贷款担保的过程中，农地经营权抵押贷款受到了格外青睐。这一时期涌现出的试点有浙江、河南、重庆、贵州、广西、湖南、山东、江西、陕西等地的 16 个县（市、区）。首次给予明确指引的是 2009 年中央一号文件与随后央行与银监会联合发布的《关于进一步加强信贷结构调整促进国民经济平稳较快发展的指导意见》，提到"有条件的地方可以探索开办土地经营权抵押贷款"，至此，试点农地抵押贷款的帷幕真正开启。在接下来的年份中，探索开展农地经营权抵押贷款得到了多次政策性强调。在中央政策的鼓励下，有条件的省份纷纷制定相应试点办法，积极开展试点工作。

随着实践的探索，法律层面的调整终于真正展开。2014 年中央一号文件首次明确提出，"要在坚持农村土地集体所有的前提下，促使承包权与经营权分离，形成所有权、承包权、经营权三权分置、经营权流转的格局"，并且"稳定农户承包权、放活土地经营权、允许承包土地的经营权向金融机构抵押融资……推动修订相关法律"。中央于 2015 年年底选择了 232 个县（市、区）作为试点地区，2016 年年初在试点地区展开了试点工作，后续的中央一号文件，也屡次强调要"深入推进承包土地的经营权抵押贷款试点"。关于农地经营权在流转和抵押过程中遇到的法律问题，2015 年出台的文件中明确，"在试点地区暂时调整实施《物权法》、《担保法》关于集体所有的耕地使用权不得抵押的规定"，解决了试点地区面临的法律障碍。2018 年国家对《农村土地承包法》进行了新的修正，并于 2019 年 1 月 1 日正式生效，其中第四十九条规定"承包土地的经营权可以依法采取转让、出租、入股、抵押或者其他方式流转"，新的法规涵盖了"抵押"，农地经营权抵押贷款有了明确的法律依据。

2. 理论假说

一些国内外的理论与实证研究表明，农地经营权抵押贷款政策可以促进农村居民收入增长 (Bidisha, S H, Khan, A, Imran, K, Khondker, B H and Suhrawardy, G M,2017; Cliffe, L,2013; 牛晓冬，罗剑朝，牛晓琴,2017; 于丽红，兰庆高，武翔宇,2016; 张珩，罗剑朝，王磊玲,2018)，农地抵押贷款政策主要通过以下四个方面发挥作用。

第一，信贷获取便利机制。农地使用权的赋予对信贷增长有着积极的影响 (Deininger, K and Goyal, A,2012)，农地经营权抵押贷款通过触发农村市场的"德·索托效应"来实现农村居民收入增长。长期以来，农村金融在推进过程中具有很强的门槛效应 (Luan, D X and Bauer, S,2016; Carter, M R and Olinto, P,2011; Boucher, S R, Barham, B L and Carter, M R,2005)，往往是那些富裕农户才可享有农村金融服务，贫困农户甚至农村小微企业长期受到金融排斥。而农地抵押贷款政策具有普惠金融的特征，可以消除普通农户尤其是贫困农户在贷款中遇到的门槛效应，提高了农村金融资源在配置过程中的公平性。覆盖范围更广的金融服务可以帮助农村居民减少贫困，增加收入。而且，对于政策制定者来说，普惠性金融发展可以取得一石多鸟的作用，普惠金融体系发展越好，居民的收入增长越快，基尼系数越低 (Beck, T, Demirgüç-Kunt, A and Martinez Peria, M S,2007)。除了可以促进普惠金融发展外，农地抵押贷款政策还可通过增加土地投资和儿童人力资本投资等途径减缓贫困 (Galiani, S and Schargrodsky, E,2011; Santos, F, Fletschner, D and Savath, V, et al.,2014)，还可使农民的信贷获取更加便利化，进而促进农村居民收入增长 (Beck, T, Demirgüç-Kunt, A and Levine, R,2007)，这也是农地抵押贷款政策实施的初衷。

第二，经济增长反馈机制。农地抵押贷款政策的一个重要功能是通过储蓄—投资转化、资源优化配置、促进农业产业分工等方面来推动经济增长，而总体的经济增长反过来可以通过多个渠道促进农村居民收入增长：（1）涓滴效应。经济增长带来农村地区整体物质水平的提高，将。如经济增长可以吸纳更多的农村劳动力就业，进而增加收入。再如可以通过增加消费来带动农村居民福利的改善 (Dollar, D and Kraay, A,2002)。（2）增加税收和转移支付。经济增长可以通过税收收入来提高当地财政收入 (周黎安，刘冲，厉行 ,2012)，相应的对农村居民的转移性支出如扶贫资金、医疗支出、教育支出等也会增加，有利于收入提高。（3）促进有效投资。随着农地抵押贷款和土地流转的实施，一方面，相关产业的投资机会增加，另一方面，相关产业的资产收益率提高，进而农村居民可以通过有效投资来增加收入。

第三，农业生产率提高机制。农地抵押贷款政策还可以提高农村生产率来实现农村居民收入增加。土地使用权可以交易和抵押后，农户缓解了流动性约束，可以进行多样化的加强生产力的投资，促进农地效率 (Ghebru, H and Holden, S T,2015)。证据显示，与攒钱投资的农户相比，通过抵押贷款投资的农户在牲畜资产和林业收入方面更领先一步 (Ameha, A, Nielsen, O J and Larsen, H O,2014)。通过评估世界银行与马拉维联合开展的农地信贷项目，发现在接受金融和技术援助后，受益者的土地持有量、农业产量和高附加值作物的生产显著增加，但援助结束后，农户转向了低投入低受益的普通作物生产 (Mendola, M and Simtowe, F,2015)。来自巴西的证据也表明，农地信贷改革政策实施后增加了农业投资，并引起农业生产率显著增加 88%(Fitz, D,2018)。

第四，劳动力非农转移促进机制。在中国迎来刘易斯拐点的情况下，非农经营和工资性收入已经成为农村居民收入中最主要的部分 (蔡昉，王美艳 ,2016)。农村劳动力非农转移通过干中学和集聚效应等不仅提高了自身生产率，更是对中国经济增长做出了重要贡献 (程名望，贾晓佳，俞宁 ,2018)。因此，促进农业就业人口更多的向非农产业转移，就成为解决农村居民收入低下问题的重要途径，而可以流转和抵押的农地制度为这一切提供了可能性。土地流转解除了农业劳动力转移中的障碍，农地抵押贷款则解决了农民的资金约束，因此，农地抵押贷款政策可以通过农地流转与抵押贷款加速——农业劳动力转移——非农收入增加的链条传递，最终促进农村居民收入增长。已有的文献指出，信贷约束使得农户参与非农经济活动和自主创业的比例降低 6.3%，而消除信贷约束后，农户从事非农经济活动的比例上升，收入也显著增加 (Ali, D A, Deininger, K and Goldstein, M,2014)。信贷有助于发展农村非农经济 (Luan, D X and Bauer, S,2016)，增加农村家庭非农收入 (Bidisha, S H, Khan, A, Imran, K, Khondker, B H and Suhrawardy, G M,2017)。

因此，本节提出：

假说 1：农地经营权抵押贷款促进了农村居民收入增长，主要通过信贷获取便利机制、经济增长反馈机制、农业生产率提高机制和劳动力非农转移促进机制等来实现。

尽管从理论上农地经营权抵押贷款有助于撬动农民收入增长，然而其作用能否有效发挥还取决于许多外部环境，如地理区位、经济水平等因素的影响。与金融发展相对滞后的中、西部地区相比，东部地区的农村金融发展带来的农户增收效应更为明显 (孙玉奎，周诺亚，李丕东 ,2014)。我国东部地区的农村金融效率也要高于中部和西部地区 (黎翠梅，曹建珍 ,2012)。金融抑制和精英俘获现象在欠发达地区表现得更为明显 (王小华，王定祥，温涛 ,2014)。落后地区金融发展过程中存在的一些资源配置效率低下、目标偏离、道德风险、寻租等问题仍然存在 (武丽娟，徐璋勇 ,2018)。由此，在一些基础经济条件不好的地区，农地抵押贷款政策很可能会遇冷，原因是从需求角度来看，如果农户土地权利的增加幅度较小，不足以引起投资动机的很大变化 (Jacoby, H G and Minten, B,2007)，最终可能由于缺乏投资机会和农民风险规避意识而导致信贷需求不足 (Boucher, S R, Carter, M R and Guirkinger, C,2010)；从供给角度来看，地方金融机构的特征也会影响信贷可得性 (Higgins, D, Balint, T and Liversage, H, et al.,2018)，当抵押品在一定价值之下时，考虑到交易成本、管理成本与违约成本等因素，正规金融机构不愿意发放贷款 (Carter, M R and Olinto, P,2011)，只有当土地适宜作为贷款抵押品时，才有助于解决信贷准入问题 (Shibeshi, G B, Fuchs, H and Mansberger, R,2015)；

从政策效应来看，农地抵押贷款对经济条件良好、获贷额度较大的家庭收入才具有显著正向影响，对贫困农户的影响有限 (Luan, D X and Bauer, S,2016)。因此，本节提出：

假说 2：农地抵押贷款政策的增收效应在经济基础条件好、农地抵押价值高的地区发挥更好。

金融改革以完善的制度框架为前提 (Arestis, P, Demetriades, P and Fattouh, B, et al.,2002)，宪法框架下中国地区间的制度供给具有非均衡性特征，如沿海与内陆地区、经济发达与欠发达地区在市场化程度、金融发展水平、风险控制等制度安排方面存在较大差异。这些地区间的制度质量差异同样会对农地抵押贷款政策的增收效应产生重要影响。合理的制度安排能够疏通储蓄——投资转化渠道，有助于降低金融机构交易成本、提升运营效率以及促进金融深化。在农地抵押贷款市场上，银行作为一个理性的市场经济主体，只有在能够以低交易成本在市场上处置土地时，才愿意大规模使用农地作为抵押品 (Deininger, K and Goyal, A,2012)，因此，如果存在一些政治、社会或经济方面的制度因素约束了土地市场流动性，以致抵押品变现困难 (Ambrus, A, Field, E and Torero, M,2010)，那么抵押贷款的效果就会受到影响。此外，如果土地登记信息是不够权威的、不完整的或没有及时更新的，金融机构获取信息成本高，也会使得土地作为抵押品的范围受到限制 (Deininger, K and Feder, G,2009)，而且，政策见效也需要更多的时间 (Besley, T J and Ghatak, M,2009)。因此，本节提出：

假说 3：农地抵押贷款政策的增收效应在制度质量好的地区发挥更好。

（二）数据、变量与识别策略

1. 数据、变量和描述性统计

本节拟采用 2005-2017 年中国 1831 个县域地区的面板数据来评估农地

抵押贷款对农村居民收入影响的净效应。本节的数据来源为 2001–2018 年历年的《中国区域经济统计年鉴》、《中国县域经济统计年鉴》、各省份统计年鉴以及万得数据库，在原始数据的搜集过程中，尽管通过上述途径对有关指标进行了全面的提取、整理与相互补充，但仍然发现 2001–2004 年期间的数据缺失较严重，因此最终选定的样本区间为 2005–2017 年。同时，由于样本时间跨度较长，存在一些地区由县调整为区的情况，考虑到撤县设区往往同时导致大量的农村人口被转为城市户口，因此为了更准确的评估，我们剔除了这部分样本，最终形成了 2005–2017 年 1831 个县域地区的面板数据。

有关指标的选取与说明如下：

（1）被解释变量。本文选取"农村居民人均纯收入"（income），以捕捉农村居民收入的变化。并运用样本期间的各个省份的居民消费价格指数 CPI 进行了平减计算，以消除通货膨胀的影响。需要说明的是，出于完善收入统计指标、城乡发展一体化的考虑，2014 年之后统计部门将农村居民收入指标"农村居民人均纯收入"改为了"农村居民可支配收入"，鉴于后续年份中无法查询到"农村居民人均纯收入"，本文通过指标"农村居民可支配收入"进行了补充①。

（2）核心解释变量。核心解释变量。本文构建的核心解释变量是"农地抵押贷款试点"（landloan），若某一县域在某一年份开始开展试点，则在试点当年及以后赋值为 1，否则赋值为 0。如前所述，农地抵押贷款政策试点

---

① 二者的不同是农民人均纯收入是初次分配的结果，农村居民人均可支配收入是初次分配加二次分配的结果，即农民纯收入扣除公益性、赠送及罚款等转移性支出部分后，再加上农村居民的养老、医疗、保险等转移性收入部分。由于文中研究的是农地抵押贷款对农村居民收入的影响方向，是定性比较而非定量比较，而且农村居民可支配收入与农村居民人均纯收入二者都已经包含了农户的主要收入或大部分收入，为了在更大时间范围内评估政策效应，本文在后续年份中使用农村居民人均可支配收入，将样本范围扩大到了 2017 年。此外，考虑到指标的微小差异可能会对农地抵押贷款政策的效应测度产生的影响，我们运用年份分组、年份和地区同时分组的方式进行了多项稳健性检验，以进一步支持我们的研究结论。

除了中央层面确认的试点名单外，各个地区在很早就开始了地区试点，因此，为了更准确地捕捉到农地抵押贷款的真实执行情况，文中收集数据的原则为农地抵押贷款相关报道+政府官方文件。由于农地抵押贷款政策的特殊性，该项政策的落地需要多方合力才能完成。由此该项政策出台后，需要配套及创造农户及新型农业经营主体等的信贷需求、增加农村金融机构信贷供给、建立和完善第三方土地流转以及估价平台等，为使多方知晓，政府部门必然会对相关政策及落实情况进行官方、媒体等多渠道报道。尤其是首笔农地抵押贷款成功发放后，为起到总结经验、示范引领、带动全局、彰显社会责任等多重效应，政府及金融机构也会进行多方报道。我们在数据收集中尽可能避免统计只出台政策性文件而未落地的情况，因为没有实际发生的农地抵押贷款并不会对农村居民收入增长产生实质性影响。我们采取如下四个步骤来进行互补印证并对变量进行赋值：第一步，我们在中国知网（CNKI）上通过关键词"经营权抵押贷款"进行文献检索，对检索到的 2002 年以来发表的 2468 条相关文献进行了阅读，若文献中提到某一县域于某一年份进行了试点改革，则相应的对变量 landloan 赋值 1；第二步，我们通过互联网检索进行再次确认或补充搜集，在 2005–2017 年的年份内，按照年份逐年检索的方式检索关键词"经营权抵押贷款"，如果我们从官方媒体中检索到了关于某县域成功发放农地抵押贷款的新闻报道，例如《人民日报》《金融时报》《新华日报》《经济日报》《经济参考报》《光明日报》《中国城乡金融报》《辽宁晚报》《贵州都市报》《山西晚报》等国家官方媒体以及新华网、和讯财经、中国金融界网、东楚网等网络媒体的报道，我们将根据报道对有关县域进行赋值。第三步，为了进一步避免遗漏，我们还查阅了各个省实行农地抵押贷款政策的官方文件，并且，为了避免一些地方只是出台政策性文件但现实中没有落实到位的"一纸空文"现象，我们通过继续查询该省政府及下辖市政府、县政府的官方网站进行再次核实和确认，如果官方文件中明确提出农地抵押贷款并在官网上查到有相关报道的，则确认该地实施了试点改革，从试点年份开始赋值 1。如果仅有某市的政策性文件但是无法查到相关报道、知网文献等辅助性材料的，赋值为 0。第四步，考虑到一些地方的改革试点早于国家试点名单，而在地方改革试点年份起，其效果应该有所体现，因此，我们对指标的赋值以能查到的最早出现的时间为准，例如有的县域在 2011 年已经开始了地方试点，在 2016 年国家出台的国家试点县名单中再次提到，则仍然从 2011 年开始赋值。

（3）控制变量。为控制其他变量的影响，我们选取了一系列可能会影响到农村居民收入的控制变量。第一类控制变量反映地区金融发展水平。King and Levine（1993）通过采用私有部门的信贷占 GDP 的比重来衡量 (King, R G and Levine, R,1993)，由于国内缺乏私有部门信贷数据，本节采用国内研究通常的做法，使用金融机构年末贷款余额占 GDP 的比重来衡量 (邵宜航，刘仕保，张朝阳,2015)。第二类控制变量反映地方政府财政支出规模。财政支出通过再分配效应会对农民的收入产生一定影响，但这种影响也可能是不确定的，本节通过计算县政府公共财政支出与地区生产总值的比重得出地方政府财政预算支出规模（govment）这一指标。第三类控制变量反映县域经济发展水平。通过县域工业总产值占 GDP 比重（industry）来衡量地区工业化、城镇化发展程度，通过人均固定资产投资额（perfixed）来反映地区经济发展情况，上述指标构成了地区经济发展的源泉与重要驱动力 (刘瑞明，赵仁杰 ,2015)，还通过人均粮食产量 pergrain 反映地区粮食产业发展情况。第四类控制变量反映地区的医疗、教育特征。通过每百人拥有医疗卫生机构床位数 health 反映地区医疗水平及居民健康程度，通过在校中小学人数对数 lnedu 反映地区教育水平。

各变量的定义、计算与描述性统计见表 11-1。

表 11-1 变量定义与描述性统计 [①]

变量名称	变量含义	计算方法	均值	标准差	最小值	最大值
income	农村居民收入	农村居民人均纯收入（万元）	0.512	0.287	0.100	1.520
landloan	农地抵押贷款	虚拟变量（0,1）	0.100	0.300	0	1
finance	贷款余额占比，反映地区金融发展水平	金融机构年末贷款余额（万元）/ 县区 GDP（万元）	0.520	0.267	0.181	1.194
govment	财政预算支出规模，反映地方财政调控能力	政府公共财政支出（万元）/ 县区 GDP（万元）	0.254	0.224	0.045	1.317
industry	工业总产值占比，反映地区工业化水平	县区工业总产值（万元）/ 县区 GDP（万元）	0.988	0.699	0.018	3.219
perfixed	人均固定资产投资额，反映地区经济发展情况	县区固定资产投资额（万元）/ 县区总人口（人）	1.800	1.901	0.010	10.300
pergrain	人均粮食产量，反映地区粮食产业发展情况	县区粮食总产量（吨）/ 县区总人口（人）	0.514	0.369	0.026	5.600
health	每百人拥有床位数，反映地区医疗健康水平	医疗卫生机构床位数（床）/ 县区总人口（百人）	0.292	0.158	0.001	3.780
lnedu	在校中小学人数的对数，反映地区教育水平	小学与中学在校学生数（人）取对数	5.404	2.867	2.453	11.140

2. 识别策略

在本节研究所涉及的 2005-2017 年中，全国范围内先后有 635 个县域开展了农地抵押贷款试点工作，这为我们提供了地区和时间的两种差异，来进行双重差分方法（DID）识别农地抵押贷款对农村居民收入的影响效应 [②]。由于各试点地区开展试点的年份并不统一，我们设置了 landloan 变量，代表是否进行了农地抵押贷款试点，将开始试点当年及以后对 landloan 赋值 1，否则赋值 0。为消除可能影响估计结果准确性的不可观测因素和时间效应，本

---

① 本节对年鉴中出现的极端值进行了 1% 的缩尾处理，地方财政预算支出规模 govment 出现了大于 1 的情况，一个可能的原因是部分贫困地区政府大规模的转移支付所致，工业总产值占比 industry 也出现了大于 1 的情况，原因是在年鉴中，工业总产值是产值概念，包含原料价值，而 GDP 是增加值概念，不含原料价值，所以会出现工业总产值大于 GDP 的情况。

② 由于在总体样本中剔除了"区"，所以农地抵押贷款试点地区在与总体样本匹配过程中，共成功匹配了 478 个。

节通过控制县域的个体效应和时间效应，设定如下双向固定效应模型来实现双重差分，以考察农地抵押贷款政策对农村居民收入影响的净效应。模型设定如下：

$$Y_{it}= \alpha_0+ \beta_1 landloan_{it}+ \alpha X_{it}+ \gamma_t+u_i+ \varepsilon_{it}\cdots\cdots\cdots\cdots\cdots（11.1）$$

式（1）中，Y_{it} 为被解释变量，选取农村居民人均纯收入来衡量，下标 i 和 t 分别表示第 i 个县域和第 t 年；γ_t 代表时间固定效应；u_i 代表县域地区的个体固定效应；X_{it} 为控制变量，具体有贷款余额占比、财政预算支出规模、工业总产值占比、人均固定资产投资额、人均粮食产量、每百人拥有床位数和在校中小学人数对数。在上述模型中，β_1 度量了农地抵押贷款对农村居民收入产生的净效应，是我们重点关注的估计值，若农地抵押贷款这一政策确实促进了县域内农村居民收入增长，则 β_1 的系数应该显著为正。

（三）基础回归结果与稳健性检验

1. 基准回归结果

如前所述，本节选取双重差分方法来评估农地抵押贷款政策对农村居民收入影响的净效应，回归结果见表 11-2。

表 11-2 中，列（1）是没有加入控制变量的回归结果，列（2）是加入其它控制变量后的回归结果。可以发现，无论是否加入控制变量，农地抵押贷款均显著促进了农村居民收入增加。根据列（2），农地抵押贷款试点改革在 1% 置信水平上显著为正，说明试点改革可以带来农村居民收入平均增加 0.019 万元，相当于农村居民人均纯收入上升了 3.7%（0.019/0.51=3.7%）。上述结果表明农地抵押贷款确实提高了农村居民收入水平，这对于农村居民实现脱贫致富、缩小贫富差距、迈向共同富裕有着极为重要的参考意义。

表 11-2 农地抵押贷款对农村居民收入的影响

VARIABLES	（1）income	（2）income
landloan	0.022***	0.019***
	(0.003)	(0.003)
finance		0.001
		(0.006)
govment		-0.199***
		(0.011)
industry		0.012***
		(0.003)
perfixed		0.024***
		(0.001)
pergrain		-0.005
		(0.005)
health		0.043***
		(0.010)
lnedu		0.008*
		(0.004)
Constant	0.510***	0.427***
	(0.001)	(0.022)
时间固定效应	控制	控制
个体固定效应	控制	控制
Observations	20,545	17,877
R-squared	0.926	0.927
r2_within	0.003	0.107

注：①括号内为回归系数对应的聚类后的稳健标准误；② *、** 和 *** 分别表示显著性水平为 10%、5% 和 1%。

2. 稳健性检验

（1）平行趋势检验

为了保证平行趋势假设成立，我们需要检验试点地区与未试点地区的变动趋势在试点之前是否存在显著差异。借鉴已有文献的普遍做法，本文采用动态 DID 的方法检验平行趋势是否满足，在模型（1）的基础上设定如下回归模型。

$$Y_{it} = \alpha_0 + \sum_{i=-6}^{i=6} \beta_i D^i + \alpha X_{it} + \gamma_t + u_i + \varepsilon_{it} \qquad （11.2）$$

其中，Y_{it} 代表农村居民收入 income，D^i 是农地抵押贷款实施前、实施当年及实施后相对应各年份的虚拟变量，如若样本观测到了政策实施前 i 年的数据，则 D^{-i} 取 1，否则取 0，以此类推。其中，为了规避部分年份的观测值过少的问题，更好地观察政策的实施效果，参照文献的做法，政策实施 6 年以前的数据赋值为 -6，政策实施后 6 年以上的数据赋值为 6。我们在回归中将政策实施前一年作为基准对照年，系数的动态变化如图 11.1 所示。

图 11.1 中横轴代表相对政策实施的年度，所反映的信息表明：第一，根据图 11.1，在试点前的年份里，系数 β 的值并未出现系统性差异，趋势较为平缓，在试点之后，β 值显著为正，说明在政策实施之后，试点地区与未试点地区之间的显著差异主要源于政策变化；第二，农地抵押贷款政策对农村居民收入的增加会产生持续而显著的正向影响。第三，伴随着农地抵押贷款政策实施年份的增长，该项政策对农村居民收入的驱动作用逐渐增大，呈现为波动式上升趋势。综上，农地抵押贷款政策对农村居民收入增长存在可持续的驱动作用，当农村沉睡的投资资本一旦被激活，便会步入农村金融促进农村居民收入增长的可持续良性积累轨道。

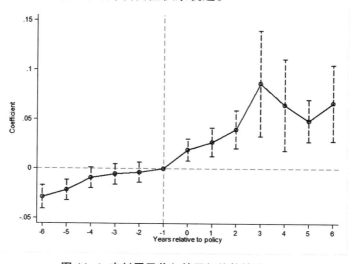

图 11-1 农村居民收入的平行趋势检验

（2）安慰剂检验

除了农地抵押贷款政策这一政策因素变化外，一些别的政策因素或随机性因素也有可能对农村居民收入的提高产生影响，若这种差异与农地抵押贷款政策没有关联，则有可能导致前文的分析不成立。因此，我们结合已有文献对政策实验随机性检验的处理办法 (Cantoni, D, Chen, Y and Yang, D Y, et al.,2017)，进行安慰剂检验。

我们按照真实的农地抵押贷款政策试点在每年的开展情况，同比例随机生成 1000 个假想的处理组，利用这 1000 个假想的处理组回归结果来检验政策效应。具体做法是：分别利用这 1000 个假想处理组进行双重差分回归，重复进行 1000 次，将每次回归结果的 t 检验值统计出来，做出 1000 次回归中变量"随机的农地抵押贷款"的系数所对应 t 值的核密度图，与真实的变量"农地抵押贷款 landloan"的回归系数所对应的 t 值进行比较。结果用图 4 来表示，在图 4 中，我们生成的 1000 次"随机农地抵押贷款"处理组的回归结果中，回归系数的 t 值均落在了真实的变量"农地抵押贷款"回归系数 t 值的左边，也就是说，在我们随机生成的政策冲击下，并没有对农村居民收入产生显著的正向作用。以上说明我们犯"取伪错误"的概率是极低的，通过安慰剂检验进一步表明，我们前文得出的农地抵押贷款的政策效应结果是比较稳健的。

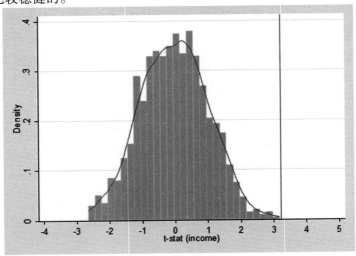

图 11-2 1000 次回归中农地抵押贷款对农村居民收入的回归系数 t 值

（3）加入基准变量的时间趋势因素

农地抵押贷款试点政策是否可以视为一次极佳的政策评估"自然实验"，在一定程度上还取决于其试点名单的确定是否随机。然而现实是，试点名单的制定大多与县域的地理位置、经济、社会发展程度等密切相关，随着时间的推移，这些县域之间固有的差异对于农民收入可能产生不同的影响，从而造成估计上的偏差。为了缓解由于实验组与控制组选择的不随机造成的潜在估计偏差，采用 Edmonds 等（2010）和 Lu 等（2017）的方法 (Edmonds, E V, Pavcnik, N and Topalova, P,2010; Lu, Y, Tao, Z and Zhu, L,2017)，在基准回归中加入这些因素与时间线性趋势的交叉项，具体采用以下估计方程：

$$Y_{it}= \alpha_0+ \beta_1 landloan_{it}+ \alpha X_{it}+ \delta Z_c \times trend_t+ \gamma_t+u_i+ \varepsilon_{it} \cdots\cdots\cdots\cdots（11.3）$$

其中，Z_c 表示县域所在的地理位置与原有的政治经济特征等。具体而言，本节采用县域所处位置是否东部地区、是否中部地区、是否西部地区以及是否胡焕庸线右侧地区作为地理位置先决因素的代理变量，还采用地区人均 GDP 和人均财政收入作为地区经济、社会发展程度的代理变量，$trend_t$ 代表时间线性趋势，因此，通过 $Z_c+trend_t$ 从线性的角度控制了县域之间原来固有的特征差异对农民收入的影响后，进行了样本选择偏差的检验。表 11-3 汇报了加入上述基准变量后的回归结果，landloan 的系数仍然显著为正，表明考虑到地区间固有的差异产生的影响后，估计结果依然稳健。

表 11-3 样本选择偏差检验

VARIABLES	（1）east	（2）middle	（3）west	（4）line hu	（5）gdp	（6）public revenue	（7）benchmark
Landloan	0.019***	0.020***	0.018***	0.017***	0.017***	0.019***	0.016***
	(0.003)	(0.003)	(0.003)	(0.003)	(0.003)	(0.003)	(0.003)
Finance	-0.014**	-0.004	0.003	0.002	0.021***	-0.001	0.016***
	(0.006)	(0.006)	(0.006)	(0.006)	(0.005)	(0.006)	(0.005)
Govment	-0.166***	-0.201***	-0.175***	-0.186***	-0.003	-0.178***	0.005
	(0.010)	(0.011)	(0.011)	(0.011)	(0.008)	(0.010)	(0.008)
Industry	0.010***	0.015***	0.004	0.009***	0.013***	0.015***	0.010***
	(0.002)	(0.002)	(0.003)	(0.003)	(0.002)	(0.002)	(0.002)
Prefixed	0.022***	0.023***	0.023***	0.024***	-0.004***	0.014***	-0.002**

	(0.001)	(0.001)	(0.001)	(0.001)	(0.001)	(0.001)	(0.001)
Pergrain	0.004	-0.004	-0.002	-0.002	-0.011**	-0.004	-0.004
	(0.005)	(0.005)	(0.005)	(0.005)	(0.005)	(0.005)	(0.005)
Health	0.063***	0.042***	0.056***	0.040***	0.021**	0.032***	0.025***
	(0.010)	(0.010)	(0.010)	(0.010)	(0.009)	(0.010)	(0.010)
Lnedu	-0.001	0.005	0.007	0.005	-0.004	0.005	-0.009**
	(0.004)	(0.004)	(0.004)	(0.004)	(0.003)	(0.004)	(0.004)
east_tr	0.011***						0.003***
	(0.000)						(0.001)
middle_tr		-0.003***					-0.000
		(0.001)					(0.001)
west_tr			-0.007***				
			(0.000)				
linehu_tr				0.004***			0.005***
				(0.001)			(0.001)
gdp_tr					0.018***		0.016***
					(0.000)		(0.001)
gov_tr						0.000***	0.000
						(0.000)	(0.000)
Constant	0.449***	0.447***	0.441***	0.414***	-0.438***	0.438***	-0.370***
	(0.022)	(0.021)	(0.022)	(0.022)	(0.030)	(0.020)	(0.036)
时间固定效应	控制	控制	控制	控制	控制	控制	控制
个体固定效应	控制	控制	控制	控制	控制	控制	控制
Observations	17,877	17,877	17,877	17,877	17,877	17,851	17,851
R-squared	0.930	0.928	0.928	0.927	0.939	0.931	0.939
r2_within	0.148	0.112	0.122	0.110	0.248	0.152	0.257

注：①括号内为回归系数对应的聚类后的稳健标准误；② *、** 和 *** 分别表示显著性水平为 10%、5% 和 1%。east_tr、middle_tr、west_tr、linehu_tr、gdp_tr、gov_tr 分别表示是否东部地区、是否中部地区、是否西部地区、是否胡焕庸线右侧地区、地区人均 GDP、地区人均财政收入乘以时间线性趋势。

（7）加入省份—时间联合效应

在上文的分析中，我们对时间固定效应和地区固定效应进行了控制，时间固定效应表示在时间层面不随个体变化的特征，地区固定效应表示在地区层面不随时间变化的特征。但是，由于中国的政策一般是在省份层面出台的，一些省份可能也会出台一些影响农村居民收入的政策，而这种不同省份随时间变动的效应难以被上述时间固定效应和地区固定效应捕捉，因此，本节进一步引入省份—时间的联合固定效应，即 $prov_j \times year_t$，以此来控制那些省份层面每个年份不同的政策效应，对前文结论进行稳健性检验。模型变形如下：

$$Y_{it} = \alpha_0 + \beta_1 landloan_{it} + \alpha X_{it} + \gamma_t + u_i + \delta prov_j + year_t + \varepsilon_{it} \qquad (11.4)$$

引入省份—时间联合固定效应后的回归结果如表 11-4 所示。可以发现，无论是否加入控制变量，列（1）和列（2）中农地抵押贷款对农村居民收入的影响仍显著为正，控制了省份时间效应后，结果并无明显变化，这进一步支撑了前文的分析结论。

表 11-4 加入省份时间效应

VARIABLES	（1） income	（2） income
Landloan	0.012***	0.008***
	(0.003)	(0.003)
Finance		-0.002
		(0.005)
Govment		-0.130***
		(0.009)
Industry		0.011***
		(0.002)
Prefixed		0.023***
		(0.001)
Pergrain		0.002
		(0.005)
Health		0.014
		(0.010)
Lnedu		-0.006
		(0.004)
时间固定效应	控制	控制
个体固定效应	控制	控制
省份—时间联合固定效应	控制	控制
Observations	20,536	17,867
R-squared	0.948	0.949
r2_within	0.001	0.108

注：①括号内为回归系数对应的聚类后的稳健标准误；② *、** 和 *** 分别表示显著性水平为 10%、5% 和 1%。

（四）影响机制检验

根据前文分析，农地抵押贷款能够促进农村居民收入的大幅提升，那么，农地抵押贷款促进收入增长的影响机制是否存在呢？本节意图在前文的基础上进行逐一验证。

关于信贷获取便利机制，我们选取户均贷款余额（ploan，万元）来衡量金融服务，通过计算金融机构各项贷款余额 / 县区总户数的比值得出，因为在其他条件不变情况下，若农地抵押贷款促进了户均贷款余额（ploan）的提高，则意味着农村居民的贷款可得性也得到提高，可以享有更好的金融服务。回归结果如表 11-5 中第（1）列所示，户均贷款余额（ploan）的回归系数显著为正，说明农地抵押贷款政策确实可以增加居民的信贷，进而促进农村居民收入增加。这一结论与已有的文献相吻合，从国际经验来看，农地使用权的赋予对信贷增长有着积极的影响（Deininger 和 Goyal，2012）。

关于经济增长反馈机制，我们选取地区生产总值 GDP（亿元）来表征经济增长。回归结果如表 11-5 中列（2）所示。回归结果显著为正，可以认为农地抵押贷款政策在 1% 置信水平上显著促进了地区经济增长，这有利于农村居民收入的增长。

表 11-5 中列（3）显示了农业生产率提高机制的检验结果，关于农业生产率，我们选取第一产业增加值（First_Added，亿元）来度量，当其他条件不变时，区域内第一产业增加值的变化，可以有效地度量农业生产率。回归结果显示，农地抵押贷款的确可以提高第一产业增加值的增长。

关于劳动力非农转移促进机制，我们分别选取第一产业从业人员（labor，万人）和第二、三产业从业人员（worker，万人）[1]进行回归，结果在表 11-5 中列（4）和列（5）列出。我们发现，农地抵押贷款政策可以显著促进第二产业与第三产业从业人员的增加，同时第一产业从业人员 labor 的系数为负，

---

① 根据县域统计年鉴，2013 年后新增了第二产业从业人员和第三产业从业人员指标，2013 年之前的年鉴统计的是年末单位从业人员人数，根据指标解释，年末单位从业人员人数，反映年末在企业实际从事生产经营活动的全部人员，包括：在岗的职工（合同制职工）、临时工及其他聘用、留用的人员。考虑到第二产业、第三产业从业人员同时也是企业在岗人员，上述指标具有关联性，因此，文中 worker 在 2005—2012 年间，代表企业年末单位从业人员人数，在 2013—2017 年间，代表第二产业从业人员和第三产业从业人员之和。

说明农地抵押贷款政策减少了第一产业从业人员。上述结果表明农地抵押贷款的确可以促进劳动力非农转移。参与高回报的非农劳动、实现非农收入的增长将更有利于农村居民总收入的快速提高和城乡收入差距的缩小。

表 11-5 影响机制检验

	信贷获取便利机制	经济增长反馈机制	农业生产率提高机制	劳动力非农转移促进机制	
	(1)	(2)	(3)	(4)	(5)
VARIABLES	ploan	GDP	First_Added	labor	worker
landloan	0.491**	1.127***	2.199***	-0.150	2.315***
	(0.224)	(0.295)	(0.220)	(0.129)	(0.398)
finance	5.687***	-6.055***	-2.235***	-0.337***	1.232***
	(0.201)	(0.473)	(0.317)	(0.117)	(0.383)
govment	-3.942***	-15.957***	-11.758***	0.884***	-8.878***
	(0.253)	(0.982)	(0.661)	(0.137)	(0.693)
industry	-0.580***	2.764***	1.748***	-0.713***	2.541***
	(0.084)	(0.279)	(0.150)	(0.065)	(0.573)
perfixed	0.705***	1.716***	-0.228***	0.104***	-0.077
	(0.060)	(0.109)	(0.054)	(0.021)	(0.069)
pergrain	-0.342***	-2.083***	-0.737***	0.183**	-4.100***
	(0.107)	(0.348)	(0.228)	(0.076)	(0.570)
health	-0.738	4.970***	5.249***	-0.906***	12.566***
	(0.516)	(1.053)	(0.653)	(0.252)	(1.513)
lnedu	1.425***	-1.055***	-3.481***	0.861***	-5.085***
	(0.223)	(0.267)	(0.399)	(0.189)	(0.564)
Constant	-4.732***	40.669***	36.662***	9.800***	30.116***
	(0.825)	(1.456)	(2.022)	(0.754)	(2.923)
时间固定效应	控制	控制	控制	控制	控制
个体固定效应	控制	控制	控制	控制	控制
Observations	13,273	19,698	19,698	13,032	19,571
R-squared	0.868	0.979	0.916	0.975	0.253
r2_within	0.227	0.128	0.087	0.018	0.010

注：①括号内为回归系数对应的聚类后的稳健标准误；② *、** 和 *** 分别表示显著性水平为 10%、5% 和 1%。

通过上文分析，我们验证了假说 1，识别出农地抵押贷款促进农村居民收入增长的四个作用机制，分别是信贷获取便利机制、经济增长反馈机制、农业生产率提高机制和劳动力非农转移促进机制，农地经营权抵押贷款通过上述机制来实现农村居民收入增长。

（五）异质性检验

不同县域之间存在地理区位、经济水平、农地价值、制度质量等异质性特征，而这些异质性特征对农地抵押贷款政策增收效应的发挥会产生影响。

1. 区分地区经济基础与农地价值

中国经济发展水平存在一定程度的区域性差异，同时农地价值随着区域的经济发达程度、农业普适性等特征也会表现出差异性。为了验证以上差异对农地抵押贷款增收效果的影响，我们选取海拔高度（height）、纬度 × 海拔（latitude_height）、东中西部（region）、是否边远地区（far）、是否贫困区（poor）五个变量作为区分地区经济基础与农地价值的代理变量。海拔高度（height）按照各县域所在地级市市中心的海拔高度赋值。纬度 × 海拔（latitude_height）可以分析纬度和海拔叠加作用下的政策效应，使用各地级市市中心所在地的海拔高度与纬度的乘积赋值。一般而言，海拔越高，温度越低，农业发展的普适性越低，农地价值相对越低，且海拔与经济发展显著负相关（翟岁显，孙爱存，2012)。关于东中西部（region），东部地区赋值 1，中部地区赋值 2，西部地区赋值 3，一般来说，东部地区的经济发展与农地价值要高于中西部地区。是否边远地区（far）的划分依据是《关于艰苦边远地区范围和类别的规定》（国人部发【2006】61 号），文件确定了 984 个县（市、区），艰苦边远地区具有边疆境县、高寒、贫困、少数民族自治等多种含义，属于边远地区对 far 赋值 1，非边远地区赋值 0。是否贫困区（poor）的划分依据是国务院扶贫开发领导小组办公室 2005——2017 年期间公布的国家扶贫开发工作重点县名单，属于贫困县对 poor 赋值 1，否则赋值 0。然后依次引入上述变量与农地抵押贷款政策 landloan 的交互项进行回归，回归结果列示在表 11-6 中。

观察表 11-6 可以发现，五个交互项的系数均在 1% 的置信水平上显著为负，表明地区经济越不发达、越是高寒、贫困地区，农地抵押贷款的政策效应越会被削弱。因此验证了假说 2，即农地抵押贷款政策的增收效应在经济基础条件好、农地抵押价值高的地区发挥更好。

表 11-6 加入交互项的回归结果

VARIABLES	(1) height	(2) latitude_height	(3) region	(4) far	(5) poor
landloan	0.089***	0.093***	0.186***	0.074***	0.068***
	(0.009)	(0.010)	(0.016)	(0.007)	(0.007)
landloan×height	-0.105***				
	(0.013)				
height	-0.032***				
	(0.003)				
finance	0.064**	0.066**	0.049**	0.063**	0.069***
	(0.026)	(0.026)	(0.022)	(0.026)	(0.022)
govment	-0.351***	-0.384***	-0.314***	-0.383***	-0.306***
	(0.035)	(0.034)	(0.033)	(0.038)	(0.023)
industry	0.051***	0.052***	0.033***	0.052***	0.042***
	(0.005)	(0.005)	(0.004)	(0.004)	(0.005)
perfixed	0.050***	0.050***	0.050***	0.049***	0.045***
	(0.002)	(0.002)	(0.001)	(0.001)	(0.001)
pergrain	0.004	0.009	0.015*	0.014	0.004
	(0.010)	(0.009)	(0.007)	(0.009)	(0.009)
health	0.096***	0.089***	0.104***	0.082**	0.033
	(0.026)	(0.027)	(0.025)	(0.028)	(0.024)
lnedu	0.020***	0.019***	0.020***	0.023***	0.028***
	(0.005)	(0.004)	(0.005)	(0.005)	(0.005)
landloan×latitude_height		-0.004***			
		(0.000)			
latitude_height		-0.001***			
		(0.000)			
landloan×region			-0.075***		
			(0.007)		
region			-0.067***		
			(0.003)		
landloan×far				-0.129***	
				(0.013)	
far				-0.030***	
				(0.004)	
landloan×poor					-0.096***
					(0.009)
poor					-0.129***

					(0.010)
Constant	0.287***	0.289***	0.416***	0.268***	0.288***
	(0.028)	(0.027)	(0.027)	(0.027)	(0.026)
时间固定效应	控制	控制	控制	控制	控制
个体固定效应	控制	控制	控制	控制	控制
Observations	17,863	17,793	17,883	17,883	17,883
R-squared	0.486	0.486	0.527	0.480	0.540

注：①括号内为回归系数对应的聚类后的稳健标准误；② *、** 和 *** 分别表示显著性水平为 10%、5% 和 1%。

2. 区分地区制度质量

关于制度质量，我们首先选用樊纲等学者开发的市场化指数来衡量，该指数近年来在研究中得到广泛的应用，能比较好的代表制度环境质量 (罗炜，饶品贵,2010)。我们根据樊纲等学者所编制的《中国市场化指数——各地区市场化相对进程 2011 年度报告》和《中国分省份市场指数报告（2018）》中的 "中国各地区市场化指数"（mkt）衡量制度质量，市场化指数越大，则地区市场化进程越高，制度质量越好。此外，从 2008 年开始，樊纲市场化指数还涵盖了市场中介组织的发育和法律制度环境评分、政府与市场关系评分等指标。其中，市场中介组织的发育和法律制度环境评分通过市场中介组织的发育以及对生产者合法权益的保护、知识产权保护、消费者权益保护等法律制度来衡量制度环境；政府与市场关系评分通过市场分配经济资源的比重、减轻农民的税费负担、减少政府对企业的干预、减轻企业的税外负担及缩小政府规模等指标进行衡量。由此，这两项指标的评分越高，表示该地区的制度质量越好。所以，我们还选取了市场中介组织的发育和法律制度环境评分（miolaw）与政府与市场关系评分（gm）这两项指标衡量制度质量。我们依次引入了中国各地区市场化指数（mkt）、市场中介组织的发育和法律制度环境评分（miolaw）以及政府与市场关系评分（gm）与农地抵押贷款政策 landloan 的交互项进行回归，回归结果如表 11-7 所示。

根据表 11-7，三个交互项的回归结果均在 1% 的置信水平上显著为正，表明地区试点农地抵押贷款政策后，该地的制度质量越好，该项政策对农民收入增加的促进效应就越大。由此，假说3得到很好验证，认为农地抵押贷款政策的增收效应在制度质量好的地区发挥更好。另外需要说明的是，模型（1）、（2）、（3）中landloan的系数变为负数，并在1%置信水平上通过显著性检验，这是加入制度质量的相关控制变量与农地抵押贷款政策的交互项后引起的，并不意味着农地抵押贷款政策与农民收入增加存在负相关关系。将中国各地区市场化指数（mkt）、市场中介组织的发育和法律制度环境评分（miolaw）以及政府与市场关系评分（gm）平均值代入交互项计算后，landloan的总效应为正。

表 11-7 加入农地抵押贷款与制度质量交互项的回归结果

VARIABLES	(1) mkt	(2) miolaw	(3) gm
landloan	-0.180***	-0.011***	-0.118***
	(0.011)	(0.004)	(0.010)
landloan×mkt	0.030***		
	(0.002)		
mkt	0.019***		
	(0.002)		
landloan×miolaw		0.003***	
		(0.001)	
miolaw		0.014***	
		(0.001)	
landloan×gm			0.023***
			(0.002)
gm			-0.005***
			(0.002)
finance	0.004	-0.033***	-0.033***
	(0.006)	(0.006)	(0.007)
govment	-0.198***	-0.087***	-0.094***
	(0.011)	(0.014)	(0.014)
industry	0.008***	0.011***	0.011***
	(0.002)	(0.002)	(0.002)
perfixed	0.023***	0.015***	0.017***
	(0.001)	(0.001)	(0.001)
pergrain	-0.002	-0.008	-0.022***
	(0.005)	(0.006)	(0.006)
health	0.035***	0.057***	0.054***
	(0.010)	(0.010)	(0.010)

lnedu	0.011**	0.008**	0.005
	(0.004)	(0.004)	(0.003)
Constant	0.300***	0.435***	0.541***
	(0.025)	(0.020)	(0.023)
时间固定效应	控制	控制	控制
个体固定效应	控制	控制	控制
Observations	17,877	12,636	12,636
R-squared	0.930	0.961	0.958
r2_within	0.136	0.146	0.0840

注：①括号内为回归系数对应的聚类后的稳健标准误；② *、** 和 *** 分别表示显著性水平为 10%、5% 和 1%。

（六）结语

中国农民收入增长的长期滞后是当前中国经济面临的一大难题。而导致这种收入增长滞后的一个重要原因是，农民所拥有的各类财产的权利体系没有得到清晰地界定和保护，从而这些资产不具备充当贷款抵押物的属性，难以通过资本市场来撬动收入增长。中国的农地抵押贷款政策正是为了解决这一问题而出台的试点改革，如何准确地评估其效应并识别其作用机制，对于政策的实施至为关键。本节利用 2005—2017 年全国 1831 个县域地区的面板数据，采用双重差分方法考察了中国农地抵押贷款试点改革的效果。研究发现：第一，从效果来看，农地抵押贷款政策显著地提高了农村居民的绝对收入，这一结论在进行多项稳健性检验后依然成立；第二，从趋势来看，农地抵押贷款政策对农村居民收入的增加具有可持续的长期影响，这一影响在实施后的第三年达到峰值，之后有所弱化；第三，从机制来看，农地抵押贷款政策的收入撬动效应不仅可以通过信贷渠道实现，而且可以通过经济增长反馈机制、农业生产率提高机制和劳动力非农转移促进机制等多个机制来实现。第四，从异质性来看，农地抵押贷款政策的增收效应在经济基础条件好、农地抵押价值高以及制度质量好的地区发挥更好。本节研究克服了已有文献中的不足，弥补和拓展了相关文献的认识。

就中国的现实而言，本节的研究发现为未来的相关政策的出台和调整提供了重要的启示：第一，农地经营权抵押贷款政策尚处于试点阶段，根据本节的发现，农地抵押贷款政策的实行可以显著提升农村居民收入水平，而且这一影响随着实施年份的增加而不断强化。因此，未来应该进一步为农地抵押贷款政策的试行创造条件，在条件成熟的地区进一步放开试点范围，更大范围内将农地抵押贷款政策落到实处，让更多的农村居民可以分享到农地抵押贷款政策带来的制度红利，最终实现农村居民收入的可持续增长。第二，农地抵押贷款增收效应的有效发挥与地区经济发展程度和制度质量建设密切相关，因此，在农地抵押贷款政策实施的同时，应根据我国区域发展的不平衡性，特别在欠发达地区持续深化供给侧结构性改革，着力提高政策有效实施所依赖的制度质量和经济环境，以真正实现区域间协调发展，缩小地区间收入差距。第三，本节的发现表明，农地权利的放松是撬动农村居民收入增长的关键一环，通过权利的界定和赋予，可以"唤醒沉睡的资本"，让农民的"死资产"转化为"活资本"，成为农民收入增长的关键抓手。因此，未来我们的"三农政策"，应该进一步"赋权于民"、"还权于民"，真正激发基层的能动性和创造性，在增加农村居民的同时，实现乡村振兴和民族复兴。

第十二章 三权分置改革可以促进县域普惠金融发展吗?

农为邦本,本固邦宁。在现阶段全面推进乡村振兴战略布局下,为实现农业农村现代化以及巩固拓展脱贫攻坚已有成果等目标,首先需要资金投入与资金支持,这其中离不开增加金融供给。通过机制创新来增加县域金融机构对农村地区的覆盖深度与广度,发展县域普惠金融,对于解决农村市场主体在发展中遇到的资金瓶颈问题显得尤为关键。

实际上,改革开放 40 多年来,中国政府一直致力于通过持续的金融改革来增加农村地区金融供给。然而,农户在贷款中缺乏有效抵押品的难题一度成为农村金融发展的桎梏,并因此导致了农村金融服务过程中出现的金融抑制、精英俘获、信贷约束等问题。从现实来看,缺乏信贷途径被普遍认为是农民主体受到金融排斥的原因。虽然发展中国家的农民拥有很多资产,但由于这些资产权利没有得到明晰和完整的界定,农民难以将积累的资产转化成为活跃的资本,从而很难实现收入的持续增长 [1]。农户资产金融价值开发被证明是提高农民收入、振兴乡村经济的重要途径 [2]。在前期试点基础上,2014 年中央一号文件正式提出"坚持农村土地集体所有权,稳定农户承包权,放活土地经营权"的三权分置改革,其中经营权可以依法采取转让、出租、入股、抵押或者其他方式流转。农村土地三权分置改革赋予了土地资产抵押权能,这一政策是否有助于缓解农户信贷约束、增强县域普惠金融供给呢? 对上述问题的回答,不但有助于评估农村土地作为抵押资产在信贷中所发挥的作用,而且对于确定更具效率的县域普惠金融发展政策具有重要借鉴意义。因此,本文利用 2005—2015 年 1992 个县域地区的面板数据,运用双重差分方法科学评估三权分置改革对县域普惠金融发展的影响，并发现影响的异质性，以期拓展现有关于农村金融问题的研究方法，并为县域普惠金融发展政策的制定提供参考依据。

（一）制度背景与文献述评

1. 制度背景

始于 1978 年的中国农村土地改革，形成了土地所有权与承包经营权相分离的"两权分离"土地制度。随着生产力的发展，"两权分离"的农地产权制度表现出一些弊端，主要有：第一，土地承包期限的频繁调整和土地所有权边界模糊，使农民不愿在土地上进行长期投资，不利于农业生产率的提高 [2]；第二，农民对于土地不具有独立的处分权、收益权、抵押权等权能，土地资产未能被有效盘活利用；第三，土地耕作细碎化、经营分散化的局面阻碍了农业规模化经营与农业产业化发展。

上述弊端所引发的显而易见的事实是，农村地区土地资产存量巨大，却无法实现由"权"到"利"的转变，城乡差距不断拉大。为解决上述问题，我国于 2005 年出台了《农村土地承包经营权流转管理办法》，其中指出："对依法取得农村土地承包经营权证的，可以采取转让、出租、入股、抵押或者其他方式流转"。在中央和地方政府的支持下，一些地区率先开展了农村土地确权、登记与抵押的基层探索实践。如 2005 年，重庆江津区鼓励农民将农地权利以及地上附着物入股，并以公司股权进行抵押贷款。2006 年—2008 年期间，福建省、江西省、宁夏回族自治区、浙江、河南等 11 个省份累计有 26 个县开展了农地经营权的登记与抵押贷款试点工作。在地方试点基础上，2008 年党中央发布了《中共中央关于推进农村改革发展若干重大问题的决定》，明确提出要"搞好农村土地确权、登记、颁证工作"，此后，农业部先后于 2009 年、2011 年、2013 年分批确定了全国范围内一些省份的部分县（市、区）作为农村土地确权登记试点县（市、区），这些省份分布于东部、中部和西部各地区，期间，国内各省份还同步开展了地方性土地确权登记试点，截至 2013 年，涉及开展试点的省份已累计有 28 省。中央于 2014 年首次正式提出农村土地的三权分置改革，明确要"稳定农户承包权、放活土地经营权、允许承包土地的经营权向金融机构抵押融资……推动修订相关法律"，此后农村土地确权登记工作全面铺开。2005 年以来，与土地经营权流转和抵押相关的金融创新也在深入实践探索，在实践中主要形成了"农户 + 金融机构"的直接抵押模式及"农户 + 土地协会 + 金融机构"、"农户 + 地方政府 + 金融机构"、"农户 + 专业合作社 + 金融机构"等形式的中介担保型抵押模式。截至 2018 年 9 月底，已有 1193 家金融机构开办农地抵押贷款业务，累计发放贷款 964 亿元 [4]。

2. 文献述评

农地具有财产属性，又是农业生产活动中最重要的生产性资产，因此农地产权在经济发展中尤为重要。尽管如此，由于政治、经济和历史的原因，农地产权受到政府管制，这种管制在发展中国家和欠发达国家更为普遍 [5]。农地产权管制导致了经济社会中的潜在效率损失，如阻碍投资 [6]；农地的不可转让性导致资源配置效率低下 [7]；阻碍了土地抵押和信贷市场 [8]；无法将土地资源转化为资产 [1]；导致农户缺乏有价值的资产保障和储蓄工具，只能依赖家庭成员和子孙来防老 [9] 等等。

随着改革深入，中国农村土地经营权的财产属性被逐渐重视（谭荣、曲福田,2009），三权分置的重点便是要放活农地经营权（孔祥智,2017）。与城市土地一样，农村土地具有产权和抵押价值后，即使出现债务人违约，金融机构也可通过处置抵押资产化解风险和保全债权（Deininger, K,2003）。实际上，金融机构会通过设计贷款程序、要求抵押品、监督借款人等方式克服逆向选择和道德风险，并将由此产生的交易成本转嫁给借款人（Guirkinger, C and Boucher, S R,2008），农户如果认为贷款合约风险过大或交易成本过高，就会主动放弃申请贷款 (Petrick, M,2004)。国际经验表明，土地作为抵押品，可以提高正规信贷和非正规抵押贷款[15]。如 20 世纪 90 年代洪都拉斯和尼加拉瓜实施的土地确权登记政策为农业信贷提供了所需的抵押品，并提高了土地配置效率和减少了土地碎片化[16]，土地使用权对乌干达农户的信贷可得性产生了显著正向影响[16]，安得拉邦的土地确权登记还显著增加了城市地区的信贷准入[17]。土地使用权增加了借款者的信贷需求和投资需求[9]，为收回土地抵押品，借款者有按时还款的动机，同时贷款者供给意愿增加，此外，有保障的土地使用权有助于形成高效的土地市场，因此土地使用权通过需求、供给和交易三种效应影响金融市场[18]。

尽管如此，一些研究指出现实中农地抵押贷款难以推进，主要原因是一年一付的土地租金导致农地经营权抵押价值低，出现违约时金融机构不能处置抵押品[19]，金融机构对于农地抵押贷款的发放缺乏积极性，农户融资需求只能得到部分满足[20]。因此，本文关心的是，三权分置改革究竟是否可以通过放活农地经营权抵押功能，进而促进县域普惠金融发展? 截至 2015 年，全国已先后有 1282 个县域实施了土地确权登记，这为本文提供了足够的实验组样本，样本分布的广泛性可以有效避免内生性问题，分批次试点的特征具有时间和地区的两种差异，这为本文回答上述问题提供了良好的"准自然实验"，因此运用双重差分方法可以精准识别三权分置改革对县域普惠金融影响的净效应。基于此，本文使用 2005 年—2015 年县域层面的面板数据，运用双重差分方法研究三权分置改革对县域普惠金融的影响。以往关于农村金融问题的实证研究，多基于微观调研数据，而微观数据对政策效应难以进行持续评估，在方法的选择上也会受到限制，而本文选用大样本县级面板数据进行研究，可以克服微观调研数据在调研对象延续性与调研范围广泛性等方面存在的不足，选用双重差分方法可以科学评估三权分置改革对县域普惠金融发展影响的净效应，在数据选取与研究方法上有所创新，研究结论也由此而更具说服力。

（二）数据说明与研究方法

1.数据来源与变量选择

本文所用数据来自《中国区域经济统计年鉴》《中国县域经济统计年鉴》、各省份统计年鉴以及万得数据库，共搜集整理了 2005–2015 年 1992 个县域地区的面板数据。考虑到 2016 年后多数地区完成了土地登记确权工作，控制组样本大幅减少，所以选取的时间跨度为 2005–2015 年。

有关变量的选取与说明如下：

（1）被解释变量。本文被解释变量为"县域普惠金融发展"，用县域地区年末金融机构各项贷款余额与县域地区年末总人口的比值（perloan）来表征，perloan 值越大，表明县域普惠金融供给越多。控制其他影响因素后，若三权分置改革促进了 perloan 增加，则可以认为增加的普惠金融供给主要被用于农村地区，农户信贷约束得到普遍缓解。

（2）核心解释变量。本文的核心解释变量是农村土地的"三权分置改革"，三权分置改革的重心是"放活土地经营权"，因此通过县域地区农地承包经营权确权登记的完成时间来赋值。赋值方法如下：第一，2005—2008年期间，关于土地确权的政策尚未明确，但有部分地区开展了农地经营权抵押贷款，考虑到农地经营权抵押贷款需要以明晰的土地权属为前提，这部分地区一般要首先完成土地确权。这一时期本文依据是否实施农地抵押贷款来赋值，具体通过相关知网文献＋政府官方文件＋媒体报道相结合的方式得出。第二，2009 年以来，中央明确开展土地承包经营权确权登记试点，并逐年扩大试点范围，期间多数地方政府出台了相应政策文件，对于这一时期的赋值，本文首先通过省政府、市政府官网查询到该地区出台的农村土地确权登记颁证相关政策文件，多数省份政策文件对试点工作安排如实施范围、实施时间、实施内容等均有报告，这种情况下我们对这一政策的赋值以官方文件为准；其次，依然有一些地区不能通过官方文件查询到具体的实施和完成时间，考虑到若地方政府在试点阶段完成确权工作，这不仅是政绩体现，更具有示范引领作用，因此确权工作完成后必然会进行相关报道，因此通过官网新闻、官方媒体报道以及知网相关文献研究进行了补充赋值；最后，为避免遗漏，依据地区农地抵押贷款的开展情况进行补充与印证。引入虚拟变量right，若查询到某县于某年基本完成了土地承包经营权确权登记颁证工作，在当年及以后年份对 right 赋值 1，否则赋值 0。

（3）控制变量。为控制其他影响因素，本文选取了一系列可能会影响到县域普惠金融发展的控制变量。第一类控制变量反映各县域的人均金融资本积累情况。储蓄是投资资本的最重要来源，被视为积累金融财富的重要工具之一，储蓄还可杠杆化其他形式的资产，产生融资需求。因此，本文选取人均储蓄存款余额对数（lnpsave）来衡量各县的人均金融资本积累水平。第二类控制变量反映地方政府财政支出规模。财政支出通过再分配效应会对居民可支配收入与原始资本积累产生影响，关于地方政府财政预算支出规模（govout）这一指标，本文通过计算地方政府财政支出与地方生产总值的比重得出。第三类控制变量反映县域特征。本文通过乡城收入比（ratio）反映收入结构，通过农村居民人均纯收入／该县域年平均工资水平得出；通过第一产业从业人员占比（emplagri）这一变量来反映乡村产业结构；还通过县域中小学生数量与总人口的比值（edu）反映教育结构。第四类控制变量反映县域经济发展水平。通过人均 GDP 对数（lnpergdp）衡量地区总体经济发展情况，以及通过县域工业总产值占比（industry）和固定资产投资增长率（far）来衡量地区工业发展水平。

各变量的定义与描述性统计见表 12–1。

表 12–1 变量定义与描述性统计

变量名称	变量含义	计算方法	均值	标准差
perloan	县域普惠金融发展	金融机构贷款余额（万元）／县区总人口（人）	1.17	1.76
right	农地三权分置改革	农地是否完成确权登记	0.07	0.26

lnpsave	人均存款余额对数	居民储蓄存款余额（万元）/县区总人口的对数值（万人）	9.14	0.82
govout	地方财政预算支出规模	政府财政预算内支出（万元）/县区GDP（万元）	0.25	0.25
ratio	农村居民收入比重	农村居民人均纯收入（元）/该县域年平均工资水平（元）	0.22	0.11
emplagri	第一产业从业人员占比	县区内第一产业从业人员（人）/县区总从业人员（人）	6.39	37.4
edu	中小学在校生人数占比	县域小学与中学在校数之和（人）/县区总人口（万人）	0.01	0.03
lnpergdp	县区人均GDP对数	对县区人均GDP取对数，人均GDP由县区GDP（万元）/县区总人口（万人）得出	8.64	0.67
industry	工业总产值占比	县区工业总产值（万元）/县区GDP（万元）	0.97	0.69
far	固定资产投资增长率	县区当年固定资产投资额（万元）/上年固定资产投资额（万元）-1	0.33	0.64

变量描述性统计结果显示，解释变量县域普惠金融发展 perloan 的均值为 1.17，表示全样本县域地区人均贷款余额为 1.17 万元，与 2015 年全国人均贷款余额 7.23 万元（根据统计年鉴数据计算得出）相比，仍处于较低水平，标准差为 1.76，表示普惠金融发展程度在县域之间存在一定的差异性。农地三权分置改革变量 right 的均值为 0.07，表明全样本中试点地区占比为 7%，标准差为 0.26，说明数据之间的离散程度较小，也即试点地区在样本中的分布较为均匀。Pearson 相关系数检验显示，农地三权分置改革与县域普惠金融发展之间存在显著正相关关系。

2. 研究方法

2005—2015 年间，全国范围内先后有 1282 个县域开展了农地确权登记工作，具有时间和地区的两种差异，这为本文提供了一个难得的"准自然实验"，将陆续开展农地确权工作的共计 1282 个县域作为处理组，余下未开展的县域作为对照组，本文采用双重差分方法（DID）来识别三权分置改革对县域普惠金融发展影响的净效应。本文设定双向固定效应模型来实现双重差分，通过控制县域的时间效应和个体效应，以消除不可观测因素可能对估计结果准确性产生的影响。模型设定如下：

$$perloan_{it} = \alpha_0 + \beta_1 right_{it} + \alpha X_{it} + \gamma_t + u_i + \varepsilon_{it} \tag{12.1}$$

式（1）中，$perloan_{it}$ 为被解释变量，$right_{it}$ 为解释变量，下标 i 和 t 分别表示第 i 个县域和第 t 年；X_{it} 为控制变量；γ_t 代表时间固定效应；u_i 代表县域地区的个体固定效应。在上述模型中，β_1 度量了三权分置改革对县域普惠金融发展产生的净效应，是重点关注的估计值，若三权分置改革这一政策确实促进了县域内普惠金融发展，则 β_1 的系数应该显著为正。

（三）回归结果与稳健性检验

1. 使用 DID 与 PSM-DID 回归

本文使用双向固定效应双重差分方法来评估农地三权分置改革对县域普惠金融发展影响的净效应，回归结果如表 12-2 中列（1）和列（2）所示，无论是否加入控制变量，三权分置改革均在 1% 置信水平上显著促进了县域内人均贷款余额的增加，也即三权分置改革显著促进了县域普惠金融发展。

使用双重差分方法的一个前提条件是，政策实施之前试点县与非试点县无显著系统性差异，这样在政策实施之后县域普惠金融的变化才可以认为来自政策本身。本文使用倾向得分匹配双重差分方法 (PSM-DID) 进行稳健性检验，该方法要求在控制组中使用倾向得分匹配方法构造出一个与处理组具有相同趋势的控制组，使得处理组与所构造的控制组满足共同趋势假设，以保证处理组和控制组的其他特征相似。回归结果在表 12-2 中列（3）和列（4）中呈现，根据结果，发现无论是否加入控制变量，三权分置改革可以显著促进县域内普惠金融发展的结论依然成立。

表 12-2 使用 DID 与 PSM-DID 回归结果

	DID	DID	PSM-DID	PSM-DID
因变量：perloan	（1）	（2）	（3）	（4）
right	0.140***	0.129**	0.136***	0.136***
	(0.048)	(0.054)	(0.035)	(0.046)
控制变量	未控制	控制	未控制	控制
时间固定效应	控制	控制	控制	控制
个体固定效应	控制	控制	控制	控制
Observations	20,082	10,830	19,764	10,498
R-squared	0.758	0.857	0.750	0.845
r2_within	0.001	0.033	0.001	0.044

注：①括号内为回归系数对应的聚类后的稳健标准误；② *、** 和 *** 分别表示显著性水平为 10%、5% 和 1%。③模型中引入的控制变量有：lnpsave, govout, ratio, emplagri, edu, lnpergdp, industry, far. 下表统同。

2. 平行趋势检验

本文进一步针对试点县与未试点县在政策实施前是否存在显著性差异的问题进行平行趋势检验。参考已有文献做法，本文采用动态 DID 的方法进行检验，设定如下回归模型：

$$perloan_{it} = \alpha_0 + \sum_{i=-6}^{i=6} \beta_i D^i + \alpha X_{it} + \gamma_t + u_i + \varepsilon_{it} \quad （12.2）$$

其中，$perloan_{it}$ 代表县域普惠金融发展水平，D^i 是三权分置改革实施前、实施当年及实施后相对应各年份的虚拟变量，若观测到了政策实施后 i 年的数据，则 D^i 取 1，否则为 0，依次类推。本文对符合政策实施前 6 年及前 6 年以上的数据按照前 6 年处理，对政策实施后第 6 年及第 6 年以上的数据按照第 6 年来处理，在模型（2）中将政策实施前一年作为基年，将系数 β_i 的动态变化用图 12-1 表示。

根据图 12-1，在试点前的年份里，系数 β 值无显著性差异，说明试点县与非试点县的普惠金融发展在政策实施前不存在系统性差异，而在政策实施后，β 值显著为正，并且随着年份的增长而上升，表明试点县与非试点县普惠金融发展的显著差异主要源于政策变化，而且随着三权分置改革实施年份的增长，对县域普惠金融发展的驱动作用越来越强。综上，三权分置改革对县域普惠金融发展产生了持续而显著的正向影响，这一影响效应随着年份的增长而逐渐增强。

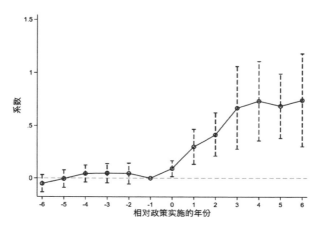

图 12-1　县域普惠金融发展的平行趋势检验

3. 加入省份—时间联合效应

在上文的分析中，我们对时间固定效应和地区固定效应进行了控制，时间固定效应表示在时间层面不随个体变化的特征，地区固定效应表示在地区层面不随时间变化的特征。但是，由于中国的政策一般是在省份层面出台的，一些省份可能也会出台一些影响县域普惠金融发展的政策，而这种不同省份随时间变动的效应难以被上述时间固定效应和地区固定效应捕捉，因此，本文进一步引入省份—时间的联合固定效应，即 $prov_j \times year_t$，以此来控制那些省份层面每个年份不同的政策效应，对前文结论进行稳健性检验。模型变形如下：

$$perloan_{it} = \alpha_0 + \beta_1 right_{it} + \alpha X_{it} + \gamma_t + u_i + \delta\, prov_j + year_t + \varepsilon_{it} \qquad (12.3)$$

引入省份—时间联合固定效应后的回归结果如表 12-3 所示。可以发现，无论是否加入控制变量，列（1）和列（2）中三权分置改革对县域普惠金融发展的影响仍显著为正，控制了省份时间效应后，结果并无明显变化，这进一步支撑了前文的分析结论。

表 12-3 加入省份时间联合效应

因变量：perloan	(1)	(2)
right	0.130***	0.131**
	(0.047)	(0.054)
控制变量	未控制	控制
时间固定效应	控制	控制
个体固定效应	控制	控制
省份—时间联合固定效应	控制	控制
Observations	20,082	10,830
R-squared	0.759	0.858
r2_within	0.005	0.037

（四）异质性检验

不同县域之间可能会在经济水平、金融市场、认知水平等方面存在差异，而这些异质性特征会对三权分置改革作用于县域普惠金融发展的程度产生影响。文中引入胡焕庸线、粮食主产区、贫困县三个变量与土地三权分置改革变量的交互项进行异质性检验。其中，"胡焕庸线"又称"黑河—腾冲一线"，这条线的东南地区城镇化水平明显高于西北地区，文中对胡焕庸线东南地区的县赋值 1，否则赋值 0，用 hu 表示；根据《在十三五时期加快实施 800 个产粮大县城乡统筹一体化发展战略的建议》的调研报告，粮食主产区陷入"粮食大省、经济弱省、财政穷省"的怪圈，文中对属于粮食主产区的县赋值 1，否则赋值 0，用 major 表示；贫困县根据是否是国家级贫困县进行划分，属于贫困县则赋值 1，否则赋值 0，用 poor 表示。根据表 12-4 结果，发现三权分置改革对县域普惠金融发展的影响，在经济条件越好的地区影响作用越强，提示我们应着重发展和完善欠发达地区的农村土地流转与抵押市场。

表 12-4 异质性检验

因变量：perloan	胡焕庸线 hu M_1	贫困县 poor M_2	粮食主产区 major M_3
right	-0.091	0.289*	0.462*
	(0.065)	(0.122)	(0.193)

right×Mi（i=1,2,3）	0.317**	-0.416**	-0.541**
	(0.086)	(0.140)	(0.200)
M_i（i=1,2,3）	-0.087	0.119***	-0.109**
	(0.056)	(0.020)	(0.034)
控制变量	控制	控制	控制
时间固定效应	控制	控制	控制
个体固定效应	控制	控制	控制
Observations	10,838	10,838	10,838
R-squared	0.411	0.412	0.414

注：M_1= hu, M_2=poor, M_3= major.

（五）结论与启示

增加农村金融供给以服务乡村振兴，这是新时期对县域金融发展提出的新要求。农村土地的三权分置改革赋予了土地流转和抵押等权能，是否可以通过激活农村土地市场，进而增加县域普惠金融供给呢？准确评估这一政策效应并发现其异质性，对于今后县域普惠金融服务乡村振兴的战略制定尤为重要。本文利用2005—2015年全国1992个县域地区的面板数据，采用双重差分方法考察了三权分置改革的政策效应。研究发现：三权分置改革可以显著促进县域普惠金融发展水平，这一影响效应随着实施年份的增加而不断强化。但是从异质性来看，同经济条件好的地区相比，三权分置改革对普惠金融的促进作用在经济欠发达地区要弱一些，提示我们应重点发展和完善欠发达地区的农村土地流转与抵押市场。

本文研究结论的政策启示在于：第一，总体来看，三权分置改革对县域普惠金融发展具有可持续的促进作用，且这一影响效应随着实施年份的增加而不断强化，说明农村土地的抵押、流转等权能正在被逐步激活，因此，未来应进一步"还权于民"，为农村土地抵押权能的实现创造便利条件，这需要持续建立健全农村土地产权融资配套机制与农地经营权抵押贷款协同创新机制，以减少农地金融发展中的"市场失灵"问题；第二，从异质性来看，三权分置改革对普惠金融促进作用的发挥与地区经济发展水平密切相关，因此，在经济欠发达地区，政府应更多承担农地流转与抵押等所需的制度变化成本，通过加大资本投入和提升技术水平等方式来增加农地金融供给，从政策上持续加强和引导建立土地产权融资机制，打通农地市场与县域金融相互促进的良性循环渠道，最终实现区域间经济协调发展；第三，乡村振兴背景下，要实现"产业兴旺"与农业现代化，必然会增加对农村金融市场的需求，通过农村土地确权、流转和抵押等途径解决新型农业经营主体的融资需求，将有助于形成生产要素向优势产业规模经营集中的新格局，助力乡村振兴。

第五篇

开启新篇章

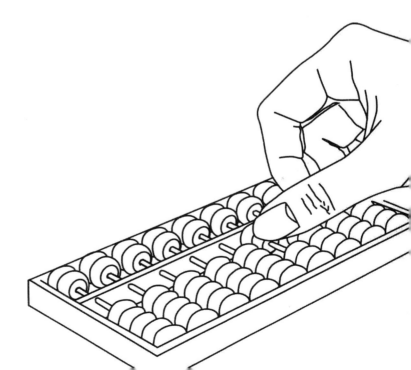

第十三章　中国农村金融创新发展之路

（一）合理定位政府角色

1. 减少政府行政化外部干预，营造良好外部市场环境

随着农村金融发展水平的提高和金融生态环境的改善，政府干预方式需做出相应调整，应逐渐改变原有的行政化外部治理模式，而是通过营造有利的内外部环境以引导农村金融机构由被动支农转向主动支农。具体有：

一是对于现有的存量农村金融机构，政府应进一步明晰其内部产权，减少行政干预，加强内部产权改革，实现现代化的公司治理模式，同时创新金融产品和服务模式，激活更多农户的贷款需求。二是针对农村金融机构提供的三农服务设立一定的奖惩标准并严格执行，通过奖惩机制，使得农村金融机构发放三农贷款的综合收益高于商业贷款，引导农村金融机构主动支农。三是降低农村金融市场的准入门槛和监管标准，发展多元化农村金融机构，增加供给，培育健康完善的农村金融市场。四是着力完善农村金融生态环境建设，努力提供符合市场化规则的外部制度安排，尤其注重农村法制建设和信用体系建设。健全的法制体系可以对借贷者道德风险的发生形成约束和警示作用，并能提高发生道德风险后机构清收不良贷款的可能性。信用体系建设则可以增大借贷者发生道德风险的成本，进而约束其违约行为。五是普及农村存款保险制度。健全的存款保险制度可以降低农村金融机构的经营风险，并提高农户的储蓄信心，引导农户储蓄存款流向农村金融机构。六是建

议农村金融机构与保险公司合作，实现双赢。机构可以通过保险公司的参与来降低三农贷款风险。七是实现贷款模式创新。根据农业产业化经营链条，鼓励更多的"公司＋农户十金融"贷款模式。该模式不仅可以解决农民贷款中的抵押品问题，降低金融机构贷款风险，还可以促进地方龙头企业的发展，间接提高农户收入水平。八是推进农村商业性金融贷款的利率市场化改革，通过贷款利率市场化将有助于农村商业性金融机构提高资本收益率和放贷积极性，覆盖其在农村地区的高成本，增加农村地区的金融供给，同时由市场机制进行调节，有助于减缓有贷款需求的农户贷不到款的现象。

2. 区分政策性金融和商业性金融的作用范围

金融体制改革不应淡化政策性金融的作用，相反，在某些地区（主要是贫困地区）还应该予以强化。近年来，政策性金融的改革方向出现了商业化运作的趋势，如国开行进行了股份制改造，农发行也在不断扩大经营商业性业务，并有部分学者提出商业化运营将是政策性金融发展的必然方向和趋势，主张政策性金融的市场化或政策性银行的商业化转型。我们认为这种认识存在着严重偏差，如果将其付诸于改革实践，将逐渐引致农村政策性金融功能的不断异化和缺位，对于贫困地区的减贫脱贫非常不利。2015 年中央一号文件中提出要"大力推进农村扶贫开发"，减贫脱贫依然是我国经济落后地区的核心任务。在此契机下，政策性金融的改革方向不是要走向股份化与商业化，而是要重新定位农村政策性金融的功能，拓展其业务范围，尤其要注重其对贫困地区及贫困农户的减贫脱贫作用。通过增加现有政策性金融机构在农村地区的业务范围、建立普惠金融组织体以及政府主导的扶贫信贷机构等，形成由政策性金融机构向贫困农户发放低息、免息贷款以及财政补贴的长效机制，不断扩大政策性信贷对贫困地区及贫困农户支持的覆盖面和提高贫困农户金融需求满足率。通过政策性金融功能的发挥，加速培育农业产业，并促进资本形成，打破贫困恶性循环。

在农村扶贫开发过程中，应区分政策性金融和商业性金融的作用范围，实施瞄准性的金融扶持政策。我国的东中西部地区存在着较大的区域经济差异，即使同一区域内的农户贫困程度也有所不同，建议针对不同区域以及同一区域内的不同群体实施不同的金融扶持政策。科学有效的运用金融工具，既有助于贫困农户减贫脱贫，也有助于脱贫农户致富。具体来说：一是对于处于贫困线以下的农户，核心是要实现其减贫脱贫，此时应尽量规避商业性金融支持，而要充分发挥政策性金融的作用；通过政策性金融功能的发挥，使其跳出贫困陷阱，为其走向富裕奠定基础。二是对于已经脱贫的农户，核心在于助其致富，此时要发挥商业性金融的"加速器"效应，通过创新金融服务，提高金融支持率，帮助这部分农户实现由低水平温饱向高水平温饱，并进一步向小康的转变。

3. 发挥农村金融在贫困减缓中的关键作用

第一，持续改革和深化农村金融体系。一是进一步发展针对我国农村地区的普惠金融服务，促进农村地区的金融深化，使每位农民都能享有平等的金融权利，并能够针对部分初始财富低的农户降低借贷门槛，展开低息贷款，实现金融扶贫；二是持续发展新型农村金融机构，引导和鼓励民间资金积极参与，增加农村金融供给，拓宽农户融资渠道；三是将非正规金融、农村互联网金融逐步纳入到统一的监管框架下，严格管控其经营风险，同时辅以政策引导，以期能够培育出自下而上的适合我国国情的内生性农村金融制度，更大限度的满足所有农户的融资需求。

第二，要持续提高农村金融扶贫的精准性和有效性。无论是对我国农村地区贫困户的减少，还是贫困人口的减少，普惠金融都功不可没。由于多数贫困农户具有文化程度低、劳动技能弱、初始资本低的特点，因此农村金融机构一方面要勇于承担起金融精准扶贫的战略重任，另一方面要积极创新金融产品，实现自身可持续发展与支农目标间的平衡。为此，一是各金融机构要在农村地区，特别是贫困地区加大普及金融知识的力度，使贫困农户全面了解国家的金融扶贫政策与信贷条件，积极创造与诱发金融需求；二是要找出并分析贫困村、贫困农户致贫的根源，采取多样化并有针对性的金融扶贫路径与金融产品，提高普惠金融扶贫的精准性和政策的有效性；三是要结合当地实际，积极探索多种形式的扶贫贷款方式，充分发挥支农贷款"四两拨千斤"作用，在有效控制风险的同时，达到"授之以渔"的目标；四是要克服以资产抵押为核心的传统信用评估模式，积极探索并建立针对贫困农户的信用评价体系，并适度降低贷款门槛，扩大金融服务的受惠面。

第三，重视普惠金融减贫效应发挥的环境建设。农村普惠金融减贫效应与经济增长效应的有效发挥，与健全完善的农村金融市场环境密不可分。因此，加强农村金融市场环境建设是提高普惠金融减贫效应与促进区域经济增长的基础，这对中、西部地区来说尤为重要。为此，一是积极优化农村产业布局，改善农村经济结构，推动农村经济的稳健发展，为农村金融机构的可持续发展提供良好环境；二是普惠金融要与农村地区，特别是贫困地区的特色产业培育相相结合，以金融撬动产业发展，以产业发展提高金融机构发展实力，形成产业发展与金融机构发展的良性循环，提高区域经济增长水平；三是推动农村金融生态建设，如提高政务服务质量和效率、提高中介机构如律师事务所、评级机构、担保机构等的专业化服务水平和规模、加强与金融支农相关的风险补偿措施、税收优惠、财政贴息等相关规章制度的建设，为农村普惠金融发展提供良好外部环境。

4. 完善农村金融风险防范和化解机制

一是农村金融机构要建立完善的法人治理结构。目前我国的农村金融机构大多存在着多重复杂的委托代理关系，内部控制者严重缺位，没有能够形成有效的监督管理机制和激励约束机制，导致管理者在经营过程中谋取短期利益，漠视经营风险，忽视农村金融机构的政策使命和可持续发展问题。扭转上述现象的有效方法便是建立现代化的法人治理结构，形成各层级的相互制衡关系、有效的激励约束机制和有效的风险内控机制。真正意义上形成股东大会——监事会和理事会——执行者的治理机制。同时允许和鼓励农户入股，坚持一人一票的合作制原则，从而使股东大会能够真正代表农户的利益，坚持为"三农"服务的原则。

二是健全农村金融监管体系。首先人民银行和银监会要对农村金融机构的运营加强监管，一方面防范其经营过程中的业务风险和系统性风险，加强对农村金融机构不良贷款率、资本充足率等指标的长期监控，另一方面监督其服务对象不能偏离三农；其次建立信用制度体系，继续完善和普及全民征信信息，提高农户的违约成本，甚至追究法律责任，长期上有助于降低不良贷款的形成；最后要建立系统内预警制度，一方面可以判断区域内的系统性风险趋势，另一方面可以识别高风险金融机构，加强监管，起到警惕、警示和防范的作用。

三是要加快农村金融法制建设，发达国家的成功经验表明，建立健全完善的农村金融体系必须是法律先行，通过立法来维护农村金融机构的合法权益，规范农村金融机构的业务经营。我国也应持续建立完善农村金融相关法律条例，对农村金融机构的准入条件、退出机制、经营原则和业务范围等加以明确，防范经营风险，确保安全稳健运行，保障农村金融机构更好为"三农"发展提供服务。

（二）增加农村地区金融供给

1. 建立适度竞争的农村金融市场体系

很长一段时间内，我国的农村信用社在农村地区处于垄断地位，结果是信贷资源的错配和腐败的滋生，导致农村金融市场供给不足，真正有信贷需求的农户很难获得贷款。缓解这一现象的有效方法是引入竞争机制，发展多元化农村金融机构，鼓励竞争，优化市场结构，构建适度竞争的农村金融市场体系，最终形成政策性金融、商业性金融及民间金融之间功能交叉、适度竞争的局面。

一是审慎放宽农村金融市场的准入门槛和监管标准，鼓励民间资本通过设立新型农村金融机构、增资扩股等方式进入农村金融市场，以提供多元化的金融服务；二是持续深化农村信用社改革，明晰产权，完善治理结构，加强内控，提升其市场竞争能力和经营效率；三是坚持农业银行的"三农金融事业部"改革，作为大型商业银行，可重点扶持农村地区的大中型基础设施建设以及为中高端客户提供优质服务；四是继续发挥政策性银行的金融扶贫职能，在农村地区贯彻落实相关产业优惠政策及区域发展政策，发放扶贫贷款以及其他专项贷款等；五是鼓励民间金融合法化，民间金融一定程度填补了正规农村金融机构的市场盲区，应在加强监管和立法的前提下，允许民间金融合法化，扩大农村金融的市场范畴和服务领域。

2. 建立健全小额信贷市场

我国的小额信贷市场已经拥有十几年的发展经验，小额信贷业务主要由我国的农村金融机构来承担，还有少部分业务来自非官方的小额信贷机构，这类民间组织主要由在中国开展小额信贷实验的国际机构或政府支持建立，旨在普及普惠金融服务，目前规模最大的民间机构是中国小额信贷联盟。为进一步建立健全我国小额信贷市场，提出如下建议：

第一，建立小额信贷的社会绩效评价体系。结合我国小额信贷机构的特点和国际小额信贷评价指标体系，建立适合我国农村金融市场的小额信贷社会绩效评价体系以及相对应的奖惩机制，通过社会绩效评价来引导和鼓励小额信贷机构履行社会责任。

第二，放开小额信贷利率，农村金融机构不愿意立足"三农"提供农村金融服务的主要原因是"三农"贷款带来的收益很难覆盖经营过程中的高成本和高风险，建议适当放开农村金融机构的小额信贷利率，交由农村金融市场自行调节，当农村地区小额信贷收益和城市地区商业贷款收益持平时，农村金融机构便会积极发放"三农"贷款，增加农村地区金融供给。

第三，加快农村信用体系建设，降低小额信贷的经营成本。为降低农村金融机构在农村市场中的经营风险，减少小额信贷过程中的信息不对称，降低贷款违约率，可以将目前人民银行的征信系统延伸至农村居民，为农户建立经济信用档案，建立农村居民的征信体系。还可推广信用户、信用村、信用乡镇制度，加大农户信息数据库建设的力度，多渠道整合农村信用信息，提高数据库使用效率，改善农村地区信用环境。

3. 培育发展农村合作性金融

第一，深化改革，增强已有合作金融组织的竞争实力。我国现有的合作性金融组织主要有农村信用社和农村合作银行等，虽然按照国际标准来讲上述并非真正的合作性金融组织，但却是基于我国国情发展起来的具有我国特色的合作性金融机构。根据对农村信用社利润效率和成本效率影响因素的分析，重点要从以下几方面来增强农村信用社等机构的竞争实力：一是建立健全资本补充机制，可以通过增资扩股的方式增加实收资本和发行债券的方式扩大附属资本，尽可能增加可以代表"三农"利益的股东，不断提高核心资本充足率；二是深化产权改革，明晰产权关系，完善法人治理结构，培育产权主体，完善经营管理体制；三是优化信贷结构，加强信贷管理，严格贷前审查、贷中合规、贷后跟进等监管流程，降低不良贷款率；四是加强社会主义新农村建设，为农村金融机构发展提供良好的外部经济环境，以期不断降低农村金融机构提升利润效率与支农效率之间的冲突。

第二，借鉴国际经验，培育新型农村合作金融组织。文章中分析了格莱珉银行模式、美国、德国和法国的合作金融模式以及日本的农协模式各自的成功经验，虽然形成机制、组织结构、管理方式等不尽相同，但是他们的一个共同特点是坚持了合作制的原则，基层机构所吸收的会员绝大多数为农户，会员拥有"一人一票"的投票决策权，其吸收的存款主要来自会员，并为会员提供贷款融资服务，会员每年可以按照一定比例获得分红。基层机构与中上层级机构之间没有行政隶属关系，只有经济往来，中上层级机构负责中央政策的贯彻落实，支农资金的拨付，对基层机构盈余资金的清算、调配等，并对基层机构充当最后贷款人的角色，防范流动性风险的发生。此外，大多数国家的合作金融组织除了提供金融服务外，还可提供各项保险服务、医疗服务，以及农业生产资料的代购代销等服务，充当综合性的大型社区服务机构。我国是拥有 8 亿以上农民的农业大国，具备培育合作金融的先天土壤，如果能够以地缘为划分，结合我国实际，自下而上建立资金互助社性质的合作金融组织，自上而下实行规范监管、财政补给，将会是从根源上解决我国"三农"贷款难题的又一有效途径。另外，还可以利用已有的全国农村供销社网络系统，同银行合作逐步建立由供销社为农户代销代购的大型物流网络和信贷系统，农户通过供销社购买生产资料时可以选择是否借贷，在销售农产品时还清贷款，由于供销网络系统可以从农业生产资料和农产品流转的实体经济中获利，因而只需要对农户收取极低的贷款利息。

（三）创造农村地区金融需求

1. 增加农户金融需求

农村金融改革过去主要侧重强调增加金融供给（金融机构数量增加），下一步应转向增加金融供给与增加金融需求并重。其中金融需求的增加要注重农户获得贷款能力的提升。这是农村金融可持续发展的核心。农户获得贷款能力的提升，除了提高农民收入，扩大抵押物范围之外，还要：（1）通过再教育提高农户文化素养，一方面再教育可以拓宽农户视野，培养农户发现市场、开拓市场的能力，逐渐改变农户不敢贷款的保守观念，另一方面也可以拓宽农户的社交圈，使农户乐于接受新鲜事物，不断培育农户敢于借款的意识。（2）通过社区文化建设为农户增加社会资本及政治关系资本创造条件。积极在农村开展社区文化建设以及农村基层组织建设，在丰富农村精神文化生活、增进农户之间感情交流、构建和谐农村社区的同时，还可以增加农户的社会资本及政治关系资本，为获得贷款创造条件和积累经验。（3）积极开展金融知识下乡活动。不断为农户普及存贷款利率、贷款业务流程等金融知识，宣传国家扶持"三农"贷款的优惠政策等，以提升农户在生产生活中运用金融工具的能力。

2. 发展适合农村需求的金融产品和服务

首先，探索新的担保模式。我国农户贷款难的主要原因是抵押品不足，农村金融机构为规避风险而严重惜贷，以致许多有贷款需求的农户由于缺乏有效抵押品而无法获得贷款。鉴于此，为解决农户贷款中的抵押品不足问题，降低农村金融机构的信息采集成本和信息不对称问题，最终扩大农村金融机构的信贷覆盖面，可以探索推广以下担保模式：一是推广农户联保贷款，由当地有还款能力的4到5家农户对贷款农户加以担保，为建立自己在乡亲中的信誉和碍于面子问题，贷款农户自会主动还款；二是在农村成立担保协会，担保协会比农户联保贷款更加正式，规模更大，自愿入会的会员农户需提交一定数量的保证金，由协会出面为会员办理贷款，将贷款程序交由协会专员负责，将减少会员不必要的跑腿，提高贷款效率；三是组建乡镇信用建设协会，由了解民情的乡镇干部、村干部或基层党员成立，提供小组担保，同时搭建农户与金融机构间的信息桥梁，提高农户的贷款可得性，同时降低了农村金融机构对每笔贷款的审核成本；四是组建农村专业担保公司，专业担保公司同农村金融机构、保险公司、政府部门等多方形成合作关系，为农户提供信息咨询、银行选择、贷款担保、材料规范等服务，有贷款需求的农户只要通过专业担保公司便可获得贷款。

其次，创新三农贷款发放模式，农村金融机构在农村地区开展金融服务时，如果针对单个农户发放贷款，会因为较高的信息采集成本和操作成本等原因降低每笔贷款的收益，而且难以避免形成不良贷款的风险。因此建议农村金融机构创新贷款模式，采取机构＋公司＋农户、机构＋基地＋农户、机构＋合作社＋农户、机构＋政府＋农户等新型模式，农村金融机构既能够通过以上模式的贷款获取相应收益，同时还可以履行服务"三农"的社会责任，兼顾到社会目标。

最后，由中国农业银行加强惠农工程建设，在农村地区持续开展"村村通""惠农通"工程，以惠农卡为载体，POS机、转账电话、电话银行、手机银行、网上银行、ATM终端等电子渠道为平台，搭建农村地区金融服务网络，在为农户的支付、转账、还贷、取款等金融活动创造极大便利的同时，也可免去银行在农村地区设立物理网点的固定沉没成本。

（四）重视增量改革，培育新兴市场力量

对于我国现有的主要农村金融机构，无论是农村信用社的商业化改制，还是新型农村金融机构的发起设立，顶层进行一系列改革背后的逻辑仍是以现有的存量改革为主，出于防范风险的考虑，对于民间资本进入仍是采取严格审慎监管的态度，设立了较高的门槛，严格控制风险。农村金融对于农村经济的发展具有很强的外部性：一是与农村经济的发展密切相关，为国家实施"三农"发展战略提供资金支持；二是与农村稳定密切相关，因为金融不稳定导致的系统性风险将会对农村经济和农村社会形成破坏性的影响。基于以上，国家对于农村金融的改革可以说采取的是一种稳中求进的发展战略，但正如前文分析，过度审慎监管的改革模式无益于农村金融机构效率的改进。因此，政府在进行外生主导的存量改革的同时，要注重内生成长的增量金融体系的改革，营造宽松外部环境，不断引进更多、更高效的民间资本，培育新兴的市场力量，通过民间资本的创新等因素带来的鲶鱼效应推动现有金融体系效率的提高，促进农村金融发展环境的根本性改变，最终促进农村金融体系的健全完善。

增量改革的目的旨在通过创新性的民间资本搞活农村金融市场，形成有效的市场竞争环境，因此除了进行传统性市场经营模式的改革外，还要重视新兴的"互联网＋"模式在农村金融市场的兴起和发展。鼓励一些主营业务

下沉农村的企业结合主营业务开展农村金融，逐步形成多方位的网商银行、电商银行下沉渠道。结合农村消费群体、个体户或普通消费者的信用记录，发放消费贷款或信用贷款，尝试通过提供到村到户的互联网金融服务，逐步实现开发、共享、共赢的互联网时代新型盈利模式。这种新兴高效的模式也将是对传统普惠金融模式的拓展和补充。

（五）创新发展农地金融

根据研究结论，农地抵押贷款政策的施行可以显著提升农村居民收入水平，而且这一影响随着实施年份的增加而不断强化。因此，建议山西省进一步为农地抵押贷款政策的试行创造条件，在条件成熟的地区进一步放开试点范围，更大范围内将农地抵押贷款政策落到实处，让更多的农村居民可以分享到农地抵押贷款政策带来的制度红利，最终实现农村居民收入的可持续增长。

1.成立和推广土地银行

随着农业规模化、集约化的形成，农地流转与农地抵押成为解决农村经济的重点之一。因此建议成立土地银行，将土地管理与农村金融进行有机结合，既要通过土地流转、抵押等方式将农村土地资源进行优化配置，推动农业规模化、现代化发展进程，又要通过农村金融制度创新，发展多元化农村金融机构建设，进而实现农村土地改革。可以在农村信用合作社的基础上，建立基层、区县级、市级、省级土地银行。基层土地银行直接与农户联系，进行土地存贷业务，并且代表农户向上级土地银行申请贷款等；区县级土地银行负责向基层土地银行开展业务，主要进行土地贷款审批、发行土地证券、监督款项使用等具体业务；省市级土地银行的主要业务是落实中央和地方的土地政策，做好资金扶持工作和监管工作。土地银行体系的建立能够从根本上为农村经济发展提供动力，为土地流转提供更多途径和方法。

2. 建立农地价值评估系统

目前我省农地在抵押过程中，主要由金融机构或第三方机构进行定价，同一地域的农地价格比较统一，然而影响农地价值的因素众多，如土地状况、经济环境、政策环境、地理位置、地上附着物等。如果定价过低，就会打击农户的流转积极性。因此建议建立权威的评估机构，制定科学的评估机制，以及培养专业的评估人才。首先设立独立的农地经营权价值评估机构，采用 PPP（Public-Private Partnership）模式，政府和社会资本合作，成立一个政府与专业评估机构均参与其中的专业农地经营权价值评估机构。机构的遴选应公开公平公正，建立科学的内部管理机制和复核机制，加快建设农地流转信息平台。其次，完善农地价格构成体系，囊括其经济价值、社会价值和生态价值，其中社会价值包括社会保障价值和社会稳定价值，因为农村地区土地承载着重要的社会保障功能，如果忽略了社会价值和生态价值，会低估农地价值，因此需要完善农地评估方法和农地价格构成体系。最后，专业的评估人才是建立权威的评估机构和评估机制的必要前提，可以鼓励相关高校培养一批熟悉农地流转价值评估的专业人才，建立农地经营权价值评估实习基地，学生在实习期表现合格可直接到政府与社会资本合作的评估机构工作，为农地流转储备人才。

3. 深入开展农地保险业务

农地"三权分置"背景下，农地流转必然会对我省当前传统小规模经营的农业生产方式进行改变，在农业现代化发展过程中会逐渐形成种植大户、龙头企业或者农场主等新型的农业经营模式。在这个过程中必然会出现一些列相关风险，所以应普及推行农地保险业务，以规避农业经营过程中可能产生的风险，完善的农地保险制度将有利于促进农地流转，有利于促进农业规模化发展，同时也是农地金融创新的有效补充。不仅通过财政补贴推行政策性农业保险，同时鼓励更多的商业性保险公司加入到农地保险市场中去，以他们自身拥有的较为雄厚的商业资本为农地保险提供资金支持，并且在实践中结合农村金融市场的发展特点，实现保险业务种类创新和扩展农地保险覆盖面，以期更全面的保障农户的经济利益。

4. 允许推行农地证券化

农地证券化将传统的农地生产经营与现代化的资本融资方式创造性的结合在一起，能够在一定程度上产生促进农村产业升级和经营组织制度革新的效果。农地证券化这一流转模式，有利于充分发挥农地的价值效益，实现农地的规模化与产业化经营；有助于构建社会闲置资金与农业生产的良性投资渠道；有助于扩大融资范围、降低融资成本与金融机构抵押物处置风险。在农地证券化过程中，农户可以以土地债券作为抵押，向农村金融机构申请贷款，同时，政府组织成立担保公司，作为中介机构对上述土地债券进行担保，出现违约时，由担保公司承担连带还款责任，同时鼓励土地合作社成员联保的形式，以降低担保风险和增强农户的履约意识。

参考文献

[1]   Collins D, Morduch J, Rutherford S, et al. Portfolios of the Poor:How the World's Poor Live on $2 a Day[M]. Princeton University Press, 2009.

[2]   曹璨，罗剑朝. 农户对农地经营权抵押贷款响应及其影响因素——基于零膨胀负二项模型的微观实证分析 [J]. 中国农村经济，2015(12):31–48.

[3]   Luan D X, Bauer S. Does credit access affect household income homogeneously across different groups of credit recipients? Evidence from rural Vietnam[J]. Journal of Rural Studies, 2016,47:186–203.

[4]   尹志超，彭嫦燕，里昂安吉拉. 中国家庭普惠金融的发展及影响 [J]. 管理世界，2019,35(02):74–87.

[5]   Greenwood J J B. Financial Development, Growth, and the Distribution of Income[J]. The Journal of Political Economy, 1990,98(10):1076–1107.

[6]   Jeanneney S G, Kpodar K. Financial Development, Financial Instability and Poverty[R]. CSAE Working Paper, 2005.

[7]   Khandker, Shahidur R. Microfinance and Poverty: Evidence Using Panel Data from Bangladesh[J]. The World Bank Economic Review, 2005,19(2):263–286.

[8]   Clarke G. X L C Z. Finance and Income Inequality: What Do the Data Tell Us?[J]. Southern Economic Journal, 2006,72:578–596.

[9]   唐青生，陈爱华，袁天昂. 云南省贫困地区农村金融服务与网点覆盖建设的财政金融扶持政策研究 [J]. 经济问题探索，2010(08):179–184.

[10]   谭险峰. 中国微型金融模式及其反贫困绩效研究综述 [J]. 中南财经政法大学研究生学报，2010(03):69–76.

[11]   梁山. 对农户小额信贷需求、安全性、盈利性和信用状况的实证研究 [J]. 金融研究，2003(06):128–134.

[12]   胡金焱, 张乐. 非正规金融与小额信贷：一个理论述评 [J]. 金融研究, 2004(07):123-131.

[13]   张立军, 湛泳. 金融发展与降低贫困——基于中国 1994~2004 年小额信贷的分析 [J]. 当代经济科学, 2006(06):36-42.

[14]   段应碧. 发展公益性小额信贷组织, 破解贫困农户贷款难题 [EB/OL]. (2011-01-23)[01]. http://www.cnki.net/KCMS/detail/detail.aspx?FileName=NJWT201101000&DbName=CJFQ2011.

[15]   Galor, Zeira. Income Distribution and Macroeconomics[J]. Review of Economic Studies, 1993(60):35-52.

[16]   Arestis P, Cancer A. Financial Liberalization and Poverty: Channels of Influence[R]. Cambridge University: Working Paper, 2004.

[17]   温涛, 冉光和, 熊德平. 中国金融发展与农民收入增长 [J]. 经济研究, 2005(09):30-43.

[18]   陈银娥, 师文明. 中国农村金融发展与贫困减少的经验研究 [J]. 中国地质大学学报 (社会科学版), 2010(06):100-105.

[19]   李庆海, 李锐, 汪三贵. 农户信贷配给及其福利损失——基于面板数据的分析 [J]. 数量经济技术经济研究 , 2012(08):35-48.

[20]   Rewilak J. Finance is Good for the Poor but It Depends Where You Live[J]. Journal of Banking & Finance, 2013,37(5):1451-1459.

[21]   Beaman L A, Karlan D S, Thuysbaert B, et al. Self - Selection into Credit Markets: Evidence from Agriculture in Mali[J]. Social Science Electronic Publishing, 2014.

[22]   Crepon B, Devoto F, Duflo E, et al. Estimating the impact of microcredit on those who take it up: Evidence from a randomized experiment in Morocco[J]. American Economic Journal Applied Economics, 2014,7(1):123-150.

[23]   Angelucci M, Dean K, Jonathan Z. Microcredit Impacts: Evidence from a Randomized Microcredit Program Placement Experiment by Compartmos Banco[J]. American Economic Journal: Applied Economics, 2015,7(1):51-82.

[24]   Banerjee A, Esther D, Rachel G, et al. The Miracle of Microfinance? Evidence from a

Randomized Evaluation.[J]. American Economic Journal: Applied Economics, 2015,7(1):22–53.

[25]　　　Attanasio O, Augsburg B, De Haas R, et al. The Impacts of Microfinance: Evidence from Joint–Liability Lending in Mongolia[J]. American Economic Journal Applied Economics, 2015,7(1):90–122.

[26]　　　Dupas P, Robinson J. Saving constraints and microenterprise development: Evidence from a Field Experiment in Kenya[J]. American Economic Journal Applied Economics, 2009,5(1):163–192.

[27]　　　Attanasio O, Augsburg B, De Haas R, et al. Group Lending or Individual Lending? Evidence from a Randomised Field Experiment in Mongolia[J]. Social Science Electronic Publishing, 2011,2013–074.

[28]　　　Augsburg B, De Haas R, Harmgart H, et al. Microfinance at the Margin: Experimental Evidence from Bosnia and Herzegovina[J]. Social Science Electronic Publishing, 2012.

[29]　　　Angelucci M, Karlan D S, Zinman J. Win Some Lose Some? Evidence from a Randomized Microcredit Program Placement Experiment by Compartamos Banco[J]. Ssrn Electronic Journal, 2013,7(5):37–45.

[30]　　　Mckenzie D, Woodruff C M. Experimental Evidence on Returns to Capital and Access to Finance in Mexico[J]. World Bank Economic Review, 2008,22(3):457–482.

[31]　　　Karlan D S, Zinman J. Long–Run Price Elasticities of Demand for Credit: Evidence from a Countrywide Field Experiment in Mexico[J]. Social Science Electronic Publishing, 2013.

[32]　　　Augsburg B, De Haas R, Harmgart H, et al. The Impacts of Microcredit: Evidence from Bosnia and Herzegovina[J]. American Economic Journal Applied Economics, 2014,volume 7(1):183–203.

[33]　　　师荣蓉, 徐璋勇, 赵彦嘉. 金融减贫的门槛效应及其实证检验——基于中国西部省际面板数据的研究 [J]. 中国软科学, 2013(03):32–41.

[34]　　　王小华, 温涛, 王定祥. 县域农村金融抑制与农民收入内部不平等 [EB/OL]. (2014–04–20)[02].

[35]　　　Lang G, Welzel P. Efficiency and technical progress in banking Empirical results for a panel of German cooperative banks[J]. Journal of Banking & Finance, 1996,20(6):1003–1023.

[36]   Fukuyama H, Guerra R, Weber W L. Efficiency and ownership: evidence from Japanese credit cooperatives[J]. journal of Economics and Business, 1999,51(6):473–487.

[37]   Hassan M K, Tufte D R. The x–efficiency of a group–based lending institution: The case of the Grameen Bank[J]. World Development, 2001,29(6):1071–1082.

[38]   Dong F, Featherstone A M. Technical and scale efficiencies for chinese rural credit cooperatives: a bootstrapping approach in data envelopment analysis[J]. Journal of Chinese Economic and Business Studies, 2006,4(1):57–75.

[39]   Kontolaimou A, Tsekouras K. Are cooperatives the weakest link in European banking? A non–parametric metafrontier approach[J]. Journal of Banking & Finance, 2010,34(8):1946–1957.

[40]   Hermes N, Lensink R, Meesters A. Outreach and Efficiency of Microfinance Institutions[J]. World Development, 2011,39(6):938–948.

[41]   Servin R, Lensink R, Van den Berg M. Ownership and technical efficiency of microfinance institutions: Empirical evidence from Latin America[J]. Journal of Banking & Finance, 2012,36(7):2136–2144.

[42]   Wheelock D C, Wilson P W. The evolution of cost–productivity and efficiency among US credit unions[J]. Journal of Banking & Finance, 2013,37(1):75–88.

[43]   Quayes S. Efficiency of Microfinance Institutions in Bangladesh[EB/OL]. [3].

[44]   Azad M A K, Masum A K M, Munisamy S, et al. Efficiency analysis of major microfinance institutions in Bangladesh: a Malmquist index approach[J]. Quality & Quantity, 2015.

[45]   Tahir I, Tahrim N. Efficiency and Productivity Analysis of Microfinance Institutions in Cambodia: A DEA Approach[J]. International Review of Business Research Papers, 2015,11(1):25–42.

[46]   褚保金, 张兰, 王娟. 中国农村信用社运行效率及其影响因素分析——以苏北地区为例 [J]. 中国农村观察, 2007(01):11–23.

[47]   韩俊, 罗丹, 程郁. 农村金融现状调查 [J]. 农村金融研究, 2008(9).

[48]   覃道爱, 李兴发. 基于 SBM–Undesirable 模型的我国农村信用社改革绩效评价 [J]. 金融研究, 2009(10):193–206.

[49]　王俊芹，宗义湘，赵邦宏.农村信用社改革的绩效评价及影响因素分析——以河北省为例 [J]. 农业技术经济，2010(06):82–88.

[50]　潘沁园.海峡两岸农村信用社制度改革绩效比较 [J]. 西南金融，2010(11):50–53.

[51]　席建成，茹少峰.陕西省农村信用社改革绩效评价——基于陕西省 8 个县农村信用社的实地调查 [J]. 西北农林科技大学学报 (社会科学版),2011(02):37–43.

[52]　谢志忠，刘海明，赵莹，等.福建省农村信用社经营效率变动的测度评价分析 [J]. 农业技术经济，2011(06):62–69.

[53]　师荣蓉，徐璋勇.农村信用社成本效率及其影响因素研究——来自陕西省 81 个区县的统计数据 [J]. 农业技术经济，2012(03):78–85.

[54]　李敬，陈澍.农村信用社运行绩效与影响因素：西部地区 311 个样本 [J]. 改革，2012(08):47–52.

[55]　黄惠春，曹青，李谷成.不良贷款约束下农村信用社改革效率分析——基于 SBM 方向性距离函数 [J]. 农业技术经济，2014(10):86–94.

[56]　王文莉，赵芸.农村信用社内部公司治理对绩效影响的研究——以陕西省调研数据为例 [J]. 宏观经济研究，2014(08):91–99.

[57]　张永刚，张茜.基于 DEA 方法的农村金融效率研究 [J]. 经济问题，2015(01):60–63.

[58]　汪三贵.中国小额信贷可持续发展的障碍和前景 [J]. 农业经济问题，2000(12):18–20.

[59]　杜晓山，孙若梅.中国小额信贷的实践和政策思考 [J]. 财贸经济，2000(07):32–37.

[60]　杜晓山.商业化、可持续小额信贷的新发展——德国、阿尔巴尼亚和乌克兰小额信贷的研讨和考察 [J]. 中国农村经济，2003(10):77–79.

[61]　何广文.小额信贷成功的基本要素何在 ?[J]. 中国金融，2008(07):76–78.

[62]　熊德平，熊白.论我国农村金融机构可持续发展的经营创新——基于形象和流程再造相结合的视角 [J]. 中国农村信用合作，2009(03):29–31.

[63]　陆磊.以综合化、一站式经营实现农村金融机构的财务可持续性 [J]. 南方金融，2009(02):4.

[64]　蔡伟.关于商业性小额贷款公司可持续发展的思考 [J]. 金融纵横，2009(07):57–60.

[65]　高晓光.新型农村金融机构可持续发展研究 [J]. 当代经济研究 , 2015(02):87–91.

[66]　O'Rourke A. Public–Private Partnerships: The Key to Sustainable Microfinancing[J]. Law and Business Review of the Americans, 2006,12(4):34–42.

[67]　Amin S, Rai A S, Topa G. Does microcredit reach the poor and vulnerable? Evidence from northern Bangladesh[J]. Journal of Development Economics, 2003,70(1):59–82.

[68]　Ledgerwood J. Microfinance handbook: an institutional and financial perspective[M]. World Bank Publications, 1998.

[69]　Christen R P, Rosenberg R, Jayadeva V. Financial Institutions with a" Double Bottom Line": Implications for the future of Microfinance[M]. Consultative group to assist the poorest (CGAP), 2004.

[70]　Otero M, Rhyne E. The new world of microenterprise finance: building healthy financial institutions for the poor.[M]. Intermediate Technology Publications Ltd (ITP), 1994.

[71]　Conning J. Outreach, sustainability and leverage in monitored and peer–monitored lending[J]. Journal of Development Economics, 1999,60(1):51–77.

[72]　Lapenu C, Zeller M. Distribution, growth, and performance of the microfinance institutions in Africa, Asia and Latin America: A recent inventory[J]. Savings and Development, 2002:87–111.

[73]　Zeller M, Meyer R L. The triangle of microfinance: Financial sustainability, outreach, and impact[M]. Intl Food Policy Res Inst, 2002.

[74]　Mayoux L C. Women's empowerment through sustainable microfinance: Rethinking'best practice'[M]. Citeseer, 2006.

[75]　Doligez F, Lapenu C. Stakes of measuring social performance in microfinance[J]. CERISE Discussion Papers, 2006(1).

[76]　Sen M. Assessing Social Performance of Microfinance Institutions in India[J]. The ICFAI Journal of Applied Finance, 2008,14(86):77–86.

[77]　Mookherjee D, Motta A. A theory of interactions between MFIs and informal lenders[J]. Journal of Development Economics, 2014.

[78]　Dichter T W. Questioning the future of NGOs in microfinance[J]. Journal of International

Development, 1996,8(2):259–269.

[79]   Johnson S, Rogaly B. Microfinance and poverty reduction[M]. Oxfam, 1997.

[80]   Olivares–Polanco F. Commercializing microfinance and deepening outreach? Empirical evidence from Latin America[J]. Journal of Microfinance/ESR Review, 2005,7(2):47–69.

[81]   Mosley P, Hulme D. Microenterprise finance: is there a conflict between growth and poverty alleviation?[J]. World development, 1998,26(5):783–790.

[82]   McIntosh C, Villaran G, Wydick B. Microfinance and home improvement: using retrospective panel data to measure program effects on fundamental events[J]. World Development, 2011,39(6):922–937.

[83]   Hartarska V, Nadolnyak D. Do regulated microfinance institutions achieve better sustainability and outreach? Cross–country evidence[J]. Applied Economics, 2007,39(10):1207–1222.

[84]   Perera D. Commercial microfinance: A strategy to reach the poor?[J]. University of Kelaniya–Department of Accountancy, Working Paper Series January, 2010,16.

[85]   Hermes N, Lensink R, Meesters A. Outreach and efficiency of microfinance institutions[J]. World Development, 2011,39(6):938–948.

[86]   Christen R P. Maximizing the outreach of microenterprise finance: An analysis of successful microfinance programs[M]. Center for Development Information and Evaluation, US Agency for International Development, 1995.

[87]   Kereta B B. Outreach and financial performance analysis of microfinance institutions in Ethiopia: African Economic Conference, Addis Ababa, 2007[C].

[88]   Annim S K. Targeting the Poor versus financial sustainability and external funding: Evidence of microfinance institutions in Ghana[J]. Journal of Developmental Entrepreneurship, 2012,17(03).

[89]   Islam A, Nguyen C, Smyth R. Does microfinance change informal lending in village economies? Evidence from Bangladesh[J]. Monash Economics Working Papers, 2014,50:141–156.

[90]   Nawaz A, Iqbal S. Does Social Performance Drives Corporate Governance Mechanism in

MFIs? An Issue of Endogeneity[J]. Mpra Paper, 2015.

[91]   Navajas S, Schreiner M, Meyer R L, et al. Microcredit and the Poorest of the Poor: Theory and Evidence from Bolivia[J]. World development, 2000,28(2):333–346.

[92]   Park A, Ren C. Microfinance with Chinese characteristics[J]. World Development, 2001,29(1):39–62.

[93]   Brau J C, Woller G M. Microfinance: A comprehensive review of the existing literature[J]. Journal of Entrepreneurial Finance, JEF, 2004,9(1):1–27.

[94]   Armend á riz B, Morduch J. The economics of microfinance[EB/OL].

[95]   Mobin M A, Alhabshi S O, Masih M. Religiosity and threshold effect in social and financial performance of microfinance institutions: System GMM and non–linear threshold approaches[J]. Mpra Paper, 2015.

[96]   Khawari A. Microfinance: Does it hold its promises? A survey of recent literature[R]. HWWA discussion paper, 2004.

[97]   温铁军 . 宏观调控和农村问题的分析 : 2004 中国改革论坛 , 2004[C].

[98]   钟鸣 . 农村信用社支农面临十个矛盾 [J]. 金融理论与实践 , 2005(01):76–77.

[99]   何广文 . 农村信用社制度变迁 : 困境与路径选择 [J]. 经济与管理研究 , 2009(01):50–54.

[100]   张兵 , 曹阳 . 商业可持续、支农力度与农村信用社新一轮制度变迁——基于苏南农村商业银行的实证分析 [J]. 中国农村经济 , 2010(06):87–96.

[101]   王文莉 , 罗新刚 . 农村信用社支农服务问题及其改革路径研究 [J]. 宏观经济研究 , 2013(11):60–68.

[102]   李赛辉 . 深化农村信用社改革需重点解决的几个问题 [J]. 中国金融 , 2008(24):67–68.

[103]   张波 . 多元目标冲突与农村合作金融机构可持续发展 [J]. 中国农村信用合作 , 2009(05):24–25.

[104]   李喜梅 , 林素媚 , 陈银芳 . 我国新型农村金融机构会履行社会责任吗——基于博弈论视角的分析 [J]. 贵州财经学院学报 , 2009(06):56–60.

[105]   冯庆水 , 孙丽娟 . 农村信用社双重改革目标冲突性分析——以安徽省为例 [J]. 农

业经济问题 , 2010(03):78–84.

[106]   陆智强 , 熊德平 , 李红玉 . 新型农村金融机构 : 治理困境与解决对策 [J]. 农业经济问题 , 2011(08):57–61.

[107]   孔哲礼 , 李兴中 . 农户小额信贷与农村金融机构可持续发展关系研究 [J]. 经济问题 , 2014(12):111–117.

[108]   Christen R P, Drake D. Commercialization: The new reality of microfinance[J]. The commercialization of microfinance: Balancing business and development, 2002:2–22.

[109]   Yunus M, Bank G. Towards creating a poverty–free world[M]. Grameen Bank, 1997.

[110]   Schreiner M, Woller G. Microenterprise Development Programs in the United States and in the Developing World[J]. World Development, 2003,31(9):1567–1580.

[111]   Gonzalez–Vega C, Meyer R L, Navajas S, et al. Microfinance market niches and client profiles in Bolivia[J]. Economics and Sociology Occasional Paper, 1996,2346.

[112]   Christen R P, Cook T. Commercialization and mission drift: the transformation of microfinance in Latin America[M]. Consultative group to assist the poorest (CGAP), 2001.

[113]   Copestake J. Mainstreaming Microfinance: Social Performance Management or Mission Drift?[J]. World Development, 2007,35(10):1721—1738.

[114]   Armend á riz B, Szafarz A. On mission drift in microfinance institutions[J]. General Information, 2011(5):341–366.

[115]   Henry C. Microfinance poverty assessment tool[M]. World bank publications, 2003.

[116]   Schreiner M. Aspects of outreach: A framework for discussion of the social benefits of microfinance[J]. Journal of International Development, 2002,14(5):591–603.

[117]   Campion A, White V, Network M. Institutional metamorphosis: Transformation of microfinance NGOs into regulated financial institutions[M]. MicroFinance Network, 1999.

[118]   Littlefield E, Morduch J, Hashemi S. Is microfinance an effective strategy to reach the Millennium Development Goals?[J]. Focus Note, 2003,24(2003):1–11.

[119]   Cull R, Morduch J. Financial performance and outreach: a global analysis of leading microbanks*[J]. The Economic Journal, 2007,117(517):F107–F133.

[120]   Hishigsuren G. Evaluating Mission Drift in Microfinance Lessons for Programs With

Social Mission[J]. Evaluation Review, 2007,31(3):203–260.

[121]   Frank C, Lynch E, Schneider–Moretto L. Stemming the tide of mission drift: microfinance transformations and the double bottom line[J]. Washington, DC: Women's World Banking, 2008.

[122]   Mersland R, Øystein Strøm R. Performance and governance in microfinance institutions[J]. Journal of Banking & Finance, 2009,33(4):662–669.

[123]   Anangwe, M L. The effect of competition and technology on growth of micro–finance institutions in Kenya[J]. Master of Science in Finance, 2014(9):112–130.

[124]   Shu C A, Oney B. Outreach and performance analysis of microfinance institutions in Cameroon[J]. Ekonomska IstraŽivanja, 2014,27(1):107–119.

[125]   熊惠平 . 基于穷人信贷权的小额信贷瞄准机制及其偏差研究 [J]. 农村经济 , 2007(03):64–66.

[126]   刘西川 , 黄祖辉 , 程恩江 . 小额信贷的目标上移 : 现象描述与理论解释——基于三省 (区) 小额信贷项目区的农户调查 [J]. 中国农村经济 , 2007(08):23–34.

[127]   张世春 . 小额信贷目标偏离解构 : 粤赣两省证据 [J]. 改革 , 2010(09):63–68.

[128]   李明贤 , 周孟亮 . 我国小额信贷公司的扩张与目标偏移研究 [J]. 农业经济问题 , 2010(12):58–64.

[129]   吴晓灵 , 崔瑾璞 . 中国小额信贷蓝皮书 [M]. 经济科学出版社 , 2011.

[130]   葛永波 , 周倬君 , 马云倩 . 新型农村金融机构可持续发展的影响因素与对策透视 [J]. 农业经济问题 , 2011(12):48–54.

[131]   米运生 , 董杰 , 陈勋 . 规制失灵与农村金融市场的双重迷失 : 法哲学 – 经济学的视角 [J]. 经济评论 , 2012(04):5–14.

[132]   Sinha F. Social Rating and Social Performance Reporting in Microfinance[J]. Towards a Common Framework, The SEEP Network for the Argidius Foundation, 2006.

[133]   Sinha R. Regulation: The market for corporate control and corporate governance[J]. Global Finance Journal, 2006,16(3):264–282.

[134]   Angora W, Bédécarrats F, Lapenu C. Is Social Performance Profitable? The Relationship between Social and Financial Performance in Microfinance[J]. MicroBanking

Bulletin, 2009,19:22–29.

[135]　　Bhanot D, Bapat V. Sustainability index of micro finance institutions (MFIs) and contributory factors[J]. International Journal of Social Economics, 2015,42:387–403.

[136]　　张雪春. 政府定位与农村信用社改革 [J]. 金融研究 , 2006(06):109–116.

[137]　　张晓山. 深化农村改革 促进农村发展——三大制约因素、一个基本认识、两类政策措施 [J]. 中国农村经济 , 2003(01):4–12.

[138]　　刘仁和 , 柳松 , 米运生 , 等 . 农村金融改革与发展高层论坛综述 [J]. 农业经济问题 , 2008(09):45–47.

[139]　　谢平 , 徐忠 . 公共财政、金融支农与农村金融改革——基于贵州省及其样本县的调查分析 [J]. 经济研究 , 2006(04):106–114.

[140]　　张亦春 , 张金斌 . 村镇银行的顶层设计问题与发展困境 [J]. 中国金融 , 2011(23):78–80.

[141]　　王煜宇 . 新型农村金融服务主体与发展定位 : 解析村镇银行 [J]. 改革 , 2012(04):116–123.

[142]　　张杰 . 农户、国家与中国农贷制度 : 一个长期视角 [J]. 金融研究 , 2005(02):1–12.

[143]　　洪正 . 新型农村金融机构改革可行吗？——基于监督效率视角的分析 [J]. 经济研究 , 2011(02):44–58.

[144]　　Tsai K S. Imperfect substitutes: the local political economy of informal finance and microfinance in rural China and India[J]. World Development, 2004,32(9):1487–1507.

[145]　　Rosenbaum P, Rubin D. The Central Role of the Propensity Score in Observational Studies for Causal Effects[J]. Biometrika, 1983,70(1):41–55.

[146]　　Becker S, Ichino A. Estimation of Average Treatment Effects based on Propensity Scores[J]. Stata Journal, 2002,2(4):358–377.

[147]　　王曙光 . 普惠金融——中国农村金融重建中的制度创新与法律框架 [J]. 中国城市金融 , 2014(4).

[148]　　星焱 . 普惠金融 : 一个基本理论框架 [J]. 国际金融研究 , 2016(09):21–37.

[149]　　Abate G T, Rashid S, Borzaga C, et al. Rural Finance and Agricultural Technology Adoption in Ethiopia: Does the Institutional Design of Lending Organizations Matter?[J]. World

Development, 2016,84:235–253.

[150]　Kablana A S K, Chhikara K S. A Theoretical and Quantitative Analysis of Financial Inclusion and Economic Growth[J]. Management & Labour Studies, 2013,38(1–2):103–133.

[151]　郑中华, 特日文. 中国三元金融结构与普惠金融体系建设 [J]. 宏观经济研究, 2014(07):51–57.

[152]　吕勇斌, 赵培培. 我国农村金融发展与反贫困绩效: 基于 2003—2010 年的经验证据 [J]. 农业经济问题, 2014(01):54–60.

[153]　Dupas P, Robinson J. Savings Constraints and Microenterprise Development: Evidence from a Field Experiment in Kenya[J]. American Economic Journal Applied Economics, 2013,5(1):163–192.

[154]　田杰, 陶建平. 农村金融密度对农村经济增长的影响——来自我国 1883 个县 (市) 面板数据的实证研究 [J]. 经济经纬, 2012(01):108–111.

[155]　王婧磊. 中国农村金融发展与农民收入的关系 [J]. 经济研究导刊, 2012(35):27–29.

[156]　谭燕芝. 农村金融发展与农民收入增长之关系的实证分析 :1978 ~ 2007[J]. 上海经济研究, 2009(04):50–57.

[157]　余新平, 熊晶白, 熊德平. 中国农村金融发展与农民收入增长 [J]. 中国农村经济, 2010(06):77–86.

[158]　师荣蓉, 徐璋勇, 赵彦嘉. 金融减贫的门槛效应及其实证检验——基于中国西部省际面板数据的研究 [J]. 中国软科学, 2013(03):32–41.

[159]　王小华, 温涛, 王定祥. 县域农村金融抑制与农民收入内部不平等 [J]. 经济科学, 2014(02):44–54.

[160]　孟兆娟, 张乐柱. 金融发展影响收入分配"门槛效应"的实证检验 [J]. 统计与决策, 2014(07):102–105.

[161]　张兵, 刘丹, 郑斌. 农村金融发展缓解了农村居民内部收入差距吗?——基于中国省级数据的面板门槛回归模型分析 [J]. 中国农村观察, 2013(03):19–29.

[162]　张敬石, 郭沛. 中国农村金融发展对农村内部收入差距的影响——基于 VAR 模型的分析 [J]. 农业技术经济, 2011(01):34–41.

[163]　刘纯彬, 桑铁柱. 农村金融发展与农村收入分配 : 理论与证据 [J]. 上海经济研究,

2010(12):37–46.

[164] Giuliano P, Ruiz–Arranz M. Remittances, financial development, and growth ☆ [J]. Journal of Development Economics, 2009,90(1):144–152.

[165] Anzoategui D, Demirg ü ç–Kunt A, Per í a M S M. Remittances and Financial Inclusion: Evidence from El Salvador[J]. World Development, 2014,54(1):338–349.

[166] 赵洪丹 . 中国农村金融发展与农村经济发展的关系——基于 1978—2009 年数据的实证研究 [J]. 经济学家 , 2011(11):58–63.

[167] 丁志国 , 张洋 , 覃朝晖 . 中国农村金融发展的路径选择与政策效果 [J]. 农业经济问题 , 2016(01):68–75.

[168] 吕勇斌 , 张琳 , 王正 . 中国农村金融发展的区域差异性分析 [J]. 统计与决策 , 2012(19):111–115.

[169] 孙玉奎 , 周诺亚 , 李丕东 . 农村金融发展对农村居民收入的影响研究 [J]. 统计研究 , 2014(11):90–95.

[170] 余静文 , 王春超 . 新"拟随机实验"方法的兴起——断点回归及其在经济学中的应用 [J]. 经济学动态 , 2011(2):125–131.

[171] Tirole J. The Theory of Corporate Finance[J]. Jean Tirole, 2006,76(4):1461–1467.

[172] Lee D S. Randomized experiments from non–random selection in U.S. House elections[J]. Journal of Econometrics, 2008,142(2):675–697.

[173] Imbens G W, Lemieux T. Regression discontinuity designs: A guide to practice[J]. Journal of Econometrics, 2007,142(2):615–635.

[174] Hahn J, Todd P, Wilbert V D K. Identification and Estimation of Treatment Effects with a Regression - Discontinuity Design[J]. Econometrica, 2001,69(1):201–209.

[175] Imbens G, Kalyanaraman K. Optimal Bandwidth Choice for the Regression Discontinuity Estimator[J]. Review of Economic Studies, 2009,79(14726):933–959.

[176] Klaauw W V D. Breaking the link between poverty and low student achievement: An evaluation of Title I ☆ [J]. Journal of Econometrics, 2008,142(2):731–756.

[177] Craven P, Wahba G. Smoothing noisy data with spline functions[J]. Numerische Mathematik, 1979,31(4):377–403.

[178]　　焦瑾璞 . 我国普惠金融现状及未来发展 [J]. 金融电子化 , 2014(11):15–17.

[179]　　李实 . 对基尼系数估算与分解的进一步说明——对陈宗胜教授评论的再答复 [J]. 经济研究 , 2002(5):84–87.

[180]　　Mccrary J. Manipulation of the running variable in the regression discontinuity design: A density test[J]. Journal of Econometrics, 2007,142(2):698–714.

[181]　　Kempson E, Whyley C, Foundation J R. Kept out or opted out? Understanding and combating financial exclusion[J]. Understanding and, 1999.

[182]　　丁志国 , 徐德财 , 赵晶 . 农村金融有效促进了我国农村经济发展吗 [J]. 农业经济问题 , 2012(9).

[183]　　黎翠梅 , 曹建珍 . 中国农村金融效率区域差异的动态分析与综合评价 [J]. 农业技术经济 , 2012(3):4–12.

[184]　　Fry M J. Financial Repression and Economic Growth[J]. Journal of Development Economics, 1993,39(1):5–30.

[185]　　Agarwala R. Price distortions and growth in developing countries[M]. World Bank, 1983.

[186]　　Goldsmith, Raymond W. Financial structure and development[M]. New Haven: Yale University Press, 1969.

[187]　　Aghion P, Bolton P. A Theory of Trickle–Down Growth and Development[J]. The Review of Economic Studies, 1997,64(2):151–172.

[188]　　巴曙松 , 栾雪剑 . 农村小额信贷可获得性问题分析与对策 [J]. 经济学家 , 2009(04):37–43.

[189]　　Demirguc–Kunt A A L R. Finance and Inequality: Theory and Evidence[J]. Annual Review of Financial Economics, 2009,1:287–318.

[190]　　Majeed M T. Inequality, Financial Development and Government: Evidence from Low–income Developing Countries[R].MPRA Paper No.50296, 2013.

[191]　　Burgess R, Panda. Do Rural Banks Matters Evidence from the India Social Banking Experiment[R].CMPO Working Paper, 2003.

[192]　　Awojobi O, Bein M A. Microfinancing for Poverty Reduction and Economic Development: a Case for Nigeria[J]. International Research Journal of Finance and Economics, 2011,72:159–168.

[193]   Imai K S, Gaiha R, Thapa G, et al. Microfinance and Poverty—A Macro Perspective[J]. World Development, 2012,40(8):1675–1689.

[194]   Sunia A. Impact of Microfinance on Poverty Alleviation: a Case Study of NRSP in Bahawalpur of Pakistan[J]. International Journal of Academic Research in Accounting, Finance and Management Sciences, 2013,3(1):119–135.

[195]   Uddin G S, Shahbaz M, Arouri M, et al. Financial Development and Poverty Reduction Nexus: A Cointegration and Causality Analysis in Bangladesh[J]. Economic Modelling, 2014,36(1):405–412.

[196]   Rajan R, Zingales L. Great Reversals: The Politics of Financial Development in the Twentieth Century[J]. Journal of Financial Economics, 2003,69:5–50.

[197]   王小华 , 温涛 , 王定祥 . 县域农村金融抑制与农民收入内部不平等 [J]. 经济科学 , 2014(02):44–54.

[198]   温涛 , 冉光和 , 熊德平 . 中国金融发展与农民收入增长 [J]. 经济研究 , 2005(09):30–43.

[199]   Aghion P, Howitt P. The Economics of Growth[M]. Cambrige, MA: MIT Press, 2009.

[200]   杜金向 , 董乃全 . 农村正规金融、非正规金融与农户收入增长效应的地区性差异实证研究——基于农村固定点调查 1986–2009 年微观面板数据的分析 [J]. 管理评论 , 2013(03):18–26.

[201]   杨军 , 高鸿斋 . 国内外农村金融抑制及其缓解路径 [J]. 经济社会体制比较 , 2015(02):88–96.

[202]   王睿 , 蒲勇健 , 胡东 . 资金投入对农民收入变动的影响及相关因素分析 [J]. 经济科学 , 2009(06):28–39.

[203]   程名望 , 史清华 , Yanhong Jin, 等 . 农户收入差距及其根源 : 模型与实证 [J]. 管理世界 , 2015(07):17–28.

[204]   Kraay A. Household Saving in China[J]. World Bank Economic Review, 2000,14(3):545–570.

[205]   王建洪 , 冉光和 , 孟坤 . 农户收入结构对农户投资的影响问题研究 [J]. 农业技术经济 , 2009(01):92–97.

[206] 王书华, 苏剑. 农户金融资产配置的门槛效应对收入差距的影响机制——基于微观面板门限协整模型的经验与证据 [J]. 当代经济科学, 2012(02):16–24.

[207] 高鸣, 宋洪远. 脱钩收入补贴对粮食生产率的影响——基于农户收入差异的视角 [J]. 农业技术经济, 2018(05):15–27.

[208] 朱喜, 史清华, 李锐. 转型时期农户的经营投资行为——以长三角 15 村跟踪观察农户为例 [J]. 经济学 (季刊), 2010(02):713–730.

[209] 田杰, 陶建平. 农村金融密度对农村经济增长的影响——来自我国 1883 个县 (市) 面板数据的实证研究 [J]. 经济经纬, 2012(01):108–111.

[210] 王婧磊. 中国农村金融发展与农民收入的关系 [J]. 经济研究导刊, 2012(35):27–29.

[211] 王晶, 毕盛, 李芸, 等. 正规信贷约束对农户粮食生产的影响分析 [J]. 农业技术经济, 2018(05):28–39.

[212] 余新平, 熊晶白, 熊德平. 中国农村金融发展与农民收入增长 [J]. 中国农村经济, 2010(06):77–86.

[213] 谭燕芝. 农村金融发展与农民收入增长之关系的实证分析 :1978 ~ 2007[J]. 上海经济研究, 2009(04):50–57.

[214] 谢琼, 方爱国, 王雅鹏. 农村金融发展促进农村经济增长了吗 ?[J]. 经济评论, 2009(3):61–68.

[215] 温涛, 王煜宇. 政府主导的农业信贷、财政支农模式的经济效应——基于中国 1952—2002 年的经验验证 [J]. 中国农村经济, 2005(10):20–29.

[216] 李庆海, 李锐, 汪三贵. 农户信贷配给及其福利损失——基于面板数据的分析 [J]. 数量经济技术经济研究, 2012(08):35–48.

[217] 师荣蓉, 徐璋勇, 赵彦嘉. 金融减贫的门槛效应及其实证检验——基于中国西部省际面板数据的研究 [J]. 中国软科学, 2013(03):32–41.

[218] 王小华, 温涛, 王定祥. 县域农村金融抑制与农民收入内部不平等 [J]. 经济科学, 2014(02):44–54.

[219] 张梓榆, 温涛, 王小华. "新常态"下中国农贷市场供求关系的重新解读——基于农户分化视角 [J]. 农业技术经济, 2018(04):54–64.

[220] 徐丽鹤, 袁燕. 收入阶层、社会资本与农户私人借贷利率 [J]. 金融研究,

2013(09):150–164.

[221]　　　吕勇斌，张琳，王正．中国农村金融发展的区域差异性分析 [J]．统计与决策，2012(19):111–115.

[222]　　　董晓林，蔡则祥．不同地区农村金融对农村经济增长的影响——基于苏南和苏北面板数据的分析 [J]．金融研究，2007(12b):18–22.

[223]　　　刘赛红，王国顺．农村金融发展影响农民收入的地区差异 [J]．经济地理，2012,32(9):120–125.

[224]　　　刘艳华，朱红莲．农业信贷配给与农村居民收入的地区差异——基于平滑转换模型的阐释 [J]．农业技术经济，2017(10):68–78.

[225]　　　孙玉奎，周诺亚，李丕东．农村金融发展对农村居民收入的影响研究 [J]．统计研究，2014(11):90–95.

[226]　　　黎翠梅，曹建珍．中国农村金融效率区域差异的动态分析与综合评价 [J]．农业技术经济，2012(03):4–12.

[227]　　　武丽娟，徐璋勇．支农贷款影响农户收入增长的路径分析——基于 2126 户调研的微观数据 [J]．西北农林科技大学学报 (社会科学版)，2016(06):94–104.

[228]　　　Pyatt G, Chen C N, Fei J. The Distribution of Income by Factor Components[J]. Quarterly Journal of Economics, 1980,95(3):451–473.

[229]　　　Morduch J, Sicular T. Politics, Growth and Inequality in Rural China: Does it Pay to Join the Party?[J]. Journal of Public Economics, 1998,77(3):331–356.

[230]　　　程名望，史清华，Yanhong Jin．农户收入水平、结构及其影响因素——基于全国农村固定观察点微观数据的实证分析 [J]．数量经济技术经济研究，2014(05):3–19.

[231]　　　Cameron A C, Trivedi P K. Microeconomics: Methods and Applications[M]. Chian Machine Press, 2005.

[232]　　　武丽娟．我国农村金融机构双重目标兼顾研究 [D]．西北大学，2015.

[233]　　　周小川中国人民银行行长．完善法律制度 改进金融生态 [N]．金融时报，2004–12–07.

[234]　　　赵泉民，赵宏．政府的强制性制度供给与农村金融制度变迁——以 20 世纪前半期中国农村合作金融建设为中心 [J]．江苏社会科学，2009(03):185–192.

[235]　　　刘菊芹．农村金融制度渐进性改革的经济根源探析 [J]．商业时代，2006(22):56–57.

[236] Webb D. The Theory of Corporate Finance by Tirole (Jean)[J]. Economic Journal, 2006(515):F499–F507.

[237] 王忠玉 . 效率与生产率分析引论 [M]. 中国人民大学出版社 , 2008.

[238] 师荣蓉 , 徐璋勇 . 基于随机边界分析的农村信用社利润效率及其影响因素研究 [J]. 中国软科学 , 2011(09):76–83.

[239] Bidisha S H, Khan A, Imran K, et al. Role of credit in food security and dietary diversity in Bangladesh[J]. Economic Analysis and Policy, 2017,53:33–45.

[240] Cliffe L. Agricultural land redistribution: toward greater consensus[J]. Review of African Political Economy, 2013,38(127):179–180.

[241] 牛晓冬 , 罗剑朝 , 牛晓琴 . 农户分化、农地经营权抵押融资与农户福利——基于陕西与宁夏农户调查数据验证 [J]. 财贸研究 , 2017,28(07):21–35.

[242] 于丽红 , 兰庆高 , 武翔宇 . 农村土地经营权抵押融资农户满意度分析——基于辽宁省试点县的调查 [J]. 中国土地科学 , 2016,30(04):79–87.

[243] 张珩 , 罗剑朝 , 王磊玲 . 农地经营权抵押贷款对农户收入的影响及模式差异 : 实证与解释 [J]. 中国农村经济 , 2018(09):79–93.

[244] 陈雪原 . 关于"双刘易斯二元模型"假说的理论与实证分析 [J]. 中国农村经济 , 2015(03):34–43.

[245] 赵翠萍 , 侯鹏 , 程传兴 . 产权细分背景下农地抵押贷款的基本经验与完善方向——基于福建明溪与宁夏同心两地试点的对比 [J]. 农业经济问题 , 2015,36(12):50–57.

[246] Deininger K, Goyal A. Going digital: Credit effects of land registry computerization in India[J]. Journal of Development Economics, 2012,99(2):236–243.

[247] Carter M R, Olinto P. Getting Institutions "Right" for Whom? Credit Constraints and the Impact of Property Rights on the Quantity and Composition of Investment[J]. American Journal of Agricultural Economics, 2011,85(1):173–186.

[248] Boucher S R, Barham B L, Carter M R. The Impact of "Market–Friendly" Reforms on Credit and Land Markets in Honduras and Nicaragua[J]. World Development, 2005,33(1):107–128.

[249] Beck T, Demirg ü ç–Kunt A, Martinez Peria M S. Reaching Out: Access to and Use of

Banking Services Across Countries[J]. Social Science Electronic Publishing, 2007,85(1):234–266.

[250] Galiani S, Schargrodsky E. Land Property Rights and Resource Allocation[J]. The Journal of Law and Economics, 2011,54(4):S329–S345.

[251] Santos F, Fletschner D, Savath V, et al. Can Government–Allocated Land Contribute to Food Security? Intrahousehold Analysis of West Bengal's Microplot Allocation Program[J]. World Development, 2014,64:860–872.

[252] Beck T, Demirg ü ç–Kunt A, Levine R. Finance, inequality and the poor[J]. Journal of Economic Growth, 2007,12(1):27–49.

[253] Dollar D, Kraay A. Growth is Good for the Poor[J]. Journal of Economic Growth, 2002(3):195–225.

[254] 周黎安 , 刘冲 , 厉行 . 税收努力、征税机构与税收增长之谜 [J]. 经济学 (季刊), 2012,11(01):1–18.

[255] Ghebru H, Holden S T. Technical efficiency and productivity differential effects of land right certification: A quasi–experimental evidence[J]. Quarterly Journal of International Agriculture, 2015,54(1):1–31.

[256] Ameha A, Nielsen O J, Larsen H O. Impacts of access and benefit sharing on livelihoods and forest: Case of participatory forest management in Ethiopia[J]. Ecological Economics, 2014,97:162–171.

[257] Mendola M, Simtowe F. The Welfare Impact of Land Redistribution: Evidence from a Quasi–Experimental Initiative in Malawi[J]. World Development, 2015,72:53–69.

[258] Fitz D. Evaluating the impact of market–assisted land reform in Brazil[J]. World Development, 2018,103:255–267.

[259] 蔡昉 , 王美艳 . 从穷人经济到规模经济——发展阶段变化对中国农业提出的挑战 [J]. 经济研究 , 2016,51(05):14–26.

[260] 程名望 , 贾晓佳 , 俞宁 . 农村劳动力转移对中国经济增长的贡献 (1978—2015 年): 模型与实证 [J]. 管理世界 , 2018,34(10):161–172.

[261] Ali D A, Deininger K, Goldstein M. Environmental and gender impacts of land tenure regularization in Africa: Pilot evidence from Rwanda[J]. Journal of Development Economics,

2014,110:262-275.

[262]　孙玉奎 , 周诺亚 , 李丕东 . 农村金融发展对农村居民收入的影响研究 [J]. 统计研究 , 2014,31(11):90-95.

[263]　黎翠梅 , 曹建珍 . 中国农村金融效率区域差异的动态分析与综合评价 [J]. 农业技术经济 , 2012(03):4-12.

[264]　王小华 , 王定祥 , 温涛 . 中国农贷的减贫增收效应——贫困县与非贫困县的分层比较 [J]. 数量经济技术经济研究 , 2014,31(09):40-55.

[265]　武丽娟 , 徐璋勇 . 我国农村普惠金融的减贫增收效应研究——基于 4023 户农户微观数据的断点回归 [J]. 南方经济 , 2018(05):104-127.

[266]　Jacoby H G, Minten B. Is Land Titling in Sub-Saharan Africa Cost-Effective? Evidence from Madagascar[J]. World Bank Economic Review, 2007,21(3):461-485.

[267]　Boucher S R, Carter M R, Guirkinger C. Risk Rationing and Wealth Effects in Credit Markets: Theory and Implications for Agricultural Development[J]. American Journal of Agricultural Economics, 2010,90(2):409-423.

[268]　Higgins D, Balint T, Liversage H, et al. Investigating the impacts of increased rural land tenure security: A systematic review of the evidence[J]. Journal of Rural Studies, 2018,61:34-62.

[269]　Shibeshi G B, Fuchs H, Mansberger R. Lessons from Systematic Evaluation of Land Administration Systems. The Case of Amhara National Regional State of Ethiopia[J]. World Development, 2015,68(4):282-295.

[270]　Arestis P, Demetriades P, Fattouh B, et al. The impact of financial liberalization policies on financial development: evidence from developing economics[J]. International Journal of Finance & Economics, 2002,7(2):109-121.

[271]　Ambrus A, Field E, Torero M. Muslim Family Law, Prenuptial Agreements, and the Emergence of Dowry in Bangladesh[J]. Quarterly Journal of Economics, 2010,125(3):1349-1397.

[272]　Deininger K, Feder G. Land Registration, Governance, and Development: Evidence and Implications for Policy[J]. World Bank Research Observer, 2009,24(2):233-266.

[273]　Besley T J, Ghatak M. Property Rights and Economic Development[J]. Review of Social Economy, 2009,39(1):51-65.

[274]　King R G, Levine R. Finance and Growth: Schumpeter Might be Right[J]. The Quarterly Journal of Economics, 1993(3):717–737.

[275]　邵宜航, 刘仕保, 张朝阳. 创新差异下的金融发展模式与经济增长 : 理论与实证 [J]. 管理世界 , 2015(11):29–39.

[276]　Tiongson E R, Paternostro S, Rajaram A. How Does the Composition of Public Spending Matter?[J]. Oxford Development Studies, 2012,35(1):47–82.

[277]　Anderson E, D Orey M A J, Duvendack M, et al. Does Government Spending Affect Income Poverty? A Meta–regression Analysis[J]. World Development, 2018,103:60–71.

[278]　刘瑞明, 赵仁杰. 西部大开发 : 增长驱动还是政策陷阱——基于 PSM–DID 方法 的研究 [J]. 中国工业经济 , 2015(06):32–43.

[279]　Cantoni D, Chen Y, Yang D Y, et al. Curriculum and Ideology[J]. Journal of Political Economy, 2017,125(2):338–392.

[280]　Edmonds E V, Pavcnik N, Topalova P. Trade Adjustment and Human Capital Investments: Evidence from Indian Tariff Reform[J]. American Economic Journal: Applied Economics, 2010,2(4):42–75.

[281]　Lu Y, Tao Z, Zhu L. Identifying FDI spillovers[J]. Journal of International Economics, 2017,107:75–90.

[282]　翟岁显, 孙爱存. 论海拔与经济的关系——兼论"海拔效应"对青藏高原地区 经济开发的启示 [J]. 青海民族研究 , 2012,23(02):152–159.

[283]　罗炜, 饶品贵. 盈余质量、制度环境与投行变更 [J]. 管理世界 , 2010(03):140–149.

[284]　谭荣, 曲福田. 市场与政府的边界 : 土地非农化治理结构的选择 [J]. 管理世界 , 2009(12):39–47.

[285]　孔祥智 . "三权分置"的重点是强化经营权 [J]. 中国特色社会主义研究 , 2017(03):22–28.

[286]　Deininger K. Land policies for growth and poverty reduction.[M]. A copublication of the World Bank and Oxford University Press, Oxford [England], New York, 2003.

[287]　Guirkinger C, Boucher S R. Credit constraints and productivity in Peruvian agriculture[J]. Agricultural Economics, 2008,39(3):295–308.

[288]　　　Petrick M. A microeconometric analysis of credit rationing in the Polish farm sector[J]. European Review of Agricultural Economics, 2004,31(1):77–101.